법화삼부경

고성훈 편저

묘법연화경
무량의경
불설관보현보살행법경

법화삼부경

法華三部經

묘법연화경

11	제1	서품	묘법연화경 권 제1
39	제2	방편품	
70	제3	비유품	묘법연화경 권 제2
116	제4	신해품	
139	제5	약초유품	묘법연화경 권 제3
151	제6	수기품	
164	제7	화성유품	

202　제8　오백제자수기품　｜　묘법연화경 권 제4

216　제9　수학 무학인기품

224　제10　법사품

237　제11　견보탑품

254　제12　제바달다품

265　제13　권지품

273　제14　안락행품　｜　묘법연화경 권 제5

296　제15　종지용출품

313　제16　여래수량품

326　제17　분별공덕품

342 제18 수희공덕품 | 묘법연화경 권 제6

351 제19 법사공덕품

370 제20 상불경보살품

380 제21 여래신력품

387 제22 촉루품

390 제23 약왕보살본사품

405 제24 묘음보살품 | 묘법연화경 권 제7

417 제25 관세음보살보문품

429 제26 다라니품

437 제27 묘장엄왕본사품

448 제28 보현보살권발품

무량의경

461 제1 덕행품
473 제2 설법품
486 제3 십공덕품

불설관보현보살행법경

509 불설관보현보살행법경

부록

555 발간사
559 법화경 종요서(法華經 宗要序)
562 묘법연화경 해제(妙法蓮華經 解題)

묘법연화경
妙法蓮華經

1. 서 품(序品)

1. 이와 같이 내가 들었다.

2. 한때, 부처님께서 왕사성 기사굴산에서 만이천 명의 큰 비구들과 함께 계셨으니, 이들은 아라한으로서 모든 망상이 이미 다하여 번뇌를 일으키지 아니하며, 깊은 진리를 얻어 존재의 굴레에서 벗어나 마음의 자재를 얻은 이들이었다.

3. 그들의 이름은 부처님의 설법을 가장 먼저 깨친 아야교진여, 옷과 밥과 집에 대한 탐냄과 얽매임을 모두 떨쳐버린 마하가섭, 승단을 높이 떨친 우루빈나가섭, 마음의 모든 번뇌를 항복받은 가야가섭, 교화에 뛰어난 나제가섭, 지혜가 으뜸가는 사리불, 신통이 으뜸가는 대목건련, 부처님 가르침을 가장 쉽게 풀이하는 마하가전연, 남을 꿰뚫어 보는 아누루타, 천문과 역술에 뛰어난 겁빈나, 계율 풀이의 으뜸인 교범바제, 마음과 생각이 흔들리지 않고 바른 이바

다, 경행과 좌선을 잘하는 필릉가바차, 병 없고 욕심 적은 박구라, 어려운 물음에 답 잘하는 마하구치라, 기쁜 마음으로 설법하는 난타, 부처님처럼 빼어난 모습의 손타라난타, 실천적인 용기와 설득의 힘을 가진 설법의 으뜸인 부루나 미다라니자, 모든 것이 빈 것에 의한 것임을 가장 잘 아는 수보리, 부처님을 늘 모신 아난, 늘 겸허한 몸가짐의 라후라 등이니, 이들은 널리 알려져 있는 큰 아라한들이었다.

4. 아직 배우는 이와 다 배운 이 이천 명이 있었고 마하파사파제 비구니는 육천 명의 권속과 함께 있었으며, 라후라의 어머니 야수다라 비구니도 그의 권속들과 함께 하였다.

5. 또 보살마하살 팔만 인이 있었으니, 위 없이 높고 바른 깨달음에서 물러서지 아니하며, 다라니와 말 잘하는 변재를 다 얻어 물러나지 않는 법의 바퀴를 굴리며, 헤아릴 수 없는 백천 부처님께 공양하고 여러 부처님 계신 곳에서 온갖 덕의 근본을 심어 항상 여러 부처님의 칭찬을 받으며, 대자대비로 몸을 닦아 부처님의 지혜에 잘 들며, 큰 지혜를 통달하여 열반의 언

덕에 이르니 그 이름이 한량없는 세계에 널리 퍼져 무수한 백천 중생을 제도하는 이들이 함께 함이라.

6. 그들의 이름은 지혜와 복덕을 두루 갖춘 문수사리보살, 지혜로 뭇 삶의 고통을 꿰뚫어 보아 없애주는 관세음보살, 훌륭한 덕행을 고루 갖춘 득대세보살, 세운 뜻을 굳게 밀고 나가는 상정진보살, 수억 겁을 쉬지 않고 부지런히 닦아가는 불휴식보살, 법의 보배를 손에 쥔 보장보살, 뭇 삶의 근기에 맞춰 약을 내리는 약왕보살, 용맹스런 용시보살, 맑고 밝은 보월보살, 미혹의 어둠을 밝혀주는 월광보살, 보월과 월광의 두 가지 덕을 갖춘 만월보살, 큰 가르침을 등에 짊어진 대력보살, 사물에 대하여 조금도 마음을 움직이지 않는 무량력보살, 몸과 뜻을 전혀 나타내지 않는 월삼계보살, 바르게 보는 것을 훌륭히 지키는 발타바라보살, 오는 세상 부처 되실 미륵보살, 중생을 이롭게 하는 보적보살, 그릇된 사람을 올바르게 이끄는 도사보살 등 보살마하살 팔만 명이 함께 있었다.

7. 그때, 욕계 도리천의 제석천인(석제환인)은 그의 권속 이만 명과 함께 있었고, 또 도리천 궁 안에 사는

달의 천자인 명월천자, 별의 천자인 보향천자, 해의 천자인 보광천자, 도리천 밖을 지키는 동쪽의 지국천과 남쪽의 증장천과 서쪽의 광목천과 북쪽의 다문천 등 네 곳을 지키는 사대천왕도 그의 권속 일만 명과 함께 있었으며, 화락천의 임금인 자재천자와 타화천의 임금인 대자재천자는 그의 권속 삼만 명과 함께 있었으며, 색계 사선 십팔천의 초선인 삼범천에 왕이 있으되, 사바세계의 임자이며 범천왕인 시기대범, 이선 삼광 천왕인 광명대범 등은 그의 권속 일만 이천 명과 함께 있었다.

8. 여덟 용왕이 있었으니, 목련존자가 교화한 난타 용왕, 때 맞추어 비를 내리는 발난타 용왕, 바다에 사는 사가라 용왕, 머리가 여러 개 달린 화수길 용왕, 혓바닥이 여러 개 달린 덕차가 용왕, 번뇌가 없어지는 연못인 아욕지에 사는 아나바달다 용왕, 큰 몸 나투는 마나사 용왕, 연화지에 사는 우발라 용왕 등이 각각 여러 백천 권속들과 함께 있었으며

9. 네 긴나라왕이 있었으니, 네 가지 거룩한 진리를 노래하는 법 긴나라왕, 십이인연을 노래하는 묘법 긴

나라왕, 육바라밀을 노래하는 대법 긴나라왕, 일승을 노래하는 지법 긴나라왕이 각각 여러 백천 권속들과 함께 있었으며,

10. 네 건달바왕이 있었으니, 노래와 춤에 능한 악 건달바왕, 북과 관현악에 능한 악음 건달바왕, 빼어난 재주를 가진 미 건달바왕, 빼어난 음악을 연주하는 미음 건달바왕이 각각 여러 백천 권속들과 함께 있었으며,

11. 네 아수라왕이 있었으니, 걸핏하면 싸움질하는 바치 아수라왕, 바닷물을 높이 치솟게 하는 거라건타 아수라왕, 바다에 풍장을 일구는 비마질다라 아수라왕, 해와 달을 가리는 라후 아수라왕이 각각 여러 백천 권속들과 함께 있었으며,

12. 네 가루라왕이 있었으니, 용을 잡아 늘 먹고 있는 대위덕 가루라왕, 무리 중에서 몸이 가장 큰 대신 가루라왕, 언제 어디서나 뜻대로 용을 잡아 배불리 먹는 대만 가루라왕, 입속에 구슬을 가진 여의 가루라왕이 각각 여러 백천 권속들과 함께 있었으며,

13. 위제희의 아들 아사세왕도 여러 백천 권속들과

함께 있었으니, 이들은 각각 부처님 발에 절하고 물러가 한쪽에 앉았다.

14. 그때, 세존께서는 사부대중에게 에워싸여 공양과 공경·존중·찬탄을 받으시며 여러 보살들을 위하여 대승경을 설하시니, 이름이 《무량의경》이라, 이는 보살을 가르치는 법이며 부처님께서 보호하는 경전이었다.

15. 부처님께서 이 경을 설하여 마치시고 가부좌를 하시어 무량의처삼매에 드시니 몸과 마음이 움직이지 않으셨다.

16. 이때, 하늘에서는 만다라꽃·마하만다라꽃·만수사꽃·마하만수사꽃들이 부처님과 여러 대중에게 비 내리듯 뿌려졌으며, 널리 부처님 세계는 여섯 번 진동하였다.

17. 이때, 대중 가운데 있던 비구·비구니·우바새·우바이와 하늘·용·야차·건달바·아수라·가루라·긴나라·마후라가·사람인 듯 아닌 듯한 것들과 여러 소왕·전륜성왕 등 여러 대중들은 전에 없던 일을 만나 기뻐하며 합장하고 한마음으로 부처님

을 우러러 보았다.

18. 이때, 부처님께서는 눈썹 사이의 흰 터럭으로부터 밝은 빛을 놓으시어 동방 일만팔천 세계를 비추시니, 아래로는 아비지옥에 이르고 위로는 유정천에 이르기까지 두루 비추지 않은 곳이 없었다. 그 빛으로 하여 이 세계에서 저 국토까지의 육도중생을 다 볼 수 있었고 또 저 국토에 계신 모든 부처님을 볼 수 있었으며, 여러 부처님께서 설하시는 경전의 법문을 들으며,

19. 아울러 저 국토의 비구·비구니·우바새·우바이들이 여러 가지 수행으로 도를 얻는 것을 보고, 보살마하살들이 갖가지 인연으로 온갖 신행과 여러 가지 모습으로 보살도 행함을 보며, 또 모든 부처님이 열반에 드심을 보고, 부처님이 열반에 드신 뒤에 부처님 사리를 받들어 칠보로 탑을 세우는 것을 보았다.

20. 이때, 미륵보살은 이렇게 생각하였다.

'지금 세존께서 신기한 신통변화를 나타내시니 무슨 인연으로 이런 상서로움을 일으키는 것일까! 지금 부처님께서는 삼매에 드셨으니, 이 생각으로 헤아릴

수 없는 희유한 경계를 누구에게 물어야 하며, 누가 능히 대답할 수 있을까!'

21. 다시 이렇게 생각하였다.

'저 문수사리법왕자는 과거에 헤아릴 수 없는 부처님을 가까이 모시며 공양해 왔으니, 반드시 이렇게 희유한 광경을 보았으리라. 내 이제 그에게 물어 보리라.'

22. 이때, 비구·비구니·우바새·우바이와 모든 하늘·용·귀신들도 이런 생각을 하였다.

'이 부처님의 밝은 빛과 신통한 모습을 누구에게 물어야 할 것인가.'

23. 이때, 미륵보살이 자기의 의심을 해결하고 또 비구·비구니·우바새·우바이와 모든 하늘·용·귀신 등 육도중생의 마음을 헤아려서 문수사리에게 물었다.

"무슨 인연으로 이런 상서로움이 있으며, 신통한 모습으로 큰 광명을 놓아 동방 일만팔천 국토를 비추어 부처님 나라의 장엄을 다 보게 되나이까."

24. 미륵보살은 이 뜻을 거듭 펴려고 게송으로 물었다.

25. 문수사리 보살이여　　도사께서 무슨 일로
　　눈썹 사이 흰 터럭으로　큰 빛을 비추시며
　　만다라꽃·만수사꽃　　비 내리듯 뿌려지며
　　전단향 맑은 바람　　　여러 마음 기뻐하니
　　이와 같은 인연으로　　땅이 모두 깨끗하며
　　모든 세계가　　　　　여섯 번 진동하네.
　　이를 보는 사부대중　　모두 다 기뻐하며
　　몸과 뜻이 유쾌하여　　없던 것을 얻었나이다.

26. 백호상에서 놓은 큰 빛　동쪽으로 멀리 비춰
　　일만팔천 국토마다　　금빛처럼 찬란하니
　　아래로는 아비지옥　　위로는 유정천까지
　　그 여러 세계 중에　　여섯 갈래 중생들이
　　나고 죽어 가는 것과　선악의 업장인연
　　곱고 밉게 받는 과보　이 모두를 보나이다.

27. 또 보니 여러 부처님　성주(聖主)이신 사자(師子)들이
　　법화경을 설하시니　미묘하기 제일이며
　　그 음성이 청정하고　부드러운 말씀으로

      셀 수 없는 만억 대중   보살들을 가르치니
      범음이 깊고 묘해   듣는 사람 기뻐하고

28. 각각 여러 세계에서   바른 법을 설하시되
      여러 가지 인연들과   한량없는 비유로써
      부처님 법 밝게 비춰   많은 중생 깨우치니
      어떤 사람 늙고 병나   죽는 고통 싫어하면
      열반법을 설하시어   그 아픔을 끊게 하고
      어떤 사람 복이 있어   부처님께 공양하여
      수승한 법 구하면은   연각법을 설해주며
      만일 어떤 불자들이   여러 가지 행을 닦아
      무상 지혜 구하면은   청정도를 설해주네.

29. 문수사리 보살이여   내가 여기 있으면서
      보고 들음 이와 같아   천만 가지 많은 일을
      많은 중생 위하여서   이제 대강 말하리다.

30. 내가 보니 저 국토의   항하 모래 같은 보살
      여러 가지 인연으로   부처님 도 수행하되

어떤 이는 보시할 때　　금과 은과 산호들과
진주 등의 마니보배　　자거들과 많은 마노
금강석과 여러 보배　　남종 여종 수레들과
보배로 된 연과 가마　　기뻐하며 보시하여
불도에 회향하니　　　삼계에서 제일 가는
대승법을 구할 적에　　여러 부처 찬탄받고
혹은 어떤 보살들은　　네 말 끄는 보배수레
난간 화개 빛나게　　　꾸민 것을 보시하며,

31. 또 보니 어떤 보살　　손과 발과 몸뚱이와
　　처자까지 보시하여　위 없는 길 구하고
　　또 어떤 보살들은　　머리와 눈, 몸뚱이를
　　기쁘게 보시하여　　부처 지혜 구하나이다.

32. 문수사리 보살이여　내가 보니 여러 왕들
　　부처님께 나아가서　위 없는 법문 듣고
　　국토와 좋은 궁전　　비빈 신하 다 버리고
　　출가하여 머리 깎고　법복을 입었나이다.

33. 혹은 보니 어떤 보살   큰 뜻 품고 비구되어
      고요한 데 있으면서   경전 읽기 즐겨하고
      또 보니 보살들이   용맹하게 정진하며
      깊은 산에 들어가서   불도 깊이 생각하며
      혹은 보니 욕심 떠나   고요한 데 머물면서
      깊은 선정 닦으면서   다섯 가지 신통 얻네
      혹은 보니 보살들이   합장하고 편히 앉아
      천만 가지 게송으로   부처님을 찬탄하며,

34. 다시 보니 어떤 보살   지혜 깊고 뜻이 굳어
      부처님께 묻자옵고   듣는 대로 간직하며
      혹은 보니 불자들이   선정·지혜 다 갖추어
      한량없는 비유로써   대중 위해 법 설하며
      기쁜 마음 설법하여   여러 보살 가르치고
      마구니들 파한 뒤에   법고를 둥둥 치며,

35. 다시 보니 보살들이   묵연하게 앉아 있어
      하늘 용이 공경해도   기뻐하지 아니하고
      또 보니 어떤 보살   숲 속에서 큰 빛 놓아

지옥 고통 건져내어	부처님 도 들게 하며
혹은 보니 불자들이	잠도 자지 아니하고
숲 속을 거닐면서	불도 힘껏 구하며
또 보니 계 가진 이	몸가짐을 다 갖추어
청정무구 보옥처럼	부처님 도 구하며,

36. 다시 보니 불자들이　　참는 힘이 훌륭하여
　　거만한 사람들이　　　욕을 하며 때려도
　　그 모두를 능히 참아　부처님 도 구하며,

37. 다시 보니 보살들이　　희롱하고 웃는 일과
　　어리석음 다 버리고　　지혜인을 친근하며
　　어지런 맘 가다듬어　　숲 속에 고이 앉아
　　천억만 년 지내면서　　부처님 도 구하며,

38. 다시 보니 어떤 보살　　희유한 밥과 음식과
　　여러 가지 탕약으로　　삼보 앞에 보시하고
　　천냥 만냥 값 나가는　훌륭한 의복이나
　　값도 모를 좋은 옷을　　삼보님께 보시하며

천만억 여러 가지	전단으로 지은 집과
여러 가지 묘한 침구	삼보님께 보시하고
꽃과 열매 무성한	청정스런 숲과 동산
맑은 못 흐르는 물	삼보전에 보시하며
여러 가지 아름답고	좋은 것을 보시하되
기뻐하는 마음으로	위 없는 도 구하며,

39. 다시 보니 어떤 보살   적멸한 법 설하여서
    무량무수 중생들을   갖가지로 가르치며
    혹은 보니 여러 보살   법의 성품 허공 같아
    두 모양이 없는 줄을   진실하게 관찰하며
    혹은 보니 어떤 불자   얽매이는 마음 없어
    미묘한 지혜로써   위 없는 길 구하더이다.

40. 문수사리 보살이여   혹은 어떤 보살들은
    부처님이 가신 뒤에   사리에 공양하고
    혹은 보니 여러 불자   항하의 모래같이
    무량무수 탑을 세워   국토마다 장엄하니
    아름다운 그 보배탑   높이가 오천 유순

가로 세로 다 같이　　　이천 유순 장엄했네.
이러한 탑과 묘와　　　당과 번이 일천이요
진주로 된 휘장에는　　보배 방울 울려오니
하늘 용과 여러 귀신　　사람인 듯 아닌 듯한 이
향과 꽃과 기악으로　　항상 공양하옵니다.

41. 문수사리 보살이여　　많고 많은 불자들이
　　　사리 공양 위하여　　모든 탑을 장엄하니
　　　이 세계가 자연스레　　찬란하게 아름다워
　　　도리천의 원생수에　　꽃이 핀 듯하옵니다.

42. 부처님 놓으신 빛　　　이 세계의 아름다움
　　　갖가지로 빼어남을　　우리들이 보나이다.
　　　여러 부처 신통한 힘　　그 지혜가 희유하사
　　　밝은 빛 놓으시어　　　무량세계 비추시니
　　　이를 보는 우리들은　　없던 것을 얻나이다.

43. 문수사리 보살이여　　의심 풀어 주옵소서.
　　　사부의 여러 대중　　　나와 당신 바라보니

세존께서 무슨 일로	이 큰 빛을 놓나이까.
보살께서 답하시어	의심 풀어 주옵소서.
무슨 이익 있사옵기	이런 큰 빛 놓나이까.

44.
부처님 도량에서	얻으신 미묘한 법
말씀하려 하나이까	수기 주려 하나이까.
여러 곳 부처님 땅	보배로써 장엄함과
부처님을 뵙게 됨은	적은 인연 아니오니
문수사리 보살이여	사부중과 용과 신이
당신만을 바라보니	이 뜻을 설하소서.

45. 이때, 문수사리가 미륵보살마하살과 여러 대중들에게 말하였다.

46. "선남자들이여, 내가 생각하기로는 부처님께서는 큰 법을 설하시며, 큰 법비를 내리시며, 큰 법소라를 부시며, 큰 법북을 치시며, 큰 법의 뜻을 말씀하시려는 것 같습니다.

47. 선남자들이여, 나는 과거의 여러 부처님 계신 곳에서 이러한 상서로움을 보았으니, 이 밝은 빛을

놓으시고는 곧 큰 법을 설하셨습니다. 그러므로 지금 부처님께서 밝은 빛을 놓으심도 그와 같아 중생들로 하여금 온갖 세간에서 믿기 어려운 법을 듣고 알게 하시려고 이 상서로움을 나타내신 줄로 아옵니다.

48. 선남자들이여, 과거에 헤아릴 수 없고 가이없는 불가사의한 아승지겁에 부처님이 계셨으니, 그 이름을 일월등명이라 하셨는데 진리를 몸으로 나타내신 여래이시며, 세상의 모든 이로부터 공양을 받으실 수 있는 응공이시며, 그 지혜가 참되어 모든 것을 정확히 꿰뚫어 보시는 정변지이시며, 이 지혜와 실행을 고루 갖추신 명행족이시며, 모든 미혹을 여의신 선서이시며, 모든 경우를 뚜렷이 아시는 세간해이시며, 위 없이 완전한 인격자이신 무상사이시며, 모든 생명체를 뜻대로 가르치시고 이끌어주시는 힘을 가진 조어장부이시며, 완전한 깨달음을 여신 부처님이시며, 이 세상에서 가장 거룩하신 세존이라 하였습니다.

49. 바른 법을 설하시니 처음과 중간과 끝도 좋으며, 그 뜻은 매우 깊고 그 말씀은 오묘하며 순일하여 섞임이 없고, 맑고 깨끗한 범행의 모습을 갖추었습니다.

50. 성문을 구하는 이에게는 사제법을 설하시어 나고·늙고·병들고·죽음을 건너 마침내 열반에 이르게 하시고, 벽지불을 구하는 이에게는 십이인연법을 설하시며, 보살들에게는 육바라밀을 설하시어 위 없이 높고 바른 깨달음을 얻어 모든 지혜의 씨앗을 이루게 하셨습니다.

51. 그 다음에 다시 부처님이 계셨으니 이름이 일월등명이시고, 그 다음에 부처님이 계셨으니 그 부처님 이름 또한 일월등명이시며, 이와 같이 이만 부처님 모두의 이름이 일월등명이셨고 성씨도 같아서 '파라타'라 하였습니다.

52. 미륵이여, 마땅히 알으소서. 처음 부처님이나 나중 부처님의 이름이 다 같은 일월등명이시며 열 가지 이름을 다 갖추고 말씀하신 바, 법문도 처음과 중간과 끝이 다 훌륭하셨습니다.

53. 그 마지막 부처님께서 출가하시기 전에 여덟 왕자가 있었으니 첫째는 이름이 유의요, 둘째는 이름이 선의요, 셋째는 이름이 무량의요, 넷째는 이름이 보의요, 다섯째는 이름이 증의요, 여섯째는 이름이

제의의요, 일곱째는 이름이 향의요, 여덟째는 이름이 법의라. 이 여덟 왕자는 위덕이 자재하여 각각 네 천하를 다스렸습니다.

54. 이 왕자들은 아버님께서 출가하여 위 없이 높고 바른 깨달음을 얻으셨다는 소식을 듣고 모두 왕위를 버리고 출가하여, 대승의 뜻을 일으켜 범행을 닦아 모두 법사가 되어 천만 부처님이 계신 곳에서 여러 가지 선근을 심었습니다.

55. 이때, 일월등명불께서 대승경을 설하시니 이름을 《무량의경》이라 하는 데, 보살을 가르치는 법이며 부처님께서 보호하시는 경이었습니다.

56. 이 경을 설하신 뒤 대중 가운데서 일월등명불이 가부좌를 하시고 무량의처삼매에 드시니 몸과 마음이 움직이지 않으셨으며, 이때 하늘에서는 만다라꽃·마하만다라꽃·만수사꽃·마하만수사꽃 등 꽃비를 내리어 부처님과 대중 위에 뿌리니, 온 부처님 세계가 여섯 번 떨리어 움직였습니다.

57. 이때, 회중의 비구·비구니·우바새·우바이·하늘·용·야차·건달바·아수라·가루라·긴

나라·마후라가·사람인 듯 아닌 듯 한 것과 여러 소왕과 전륜성왕 등의 많은 대중들은 일찍이 없던 것을 얻어 기쁨에 넘쳐 합장하고 한마음으로 부처님을 우러러보았습니다.

58. 이때, 여래께서는 눈썹 사이의 흰 터럭으로부터 밝은 빛을 놓으시어 동방의 일만팔천 불국토를 비추시니, 두루 미치지 않은 곳이 없으며 지금 보는 이 모든 부처님 나라와 같았습니다.

59. 미륵이여, 마땅히 알으소서. 이 회중에 십이억 보살이 법을 듣고자 하며, 이 모든 보살들은 그 밝은 빛이 여러 부처님의 나라에 비침을 보고 일찍이 없던 것을 얻어, 이 밝은 빛이 비치게 된 까닭을 알고자 하고 있었습니다.

60. 그때, 한 보살의 이름은 묘광으로 팔백 제자를 거느리고 있었습니다. 이때 일월등명불은 삼매에서 일어나 묘광보살로 인하여 대승경을 설하시니, 이름은 《묘법연화경》이라. 보살을 가르치는 법이며, 부처님께서 보호하고 생각하시는 경입니다.

61. 육십 소겁 동안을 자리에서 일어나지 않으셨고

그때, 청중들도 한곳에 앉아 육십 소겁 동안 몸과 마음을 움직이지 않고 부처님의 설법 듣기를 밥먹는 동안으로 생각하였으니 대중 가운데 한 사람도 몸과 마음에 지루한 생각을 내는 이가 없었습니다.

62. 일월등명불께서는 육십 소겁에 이 경을 설해 마치시고 범천·마왕·사문·바라문과 하늘·사람·아수라 등에게 이렇게 말씀하셨습니다.

63. '여래는 오늘 밤중에 무여열반에 들겠노라.'

64. 그때, 한 보살이 있었으니 이름이 덕장으로 일월등명불께서 그에게 수기를 하시면서 비구들에게 말씀하셨습니다.

65. '이 덕장보살은 다음에 반드시 성불하리니 이름을 정신 다타아가도 아라하 삼먁삼불타라 하리라.'

66. 부처님께서는 수기를 주시고 밤중에 무여열반에 드셨습니다.

67. 부처님께서 멸도하신 뒤 묘광보살은 묘법연화경을 가지고 육십 소겁이 되도록 사람들에게 설법하였으며 일월등명불의 여덟 왕자는 모두 묘광보살을 스승으로 섬기니, 묘광보살은 그들을 교화하여 위 없

이 높고 바른 깨달음에 견고케 하였으며 여덟 왕자들은 헤아릴 수 없는 백천만억 부처님께 공양하고 다 부처님 도를 이루었으니, 마지막에 성불한 부처님의 이름은 연등이었습니다.

68. 팔백 제자 중에 한 사람이 있었으니 이름은 구명입니다. 이익을 탐내므로 여러 경전을 독송하지만 뜻을 통하지 못하고 잊어버림이 많으므로 구명이라 한 것입니다. 그러나 이 사람 또한 모든 선근을 심은 인연으로 헤아릴 수 없는 백천 만억 부처님을 만나게 되어 공양·공경하고 존중·찬탄하였습니다.

69. 미륵이여, 마땅히 알으소서. 그때 묘광보살은 다른 사람이 아니라 바로 내가 묘광이며, 구명보살은 바로 그대 미륵입니다. 이제 이 상서로움을 보니 예전과 다름이 없으므로 생각하건대 오늘 여래께서 대승경을 설하시리니, 경의 이름은 《묘법연화경》이요 보살을 가르치는 법이며 부처님께서 보호하시는 경입니다."

70. 이때, 문수사리보살은 대중 가운데서 이 뜻을 펴려고 게송으로 말하였다.

71. 생각하면 지난 세상　　　한량 없이 오랜 겁에
　　부처님이 계셨으니　　　그 이름이 일월등명
　　세존께서 법 설하여　　　많은 중생 제도하고
　　수없는 여러 보살　　　　불지혜에 들게 하며
　　그 부처님 출가 전에　　낳으신 여덟 왕자
　　부왕의 출가 보고　　　　범행 따라 닦았네.

72. 부처님 설하신 경　　　　이름은 《무량의경》
　　여러 대중 가운데에　　　널리 분별하셨노라.
　　이 경 다 설하시고　　　 법좌에 가부좌 하사
　　깊은 삼매 드시오니　　　그 이름은 무량의삼매.

73. 하늘에선 꽃비 오고　　　하늘북 절로 울려
　　여러 천룡 귀신들　　　　세존께 공양하고
　　모든 여러 국토　　　　　큰 진동이 일어나며
　　백호상에서 놓는 큰 빛　 희유한 일 나타내네.

74. 이 큰 빛이 동방으로　　　일만팔천 불토 비춰
　　모든 중생 나고 죽는　　　그 업보를 볼 수 있고

	그 많은 불토마다	보배로써 장엄하니
	유리 빛과 파려 빛을	큰 빛으로 보게 되고
	또한 보니 하늘 사람	용과 신과 야차들과
	건달바와 긴나라들	부처님께 공양하네.
75.	또한 보니 여러 여래	자연스레 성불하사
	금빛 같은 그 몸매에	단정하고 미묘하여
	깨끗한 유리 속에	진금상호 나투신 듯
	대중 속에 계신 세존	깊은 법을 베푸시니
	하나하나 불세계에	무수한 성문 대중
	부처님의 큰 빛으로	대중을 다 보았네
76.	또한 여러 비구들이	숲 속에 있으면서
	정진하여 가진 계행	밝은 구슬 보호하듯
	혹은 보니 여러 보살	보시하고 인욕하는
	그 수가 항하 모래	부처님 빛 비치면은
	여러 보살 보게 되니	모든 선정 깊이 들어
	몸과 마음 고요하여	위 없는 길 구하며
	혹은 보니 여러 보살	적멸한 법 알아서

그 국토에 설법하여　　부처님 도 구하시네.

77.　그때에 사부대중　　일월등명 부처님의
　　　큰 신통의 힘을 보고　그 마음이 환희하며
　　　서로서로 묻는 말이　이런 일은 무슨 인연

78.　천인 공경 받는 세존　삼매에서 일어나서
　　　묘광보살 칭찬하길　너는 세상 눈이 되니
　　　모든 중생 귀의처라　이 법장을 받들어라.
　　　내가 설한 모든 법을　그대만이 능히 알리.
　　　세존께서 찬탄하니　묘광보살 기뻐하네.

79.　이《법화경》설하시기　육십 소겁 지나도록
　　　자리에서 뜨지 않고　설하신 미묘한 법
　　　묘광보살 법사께서　모두 받아 지니었네.

80.　이《법화경》설하시어　중생 모두 기쁘게 해
　　　그날 바로 천인들과　대중에게 이르시되
　　　모든 법의 참다운 뜻　그대들께 말했으니

나는 이제 오늘 밤에	열반에 들어가리.
그대들은 한맘으로	정진하고 방일 말라.
부처 출현 어려워라	억겁에나 만나 볼까.
부처님의 여러 제자	부처 열반 소식 듣고
슬픈 마음 각각 품네	열반 어찌 빠르신가.

81. 세존이신 법왕께서 　무량 중생 위로하며
　　내가 열반하더라도 　너희들은 걱정 말라.
　　여기 덕장보살께서 　새지 않는 참다운 법
　　마음에 통달하여 　　이 다음에 성불하면
　　정신이라 이름하여 　많은 중생 제도하리.

82. 부처님이 멸도하니 　섶 다하여 불꺼진 뒤
　　많은 사리 나누어서 　셀 수 없는 탑 세우니
　　비구들과 비구니 　　그 수도 항하 모래
　　더욱 더 정진하여 　위 없는 도 구하였네.

83. 묘광법사 보살께서 　부처님의 법장 지녀
　　팔십 소겁 긴 세월에 　법화경을 설하시니

그 왕자가 여덟 사람　　묘광법사 교화 받고

위 없는 도 견고하여　　많은 부처 뵈오면서

여러 부처 공양하고　　큰 도를 따라 닦아

차례대로 성불하며　　점차로 수기하니

최후의 천중천은　　그 이름이 연등부처

여러 신선 도사되어　　무량 중생 제도하네.

84. 묘광보살 법사에게　　한 제자 있었으니

마음 항상 게으르고　　이익에만 탐착하며

이름 이익 구하여서　　귀족 집만 드나들며

하던 공부 내던지고　　깨닫지를 못한지라

이러한 인연으로　　그 이름이 구명이라.

그도 또한 선업으로　　많은 부처 만나 뵙고

부처님께 공양하며　　큰 도를 닦고 닦아

육바라밀 갖추어서　　석가 세존 친견하고

이 다음에 부처 되어　　미륵이라 이름하여

많은 중생 제도하니　　그 수가 끝없으리.

85. 저 부처님 멸도한 뒤　　게으른 자 그대이며

그때의 묘광법사　　　지금의 내 몸이라.

　　내가 본 등명부처　　　본 상서가 이러하니

　　이 부처님 이런 서광　　법화경을 설하리라.

86. 지금 광명 옛날 상서　　여러 부처 방편이라.

　　이제 세존 광명 놓아　　참다운 뜻 나투시니

　　그대들이 바로 알아　　한맘으로 기다리면

　　부처님 법비 내려　　　구도자를 충족하리.

　　삼승법을 구하는 이　　만일 의심 가지면은

　　부처님이 그 의심을　　남김 없이 끊어주리.

2. 방편품(方便品)

1. 그때, 세존께서 조용히 삼매에서 일어나시어
2. 사리불에게 말씀하셨다.
"여러 부처님의 지혜는 매우 깊어 헤아릴 수 없으며, 그 지혜의 문은 이해하기도 어렵고 들어가기도 어려워서 성문이나 벽지불이 능히 알 수 없느니라.
3. 왜냐하면 부처님은 일찍이 백천만억의 헤아릴 수 없는 부처님을 가까이 모시어 모든 부처님의 헤아릴 수 없는 법을 닦아 수행하였고, 용맹 정진하여 이름이 널리 알려졌으며, 매우 깊은 일찍이 없던 법을 성취하시어 근기 따라 설하시니 그 뜻은 알기 어려우니라.
4. 사리불아, 내가 성불한 이래로 갖가지 인연과 여러 가지 비유로 널리 교법을 폈고, 수없는 방편으로 중생을 인도하여 모든 집착을 여의게 하였노라. 이는 여래가 방편바라밀과 지견바라밀을 다 갖춘 공덕이니라.

5. 사리불아, 여래의 지견은 광대하고 심원하여 무량·무애·힘·무소외·선정·해탈삼매에 깊이 들어감이 가이없어 모두 일찍이 없던 법을 성취하였노라.

6. 사리불아, 여래는 갖가지로 분별하여 모든 법을 훌륭하게 설하되 말씀이 부드러워 중생들의 마음을 기쁘게 하노라.

7. 사리불아, 요약하여 말하면 헤아릴 수 없고 가이없으며, 일찍이 없던 법을 내가 다 성취하였노라.

8. 그만두어라, 사리불아. 더 말하지 않겠노라. 왜냐하면 부처님이 성취한 바는 희유한 것이며 알기 어려운 법으로써, 오직 부처님만이 모든 법의 실상을 다 깨달아 알기 때문이니라.

9. 이는 모든 법이 이와 같은 모양과 이와 같은 성품·이와 같은 본체·이와 같은 힘·이와 같은 작용·이와 같은 원인·이와 같은 연·이와 같은 결과·이와 같은 갚음·이와 같은 본말구경이기 때문이니라."

10. 이때, 세존께서 위의 뜻을 거듭 펴시려고 게송으로 말씀하셨다.

11. 거룩하신 부처님을　　여러 하늘 세상 인간
　　 여러 중생 누구라도　　부처님 알 리 없네
　　 부처님의 크신 힘과　　해탈과 여러 삼매
　　 부처님의 모든 법을　　헤아릴 이 없노라.

12. 본래부터 여러 부처　　다 갖추어 행하면서
　　 깊고 넓은 미묘한 법　　보고 알기 어려워서
　　 끝없는 오랜 세월　　여러 가지 도를 닦아
　　 정진에서 얻은 결과　　내 모두 보고 아네.

13. 이와 같이 크고 크신　　성품과 모양 뜻은
　　 나와 시방 부처님만　　이러한 줄 알고 있네.
　　 이런 법 보일 수 없고　　말로는 할 수 없어
　　 하물며 중생들이　　누가 알고 이해하랴.
　　 믿는 힘이 견고한　　보살들은 빼더라도
　　 부처님의 제자들이　　부처님께 공양 올려
　　 온갖 번뇌 망상 다해　　최후 몸에 머문 이와
　　 중생들 그 누구도　　부처 지혜 알지 못해.

14. 세상 여러 법계 중생　　사리불과 같은 지혜
　　　다 함께 헤아려도　　　부처 지혜 알지 못해
　　　시방에 사리불같은　　　가득 찬 제자들이
　　　모두 함께 생각해도　　　부처 지혜 알지 못해
　　　위 없이 높고 바른　　　깨달음의 세계이니.

15. 영리한 벽지불의　　　샘이 없는 최후 몸이
　　　시방세계 충만하여　　　그 수가 대숲 같아도
　　　그들 마음 합하여　　　무량한 억천만겁
　　　부처 지혜 생각해도　　한 부분도 알지 못해.

16. 초발심한 보살들이　　　부처님께 공양 올려
　　　뜻과 이치 요달하고　　　능히 설법 잘하는 이
　　　그 수 시방 그득하여　　벼 삼 대와 갈대같아
　　　한결같은 지혜로　　　　항하 모래 같은 경전
　　　모두 다 헤아려도　　　부처 지혜 알 수 없고,

17. 물러남 없는 보살　　　항하 모래만큼 많아
　　　한맘으로 생각해도　　　다시 알지 못하네.

18. 사리불께 말하노니　　생각으로 알 수 없는
　　 깊고 넓은 미묘법을　　나는 모두 갖추었네.
　　 내가 이 모양 알고　　부처님도 또한 아네.

19. 사리불아 알아둬라　　부처 말씀 틀림없어
　　 부처 설한 미묘 법문　　크게 믿고 힘을 내면
　　 세존 설법 오랜 뒤에　　진실한 법 듣게 되네.

20. 성문 연각 법을 구한　　너희들을 위한 고로
　　 고통 속박 벗어나서　　열반 얻게 하리니
　　 부처님 방편으로　　삼승법을 보인 것은
　　 중생들의 집착심을　　벗어나게 한 것이라.

21. 이때, 대중 가운데 여러 성문과 번뇌가 다한 아라한과 아야교진여 등 일천이백 명과 성문·벽지불의 마음을 일으킨 비구·비구니·우바새·우바이 등이 제각기 이런 생각을 하였다.

22. '지금 세존께서는 은근히 방편을 찬탄하시며, 부처님께서 얻으신 법은 매우 깊어 이해하기 어렵고

말씀하시는 뜻도 알기 어려워 모든 성문이나 벽지불이 미칠 수 없다고 하시는가.

23. 부처님께서 해탈의 뜻을 설하사 우리도 이 법을 얻어 열반을 이루었는데 지금 말씀하시는 뜻을 알 수 없구나.'

24. 이때, 사리불은 비구·비구니·우바새·우바이 등 사부대중이 의심하고 자기도 알지 못하므로 부처님께 여쭈었다.

25. "세존이시여, 무슨 인연으로 여러 부처님의 제일 방편과 깊고 묘하여 이해하기 어려운 법을 은근히 찬탄하십니까. 저는 예로부터 부처님께서 이렇게 말씀하시는 것은 듣지 못하였습니다.

26. 지금 사부대중이 모두 의심하고 있으니, 바라옵건대 세존께서는 이 일을 알기 쉽게 설하여 주소서. 세존께서는 무슨 인연으로 깊고 미묘하여 알기 어려운 법을 은근히 찬탄하십니까."

27. 이때, 사리불은 이 뜻을 거듭 펴려고 게송으로 말하였다.

28. 지혜의 태양 대성존　　이런 법 말씀하시니

29. 이 같이 얻은 진리　　두려움 없는 삼매의 힘
　　적멸 선정 해탈법과　　생각할 수 없는 큰 법
　　정진으로 얻었지만　　묻는 이 하나 없고
　　그 뜻 깊고 어려워서　　감히 물어 볼 수 없네.
　　도 행하여 얻은 해탈　　매우 깊은 미묘 지혜
　　부처님만 얻는 바라　　대중 위해 설하시네.

30. 번뇌 없는 아라한과　　열반법을 구하는 이
　　지금 모두 의심 내니　　무슨 일로 말씀할까.
　　성문 연각 보살들과　　사부대중 여러 권속
　　하늘 용과 수라 귀신　　건달바 긴나라들
　　서로 보고 의심하며　　양족존만 뵙고 있네.
　　이런 일은 무슨 이유　　부처님 설하소서.

31. 성문 무리 가운데　　제가 제일이라지만
　　아무리 생각해도　　의문 풀지 못합니다.
　　이것이 구경법인지　　수행할 도리이온지

부처님께 귀의한 불자	합장하고 기다리니
미묘하신 음성으로	말씀하여 주옵소서.

32.
여러 하늘, 용과 귀신	항하 모래 수와 같고
깨달음 구하는 보살	팔만 명이 넘어서니
여러 억만 국토에서	모여 든 전륜성왕
공경스런 마음으로	말씀 원하옵니다.

33. 이때, 부처님께서 사리불에게 말씀하셨다.

"그만두어라. 그만두어라. 다시 말하지 말라. 만일 이 일을 말하면 모든 세간의 하늘이나 인간들이 다 놀라고 의심하리라."

34. 사리불이 거듭 부처님께 여쭈었다.

"세존이시여, 원컨대 말씀하여주소서. 오직 원컨대 말씀하여주소서. 여기에 모인 무수한 백천만억 아승지 중생들은 일찍이 여러 부처님을 친견하여 육근이 영리하고 지혜가 밝아서 부처님께서 설하심을 들으면 공경하고 기뻐할 것입니다."

35. 이때, 사리불이 이 뜻을 펴려고 게송으로 말하였다.

법왕이신 세존이시여　　염려 말고 말씀하소서.
여기 모인 무량 대중　　공경 믿음 있습니다.

36. 부처님께서 다시 사리불을 말리셨다.
"그만두어라, 사리불아. 만약 이 일을 말하면 모든 세간의 하늘이나 인간들이나 아수라들은 다 놀라고 의심할 것이며, 오만한 비구는 깊은 구렁에 떨어지리라."
37. 이때, 부처님은 거듭 게송으로 말씀하셨다.

38.　그만둬라 말을 말자　　미묘하고 어려우니
　　　 증상만이 듣는다면　　반드시 믿지 않으리.

39. 이때, 사리불은 거듭 부처님께 여쭈었다.
"세존이시여, 바라노니 설해주소서. 바라노니 설해주소서. 이 모임 가운데 저희와 같은 백천만억 대중들은 세세생생에 부처님의 교화를 받았으니 이러한 대중들은 반드시 공경하며 믿고 편안할 것이니 이익이 많으오리다."
40. 이때, 사리불은 이 뜻을 펴려고 게송으로 여쭈었다.

양족존 세존이시여	그 법을 말씀하소서.
부처님의 아들이니	원컨대 말씀하소서.
셀 수 없이 모인 대중	공경하고 믿으리다.

41.
부처 나는 세상마다	교화하여 주셨으니
일심으로 합장하고	듣기를 원합니다.
일천이백 모든 대중	부처님 도 구하는 이
이들을 위하시어	말씀하여 주신다면
대중은 듣기만 해도	큰 기쁨 내겠습니다.

42. 이때, 세존께서 사리불에게 이렇게 말씀하셨다.

"그대가 간곡하게 세 번이나 청하였으니 어찌 말하지 않겠느냐. 그대는 이제 자세히 듣고 잘 생각하라. 내 이제 그대를 위해 분별하여 말하리라."

43. 이 말씀을 하실 때 회중에 있던 비구·비구니·우바새·우바이 등 오천 사람이 자리에서 일어나 부처님께 절하고 물러갔다. 이 오천의 무리는 죄업이 깊고 무거우며 교만하여 얻지 못하고도 얻었다 하고, 깨치지 못하고도 깨쳤다고 하는 이런 허물이

있는 까닭에 물러가는 것을 보시고서도 세존은 잠자코 계셨다.

44. 이때, 부처님께서 사리불에게 말씀하셨다.

"남은 이 대중은 가지나 잎은 없고, 순수한 열매만 남아 있도다. 사리불아, 교만한 사람들은 물러감이 좋으니라. 그대들은 이제 잘 들어라. 마땅히 그대들을 위하여 설하리라."

45. 사리불이 말씀드렸다.

"그러하옵니다 세존이시여, 기꺼이 듣고자 합니다."

46. 부처님께서 사리불에게 말씀하셨다.

"이와 같은 묘법은 많은 부처님께서 때가 되어야 설하는 것이니, 우담바라꽃이 때가 되어야 한 번 피는 것과 같느니라.

47. 사리불아, 그대는 반드시 믿어라. 부처님의 설하는 말씀은 허망하지 않느니라.

48. 사리불아, 모든 부처님이 말씀하신 법은 그 뜻을 이해하기 어려우니라.

49. 왜냐하면 나는 수없는 방편과 갖가지 인연과 비유와 이야기로써 법을 설하지만 이 법은 생각이나

분별로써 이해할 수 없으니, 오직 부처님들만이 아시느니라.

50. 왜냐하면 모든 부처님은 오직 하나뿐이며 큰 일인 일대사인연으로 이 세상에 출현하시기 때문이니라.

51. 사리불아, 어찌하여 부처님은 일대사인연으로 세상에 출현하는가.

52. 부처님들은 중생들에게 부처의 지견을 열어주어 청정함을 얻게 하려고 세상에 출현하시며, 중생들로 하여금 부처님의 지견을 보게 하려고 세상에 출현하시며, 중생으로 하여금 부처님의 지견을 깨닫게 하려고 세상에 출현하시며, 중생으로 하여금 부처님의 지견의 도에 들어가게 하려고 세상에 출현하시느니라.

53. 사리불아, 이것을 부처님들께서 일대사인연으로 이 세상에 출현하는 것이라 하노라."

54. 부처님이 사리불에게 말씀하셨다.

"부처님들은 보살을 교화하시노라. 여러 가지 일을 하시지만 항상 한 가지 일만 하시나니, 부처님의 지견을 중생에게 보여 깨닫게 하려 하심이니라.

55. 사리불아, 여래는 일불승으로써 중생을 위해 설법함이요, 다른 법은 없거늘 어찌 이승이 있고 삼승이 있겠느냐.

56. 사리불아, 모든 시방의 여러 부처님 법도 이와 같노라.

57. 사리불아, 과거의 여러 부처님이 한량없는 방편과 갖가지 인연과 비유로써 중생을 위하여 여러 가지 법을 설하셨으니, 이 법이 모두 일불승을 위한 것이므로, 중생들이 부처님으로부터 법을 듣고는 마침내 모두 일체종지를 얻느리라.

58. 사리불아, 미래에 여러 부처님이 세상에 출현하시더라도 또한 무량 무수한 방편과 갖가지 인연과 비유로써 중생들을 위하여 여러 가지 법을 설하시니, 이 법도 모두 일불승을 위한 것이므로 중생들이 부처님으로부터 법을 들으면 마침내는 모두 일체종지를 얻게 되느니라.

59. 사리불아, 현재 시방의 헤아릴 수 없는 백천만억 불국토의 여러 부처님은 중생을 이익되게 하고 안락하게 하시며, 이 여러 부처님이 헤아릴 수 없고 셀 수

없는 방편과 갖가지 인연과 비유로써 중생을 위하여 여러 가지 법을 설하시니, 이 법은 모두 일불승을 위하는 것이므로, 모든 중생이 부처님으로부터 법을 듣고 마침내 모두 일체종지를 얻게 되느니라.

60. 사리불아, 부처님들은 보살을 교화하시니, 부처님의 지견을 중생에게 보이고자 하시며, 부처님의 지견으로 중생을 깨닫게 하고자 하시며, 그들로 하여금 부처님의 지견에 들게 하고자 함이니라.

61. 사리불아, 나도 또한 이와 같아서, 모든 중생이 갖가지 욕심과 마음에 집착함이 있음을 알기에 그 본성에 따라 갖가지 인연과 비유와 방편으로 법을 설하노라.

62. 사리불아, 이렇게 함은 모두 일불승의 모든 일체종지를 얻게 하려는 것이니라.

63. 사리불아, 시방세계는 이승이 없거늘 어찌 삼승이 있겠는가.

64. 사리불아, 부처님께서는 다섯 가지 흐린 세상에 출현하시니, 이른바 겁이 흐리고, 번뇌가 흐리며, 중생이 흐리고, 소견이 흐리고, 목숨이 흐림이니라.

사리불아, 겁탁으로 어지러울 때에는 중생이 번뇌가 많고, 간탐하고 질투하는 좋지 못한 근성을 가졌기에 부처님들은 방편으로 불승을 분별하여 삼승으로 설하시니라.

65. 사리불아, 만일 나의 제자가 스스로 아라한 벽지불이라고 하더라도 부처님들께서 보살을 교화시키는 방편을 듣지도 못하고, 알지도 못한다면 이는 부처님 제자가 아니요, 아라한이 아니며 벽지불도 아니니라.

66. 또한 사리불아, 모든 비구 비구니가 스스로 말하기를 아라한을 얻었다 하고 이것이 최후 몸이요 구경열반이라 하며, 다시 위 없이 높고 바른 깨달음을 구할 뜻이 없다면 반드시 이러한 무리는 교만한 자이니라. 왜냐하면 어떤 비구가 참으로 아라한을 얻었다면 이 법을 믿지 않을 수 없기 때문이니라.

67. 부처님이 멸도하시고 현존해 계시지 않을 때에는 제외되느니라. 왜냐하면 부처님이 멸도하신 뒤에는 이러한 경전을 수지독송하고 뜻을 잘 아는 사람을 만나기 어렵기 때문이니라. 그러나 부처님을 만나면

이 법 가운데에서 곧 분명하게 깨달음을 얻으리라.

68. 사리불아, 그대들은 한마음으로 믿고 이해하여 부처님 말씀을 받아 지녀라. 여러 부처님 말씀은 허망하지 않으며 다른 승은 없고 오직 일불승만 있느니라."

69. 그때, 세존께서 이 뜻을 펴시려고 게송으로 말씀하셨다.

70.   이런 비구 비구니들   아상만을 품었으며
         아만 많은 우바새와   믿지 않는 우바이들
         이와 같은 사부대중   그 수가 오천여 명
         제 허물은 보지 않고   계행도 결함 있어
         제 잘못을 감추려는   어리석은 자 갔으며
         껍질 같은 그 무리들   부처의 법력에 갔으니
         이런 사람 복덕 없어   이 법문을 못 듣노라.

71.   대중에는 껍질 없고   알맹이만 남았어라.
         사리불은 잘 듣거라.   부처님이 얻은 법을
         셀 수 없는 방편으로   중생 위해 말하노라.
         중생들의 여러 생각   갖가지로 행하는 도

욕망 성질 어떠하며	지난 세상 선악 업보
부처님이 모두 알아	모든 인연 여러 비유
이야기와 방편으로	모든 중생 즐기려고
어떤 때는 수다라를	또는 가타와 본사와
본생경과 미증유법	인연들을 설해주며
혹은 비유 이야기와	여러 경을 설하니라.

72.
소승법을 즐기면서	생사에만 탐을 내며
셀 수 없는 부처님의	미묘한 도 닦지 않고
괴로움에 시달리니	열반법을 말했노라.
내가 방편 말하여서	부처 지혜 들게 하고
너희들도 성불한단	말을 하지 않았으니
그 말 하지 않은 것은	때가 안 된 까닭이라.
지금에야 때가 되니	대승법을 말하노라.
내가 말한 구부의 법	중생 근기 따름이니
대승 근본 삼으려고	대승 경전 말하노라.

73.
불자 마음 청정하며	부드럽고 지혜로워
셀 수 없는 부처님께	미묘한 도 행했으니

이런 불자 위하여　　　대승 경전 설하노라.
나는 이런 수행자들　　내세 성불 수기하네.
마음 깊이 염불하고　　청정 계율 지킨 불자
성불한다 말 들으면　　큰 기쁨이 몸에 가득
부처님 그 마음 알고　　대승법을 말하노라.

74. 성문들과 보살들이　　내가 설한 법을 듣고
한 게송만 기억해도　　성불함이 의심 없네.

75. 시방 불토 각국에는　　일승법만 있음이요
이승 삼승 방편이라　　모든 부처 방편 설법
중생 구제 하시려고　　부처 지혜 알리려고
방편설로 비유하네.　　부처님 출현함은
일승만이 진실이요　　이승 삼승 방편일 뿐
소승법은 방편이니　　중생 제도 못하니라.

76. 부처님은 대승으로　　일승법에 머무시어
선정 지혜 장엄하여　　중생들을 제도하니
스스로 평등법에서　　대승법을 증득하고

다만 한 사람이라도 　소승으로 교화하면

간탐죄에 떨어지니 　옳지 못한 일이니라.

77. 부처님 믿는 이면 　여래는 속이지 않고

　　 탐욕 질투 끊어주며 　모든 악을 끊어주니

　　 부처님은 시방에서 　두려움이 없느니라.

78. 삼십이상 장엄하고 　세간마다 광명 비춰

　　 중생 존경 받으면서 　실상 법인 말하노라.

79. 사리불아 이를 알라. 　내가 본래 세운 서원

　　 모든 중생 나와 같이 　다름없게 하렸더니

　　 오래 전에 품은 소원 　이제 만족 하였나니

　　 모든 중생 교화하여 　부처님 도 들게 하리.

80. 내가 중생 만나면 　부처님 도 가르치지만

　　 지혜 없고 미혹하여 　가르침을 안 받나니

　　 이런 중생 일찍부터 　착한 선근 닦지 않고

　　 오욕에만 애착하여 　어리석고 성 잘 내고

탐욕 등에 속박되어	삼악도에 떨어지니
여섯 갈래 헤매면서	모든 고통 고루 겪고
탯속에서 받은 몸이	생사윤회 끝없으며
덕도 없고 복도 없고	뭇 고통에 시달리며
삿된 소견 숲에 들어	혹은 있다 혹은 없다
삿된 견해 점점 늘어	육십이견 다 갖추고
허망한 법 고집하여	버릴 줄을 모르나니
아만과 자존심으로	마음 굽어 부실하여
천만억 겁 지내어도	부처 이름 못 들으니
법도 또한 듣지 못해	제도하기 어렵도다.

81. 사리불아 이런 사람 방편법을 베풀어서
   고통 끊는 법을 말해 열반법을 보여주며
   열반이라 말했으나 참열반이 아니니라.

82. 모든 법은 본래부터 항상 고요한 것이니
   불자가 도 행하면 오는 세상 부처되리.

83. 내가 이제 방편으로 삼승법문 보였으나

시방 세계 부처님들	일승법을 말하나니
여기 모인 대중들은	의혹된 맘 풀어내라.
부처 말씀 다 같아서	일승일 뿐 이승 없네.

84. 지난 세상 무수한 겁　　열반하신 여러 부처
　　백천만억 그 수효를　　헤아릴 수 없건마는
　　이런 모든 세존들이　　가지가지 인연 비유
　　무수한 방편으로　　　법의 모습 설하시니
　　이와 같은 여러 세존　　모두 다 일승법 설해
　　무량 중생 교화하사　　부처님 도 들게 하네.

85. 대성주인 성인들은　　모든 세간 중생들이
　　애착하는 모든 욕망　　속속들이 다 아시고
　　다시 다른 방편으로　　제일의 뜻 나타내네.

86. 만일 어떤 중생들이　　과거 여러 부처 뵙고
　　보시하며 계율 지켜　　인욕하고 정진하며
　　선정 지혜 법문 듣고　　복과 지혜 닦은 자는
　　이와 같은 여러 사람　　모두 이미 성불했고

부처님께서 열반한 뒤　　그 마음이 선한 이들
이와 같은 여러 중생　　이미 모두 성불했네.

87. 부처님 열반한 뒤　　사리에 공양하려
　　만억 가지 탑 세우되　　금과 은과 파려들과
　　자거와 마노들과　　매괴와 유리 진주로
　　청정하게 널리 장엄　　모든 탑을 장식하고
　　혹은 돌로 사당 짓고　　전단향과 침수향과
　　여러 나무 다른 재목　　기와 벽돌 진흙으로
　　넓고 좋은 들 가운데　　흙을 모아 절 지으며
　　어린애들 장난으로　　흙모래로 탑 세워도
　　이러한 모든 사람　　모두 이미 성불했네.

88. 어떤 이가 부처 위해　　여러 형상 세우거나
　　부처님 상 조각하면　　그들도 성불하네.

89. 혹은 칠보로 만들고　　혹은 놋쇠나 백동들과
　　납과 주석 쇳덩이나　　나무나 진흙으로
　　부처님 상 조성하여　　아교로써 옷칠하면

	이와 같은 사람들도	모두 성불하였노라.

90. 채색 불상 그리되   장엄한 원만상을
제가 하나 남 시키나   모두 성불하였노라.

91. 아이들이 장난삼아   풀과 나무 붓이거나
혹은 꼬챙이 손톱으로   부처 모양 그린 이는
이와 같은 여러 사람   공덕이 점점 쌓여
큰 자비심 갖추어져   모두 성불 시켰으니
모든 보살 교화하여   무량 중생 건졌노라.

92. 어떤 사람 탑과 절과   불상이나 불화 앞에
꽃과 향과 번개로써   공경하며 공양커나
악사 시켜 풍악하되   북도 치고 소라 불며
소저 통소 거문고나   비파 요령 바라들
이와 같은 묘한 음악   정성으로 공양하면
즐거운 마음 내어   노래 불러 찬탄하되
한마디만 하더라도   모두 성불하였노라.

93. 어떤 사람 마음 산란　　꽃 한 송이 한맘으로
　　　불상 앞에 공양해도　　많은 부처 뵙게 되며
　　　혹은 어떤 사람들이　　예배하거나 합장하며
　　　손 한 번을 든다거나　　머리 한 번 숙이어도
　　　이런 공양하는 이는　　많은 부처 뵙게 되며
　　　위 없는 길 이루어서　　많은 중생 제도하여
　　　섶 다하면 불 꺼지듯　　무여 열반 들게 하네.

94. 마음 어지런 이라도　　탑과 법당 들어가서
　　　나무불 한 번 불러도　　모두 성불하였노라.

95. 지난 세상 여러 부처　　계실 때나 열반한 뒤
　　　이 법을 들은 이는　　모두 성불하였노라.

96. 오는 세상 부처님도　　그 수효 셀 수 없어
　　　이러하신 여래들도　　방편 설법 하느니라.

97. 일체 모든 여래는　　셀 수 없는 방편으로
　　　모든 중생 제도하여　　부처 지혜 얻게 하니

　　　　만일 법문 들은 이는　　모두모두 성불하네.

98. 여러 부처 본래 서원　　내가 행한 불도로써
　　　중생들을 교화하여　　자타성불 이룩하네

99. 오는 세상 부처님들　　셀 수 없는 백천만억
　　　많은 법문 설하지만　　그 내용은 일승이라.

100. 성품 없는 진실법을　　양족존은 깨달아서
　　　　부처 되는 인연법을　　일승으로 설하시니
　　　　일승법은 진실한 법　　세상 일에 머물면서
　　　　세간 모습 모두 알고　　방편으로 말하니라.

101. 하늘 사람 공양 받는　　시방 계신 부처님
　　　　그 수가 항하 모래　　세간에 출현하사
　　　　중생들 편케 하려　　삼승 법문 말하나니
　　　　제일 적멸 일승법을　　알면서도 방편으로
　　　　가지가지 길 보이나　　참됨은 일불승뿐.

102. 중생들의 모든 행과　　마음속에 생각함과
　　　지난 세상 익힌 업과　　욕심 성질 정진력과
　　　여러 가지 근기 알고　　여러 가지 인과 방편
　　　비유하며 이야기로　　　방편 따라 말하니라.

103. 지금 나도 그와 같이　　중생을 편케 하려고
　　　여러 가지 법문으로　　부처 도를 보이노라.

104. 내가 지혜 힘으로써　　중생들의 근기 알고
　　　방편으로 설법하여　　기쁘게 하여주네.

105. 사리불아 바로 알라.　　내가 부처 눈으로써
　　　육도중생 살펴보니　　빈궁하고 지혜 없어
　　　생사의 길 잘못 들어　　그 고통을 끊지 못해
　　　오욕락에 탐착하되　　물소 꼬리 사랑하듯
　　　탐욕 속에 갇혀 있어　　눈도 멀고 소견 없어
　　　깨달음 길 아니가고　　고통을 아니 끊고
　　　삿된 소견 깊이 들어　　괴로움에 얽혔으니
　　　이런 중생 위하여서　　자비심을 내었노라.

106. 도량에 처음 앉아　　보리수 아래 경행하며

　　　삼칠일 지내면서　　이런 일을 생각하되

　　　얻은 바 큰 지혜가　　미묘하고 제일이나

　　　중생 근기 둔하여서　　어리석고 어두우니

　　　이와 같은 중생들을　　어떻게 제도할까.

107. 그때에 범천왕과　　모든 하늘과 제석천왕

　　　이 세상을 보호하는　　사천왕 대자재천왕

　　　여러 하늘 대중과　　백천만의 권속들이

　　　합장 공경 예배하며　　나의 법을 청하였다.

108. 내 스스로 생각하니　　일승법을 찬탄하면

　　　고통 속에 빠진 중생　　이 법을 믿지 않고

　　　믿지 않고 비방하면　　삼악도에 떨어지니

　　　내 차라리 설법 않고　　곧 열반에 들려다가

　　　지난 세상 부처님네　　행한 방편 생각하고

　　　내가 지금 얻은 도를　　삼승으로 설하리라.

109. 이런 생각 하였을 때　　시방 부처 나타나서

범음으로 위로하되   장하도다 석가모니
제일 가는 대도사가   위 없는 법 얻었건만
모든 부처님을 따라   삼승 방편 행하도다.

110. 우리들도 또한 모두   일승법을 얻었건만
      모든 중생 위하여서   삼승법을 말하노라.

111. 적은 지혜 소승들이   성불을 믿지 않아
      방편으로 분별하여   여러 과를 설했으며
      삼승법을 보였으나   보살도를 위함이라.

112. 사리불아 바로 알라.   내가 부처 말씀 들으니
      청정하고 미묘하여   나무불을 염하면서
      이런 생각 다시 하되   흐린 세상 내가 와서
      여러 부처 말씀대로   나도 삼승 행하리라.

113. 이와 같이 생각하고   녹야원에 나아가서
      모든 법의 적멸상을   말로 할 수 없지만은
      삼승 방편 힘으로써   오 비구에게 말하기를

　　　　사제법을 전륜하니　　열반도가 따로 있고

　　　　아라한과 따로 있어　　그 이름이 차별 있네.

114. 오랜 겁을 내려오며　　열반의 법 찬탄하되

　　　생사고를 끊으라고　　항상 설법하였노라.

115. 사리불아 바로 알라.　　불자들을 내가 보니

　　　부처님 법을 구하는　　천만억의 많은 보살

　　　공경하는 마음으로　　부처 계신 곳 찾아와서

　　　부처님의 모든 법문　　방편설을 들었노라.

　　　이제 내가 생각하니　　여래께서 나타남은

　　　일승법을 설하는 것　　지금이 바로 그때.

116. 사리불아 바로 알라.　　근기 둔한 소승들은

　　　아상 많고 교만하여　　이런 법을 못 믿지만

　　　내 이제 두려움 없이　　여러 보살 가운데서

　　　정직하게 방편 보여　　일승법을 말하리라.

117. 보살들은 법문 듣고　　의심 모두 풀어지며

　　　　일천이백 아라한도　　마땅히 다 성불하리.

118. 삼세의 여러 부처　　설법하던 의식대로
　　　나도 이제 그와 같이　　일승법을 설하노라.

119. 여러 부처 출현하심　　만나 뵙기 어려우며
　　　세상에 나타나서도　　이 법문 듣기 어렵고
　　　한량없는 무량겁에　　이 법 듣기 어려우니
　　　들을 줄을 아는 사람　　더욱더 어렵도다.

120. 우담바라 꽃이 피면　　모두 다 즐겁지만
　　　하늘 인간 희유하여　　때가 돼야 한 번 피네.
　　　법을 듣고 기뻐하며　　찬탄의 말 한 번 해도
　　　모든 삼세 부처님께　　공양함이 되는 고로
　　　이런 사람 매우 귀해　　우담바라보다 좋네.

121. 너희들은 의심 말라.　　나는 법의 왕으로서
　　　대중에게 말하노니　　일불승의 묘한 도로
　　　보살들을 교화하니　　성문 제자 없느니라.

122. 사리불아 너희들과   성문들과 보살들은
　　　알아라 이러한 법   여러 부처 비밀한 법.

123. 다섯 가지 악한 세상   욕망에만 탐내므로
　　　이러한 여러 중생들   부처님 도 구하잖고
　　　오는 세상 악한 이들   일승 법문 듣게 돼도
　　　미혹하여 믿지 않아   악한 길에 빠지지만
　　　참회하고 청정하게   불도를 구하는 이
　　　마땅히 이들 위해   일승법을 찬탄하노라.

124. 사리불아 바로 알라.   부처님 법 이러하여
　　　억만 가지 방편으로   인연 따라 설법하니
　　　배우지 않는 이들   일승법을 모르리라.

125. 삼계도사 부처 세존   인연 따라 쓰는 방편
　　　너희들은 이를 알고   여러 의심 모두 끊어
　　　기뻐하는 마음으로   성불함을 알지어다.

3. 비유품(譬喩品)

1. 그때, 사리불이 기뻐하며 자리에서 일어나 합장하고 부처님 존안을 우러러보며 여쭈었다.

"이제 세존으로부터 이러한 법을 들으니 일찍이 없던 기쁜 마음을 얻었습니다.

2. 부처님이시여, 제가 옛적에 부처님을 따라 이 같은 법을 들을 때, 모든 보살은 수기를 얻어 성불하리라 하셨으나 저희는 법회에 참여하지 못하여 여래의 헤아릴 수 없는 지견을 잃었기에 매우 슬퍼하였습니다.

3. 세존이시여, 저는 홀로 숲 속이나 나무 아래에 앉기도 하고 거닐기도 하면서 항상 이와 같은 생각을 하였습니다.

'우리도 저 보살들처럼 법의 성품에 똑같이 들어 있거늘 어찌하여 여래께서는 소승의 가르침만 말씀하시어, 그것으로 제도하시려고 하셨는가.' 하였습니다.

그러나 이것은 저희들의 허물일 뿐, 세존의 탓이 아

니었습니다.

4. 만약 저희들이 차츰 가르침을 듣고 있노라면, 부처님께서 위 없이 높고 바른 깨달음을 이룰 수 있는 커다란 원인이 될 가르침을 반드시 말씀하여 주셨을 것이기에, 반드시 대승으로 제도하여 해탈함을 얻게 하셨을 것입니다.

그러나 저희들이 부처님께서 방편으로 말씀하신 것을 알지 못하고 부처님의 법문을 듣고서 소승의 가르침을 그대로 믿고 받아들여 이리저리 생각하고 소승과를 증득하였습니다.

5. 세존이시여, 제가 예전부터 지금까지 밤낮으로 자신을 책망하였더니, 이제 부처님으로부터 일찍이 없던 법문인 《법화경》을 듣고 모든 의심을 끊고 몸과 마음이 태연하여 무어라 형용할 수 없는 평안한 마음을 얻게 되었습니다.

오늘에야 비로소 저는 부처님의 참된 아들이요, 부처님께서 설하신 법문을 듣고 태어났으며 법을 따라서 화생하였으니, 부처님 법을 나누어 받았음을 알았습니다."

6. 이때 사리불이 이 뜻을 펴려고 게송으로 말하였다.

7. 이런 법문 내가 듣고　　없던 법 얻었으니
마음 크게 즐거웁고　　의심 또한 없나이다.

8. 옛날부터 교화 받아　　대승법을 잃지 않고
부처 말씀 드물어　　번뇌 다시 없게 하니
나도 이미 번뇌 없이　　근심 걱정 사라지네.

9. 산골짝에 기거하고　　수풀 속을 찾아가서
앉거나 거닐 적에　　항상 이 일 생각하며
내 스스로 책망하길　　어찌 저를 속였는가.

10. 저희들도 불자로서　　샘 없는 법에 들었건만
미래세에 위 없는 법　　설법하지 못할 건가.
금색 몸에 삼십이상　　열 가지 힘 여러 해탈
그 모두가 한 가지 법　　이런 법을 못 얻고서
여든 가지 묘한 상호　　십팔 불공법 반야지혜
이와 같은 공덕들을　　나는 모두 잃었는가.

11. 거닐다가 내가 보니   대중 속에 계신 부처
     시방 세계 이름 퍼져   많은 중생 이익커늘
     나는 이익 못 얻으니   내 스스로 속임이라.

12. 밤낮 없이 나는 항상   이런 일만 생각하며
     잃었는가 안 잃었나   세존께 여쭈려다
     세존께서 여러 보살   칭찬하심 내가 보고
     낮이거나 밤이거나   이런 일만 생각했네.

13. 부처 말씀 들으오니   근기 따라 하신 말씀
     번뇌 없는 부사의라   도량으로 이끌건만
     삿된 소견 잘못 들어   바라문이 되었더니
     세존께서 내 맘 알고   열반법을 말하시니
     나쁜 견해 다 버리고   빈 법을 증득하여
     그때 내가 생각키를   열반 이제 얻었노라.
     이제 와서 알고 보니   참진리가 아니로다.

14. 만일 부처 이뤘으면   삼십이상 다 갖추고
     천인 야차 무리들과   용과 귀신 공경 받아

	그때서야 다 없어진	참된 열반 이루리다.
15.	부처 대중 가운데서	나의 성불 수기하니
	이 법문을 듣고서야	모든 의심 풀리었네.
16.	부처 말씀 처음 듣고	마음 크게 놀라서
	부처 탈 쓴 마구니의	농락인가 하였더니
	부처님의 인연법을	비유하신 말씀 듣고
	마음이 편안하고	그 의심이 없어지네.
17.	지난 세상 부처님들	방편 속에 계시면서
	방편법을 말한다고	세존께서 말씀하며
	이 세상과 오는 세상	셀 수 없는 부처님들
	여러 가지 방편으로	이러한 법 말씀하며
	오늘날의 부처님도	탄생하여 출가하고
	법을 굴려 설법함이	방편이라 말하시니
	세존의 참된 설법	마구니는 할 수 없네.
18.	그러므로 알았나니	그 분이 부처인데

　　　　의심 그물 걸리어서　　마군인가 하였었네.

19. 세존 말씀 듣고 보니　　깊고 멀고 미묘하사
　　 청정한 법 알고 보니　　내 마음이 기뻐서
　　 의심 모두 없어지고　　참된 지혜 들었나니
　　 나도 끝내 성불하여　　하늘 사람 존경 받고
　　 무상 법륜 굴리어서　　보살 교화하오리다.

20. 이때, 부처님께서 사리불에게 말씀하셨다.

"내 이제 하늘·사람·사문·바라문의 대중에게 말하겠노라. 내가 옛적에 이만억 부처님 계신 곳에서, 위 없는 도를 위하면서 항상 그대를 교화하였기에 그대도 또한 나를 따라 배웠으며 내가 방편으로 그대를 인도하여 나의 법 가운데 나도록 하였노라.

21. 사리불아, 내가 옛적에 그대를 가르쳐 부처님 도를 행하라고 하였건만, 그대가 모두 잊고 스스로 생각하기를 '이미 열반을 얻었다'고 했노라. 내가 이제 그대로 하여금 본래의 원을 세워 행하던 바 도를 생각하게 하려고 모든 성문들에게 이 대승경을 설하

니 이름은 《묘법연화》요, 보살을 가르치는 법이며 부처님께서 호념하시는 경이니라.

22. 사리불아, 그대는 오는 세상에 헤아릴 수 없고 그지없는 겁을 지나면서, 천만억 부처님께 공양하고 바른 법을 받들어 지니며 보살이 행할 길을 다 갖추어 성불하니, 이름은 화광여래·응공·정변지·명행족·선서·세간해·무상사·조어장부·천인사·불세존이라 하며,

23. 나라 이름은 이구요, 그 땅은 평정하고 맑고 깨끗하게 단장되어 안온하고 풍요해서 하늘과 사람이 번성하며, 유리로 땅이 되고, 여덟 갈래 길이 있어 황금줄로 경계를 삼고, 그 곁의 칠보로 된 가로수엔 항상 꽃과 열매가 달려 있으며, 화광여래도 또한 삼승으로 중생을 교화하리라.

24. 사리불아, 화광부처님께서 나타나실 때가 비록 악한 세상은 아니지만 본래의 서원이므로 삼승법을 설하느니라. 그때, 겁의 이름은 대보장엄이라 하니 이는 나라에서 보살을 큰 보배로 삼기 때문이이니라.

25. 그 많은 보살이 한량없고 그지없어 불가사의

하여 셈하거나 비유로 헤아릴 수 없으니 부처님의 지혜가 아니면 알 수 없으리라.

26. 만일 걷고자 하면 보배 꽃이 발을 받들 것이며, 그 모든 보살이 처음으로 발심한 이가 아니요, 다 오랫동안 덕을 심어 헤아릴 수 없는 백천만 부처님 계신 곳에서 청정한 범행을 닦아 항상 모든 부처님의 칭찬받는 이들이며, 부처님 지혜를 닦아 큰 신통을 갖추고 모든 법의 문을 잘 알아서 참되게 하고 정직하며 거짓이 없고 뜻과 생각이 굳은 보살들이 그 국토에 가득하리라.

27. 사리불아, 화광불의 목숨은 십이 소겁이니 왕자로서 성불하기 전의 세월은 제외한 것이라. 그 나라 백성들의 목숨은 팔 소겁이니라.

28. 화광여래가 십이 소겁을 지내고 견만보살에게 위 없이 높고 바른 깨달음의 수기를 주시면서 여러 비구들에게 말씀하시기를, '이 견만보살이 다음 세상에 부처가 되니, 이름을 화족안행·다타아가도·아라하 삼먁삼불타이며 그 부처님 국토도 또한 이와 같으리라.'

29. 사리불아, 이 화광불이 멸도한 뒤에 바른 법이 세간에 머무름은 삼십이 소겁이며 상법도 또한 삼십이 소겁이니라."

30. 이때, 세존께서 이 뜻을 펴시려고 게송으로 말씀하셨다.

31. 사리불아 오는 세상　　성불하실 높은 세존
　　그 이름은 화광여래　　무량 중생 제도하며
　　많은 부처 공양하니　　보살행과 열 가지 힘
　　모든 공덕 다 갖추어　　위 없는 도 증득하리.

32. 무량한 겁 지낸 뒤에　　그 겁 명은 대보장엄
　　세계 이름 이구이니　　청정하고 때 없으며
　　유리로써 땅이 되고　　황금으로 길이 되니
　　칠보로 된 가로수엔　　꽃과 열매 만발하네.

33. 그 세계의 보살들은　　뜻과 생각 굳으며
　　큰 신통과 바라밀이　　모두가 다 갖추며
　　무량 무수 부처님께　　보살도를 잘 배우니

이러한 큰 보살들을　　화광여래 교화하니
그 나라의 왕자로서　　온갖 영화 다 버리고
출가하여 수행으로　　윤회 끊고 성불하네.

34. 화광불의 세간 목숨　　그 수명이 십이 소겁
그 나라의 국민들은　　여덟 소겁 목숨이라.
그 부처님 멸도 뒤에　　정법 세상 머물기는
삼십이 소겁 동안　　중생들을 제도하네.

35. 그 정법이 끝난 뒤엔　　상법 또한 삼십이 겁
사리 널리 유포되어　　하늘 사람 공양하니
화광불이 하시는 일　　그가 곧 사리자라.
지혜 복덕 구족하여　　훌륭하기 짝이 없어
그대 행은 위와 같아　　기뻐하는 경사로다.

36. 이때, 사부대중인 비구·비구니·우바새·우바이와 하늘·용·야차·건달바·아수라·가루라·긴나라·마후라가 등의 대중은 사리불이 부처님 앞에서 위 없이 높고 바른 깨달음의 수기 받는 것을

보고 마음이 즐거워 기뻐하였다.

37. 대중들이 제각기 몸에 입었던 웃옷을 벗어 부처님께 공양하자, 제석천왕·범천왕 등의 수없는 천자들도 하늘의 묘한 옷과 하늘의 만다라꽃과 마하만다라꽃 등으로 부처님께 공양하니, 그 뿌린 하늘옷은 허공에 머물러 스스로 장엄하고 모든 하늘은 백천만 가지 음악이 허공 가운데에 한꺼번에 울리고 온갖 하늘꽃이 비 오듯 내릴 때에 말소리가 들리었다.

38. "부처님께서 옛적 바라나에서 처음 진리의 바퀴를 굴리시더니 이제 여기서 다시 위 없는 큰 법의 바퀴를 굴리시도다."

39. 이때, 여러 천자들은 이 뜻을 펴려고 게송으로 말하였다.

40.   그 옛날 바라나에서   사제 법륜 굴리시어
        오음으로 생멸하는   모든 법을 말하시고
        무량 무변 큰 법륜을   이제 다시 굴리시니
        깊고 깊은 미묘한 법   믿는 이가 적나이다.

41. 저희들이 옛날부터　　세존 말씀 들었지만
　　미묘한 이런 법문　　내가 아직 못 듣다가
　　오늘 세존 설하시니　　우리들도 따라 기뻐
　　지혜 크신 사리불이　　수기를 얻사오니
　　저희들도 그와 같이　　오는 세상 성불하여
　　세간에서 가장 높은　　세존이 되오리다.

42. 부사의한 부처님 도　　근기 따라 말씀하니
　　저희들이 지은 복덕　　금세에나 지난 세상
　　부처님을 염한 공덕　　갖추어 쌓은 공덕
　　미묘하고 큰 불도에　　마음 다해 회향하리.

43. 이때, 사리불이 부처님께 여쭈었다.
"세존이시여, 저는 이제 다시 의심이 없으며 부처님 앞에서 위 없이 높고 바른 깨달음의 수기를 얻었습니다.

44. 그러나 이 모든 천이백 마음이 자재한 이들은 옛날에 배우는 자리에 있을 때 부처님께서 항상 교화하시며 말씀하시기를,

'나의 법은 나고 늙고 병들고 죽는 것을 여의면 마침내 열반하리라.' 하셨기에,

45. 배우는 이와 다 배운 이들은 각각 '나'라는 소견이 '있다' '없다' 하여 소견을 떠난 것만으로 열반을 얻었다고 생각하였는데, 지금 부처님 앞에서 아직 듣지 못하던 법을 듣고 모두 의혹에 빠져 있습니다.

46. 거룩하신 세존이시여, 바라건대 사부대중을 위하여 그 인연을 말씀하시어 의심을 없애도록 하소서."

47. 이때, 부처님께서 사리불에게 말씀하셨다.

"내가 먼저 말하지 않았던가. '모든 부처님께서 여러 가지 인연과 비유의 말씀으로 방편의 법을 설하심은 다 위 없이 높고 바른 깨달음을 얻게 하기 위함이라'고. 이 모든 설법은 다 보살을 교화하기 위한 것이니라.

사리불아, 이제 다시 비유로써 이 이치를 밝히려 하니 지혜 있는 이들은 비유로써 알 수 있을 것이니라.

48. 사리불아, 어떤 나라의 한 마을에 큰 장자가 있었느니라. 그는 나이는 늙었으나 재물은 헤아릴 수 없어 논밭과 집과 시종들이 많았느니라.

49. 그 집은 넓고 크되 문은 하나뿐이요, 사람들은 많아 일백·이백 내지 오백 인이 그 안에 살고 있었으며, 집과 누각은 낮고 담과 벽은 퇴락하였고, 기둥뿌리는 썩어 대들보가 기울어 위태한데, 어느날 갑자기 주위에서 한꺼번에 불이 나서 타고 있을 때에,

50. 장자의 아들들이 열·스물 내지 혹은 서른이 그 집 안에 있었느니라.

51. 장자는 이 큰 불이 네 면으로 옮겨붙는 것을 보고 크게 놀라 두려워하며

52. 생각하되, '나는 이 불타는 집에서 무사히 나왔으나, 아들들은 불타는 집 안에서 장난하느라고 이를 깨닫지 못하고 알지도 못하며 놀라지도 않고 두려워도 아니하며, 불길이 몸에 닿아서 고통이 극심하련만 싫어하거나 걱정할 줄도 모르고 나오려는 생각도 없구나.' 하였느니라.

53. 사리불아, 장자는 또 이렇게 생각하였으니, '내 몸과 손에 힘이 있으니 옷상자나 궤짝에 담아 들고 나오리라.' 하더니 다시 생각하기를 '이 집은 문이 하나뿐이요, 협소하다.

54. 아들들은 너무 어려서 놀이에만 정신이 팔려 있으니 자칫 잘못하여 상자에서 떨어지면 불에 타게 될 것이다. 차라리 내가 불이 얼마나 두렵고 무서운가를 일러주어, 지금 빨리 나오지 않으면 불에 타 죽는다고 하여, 불의 피해를 받지 않게 하리라.' 이같이 생각하고 자세하게 아들들에게 이르기를 '너희들은 어서 빨리 나오너라.' 고 소리쳤느니라.

55. 아버지는 측은히 생각하고 좋은 말로 간절히 달랬으나 아들들은 놀이에 정신이 팔려 즐기느라 나오려 아니하며, 놀라지도 않고 두려워하지도 않아 끝내 나올 마음이 없으며, 더구나 어떤 것이 불이며 어떤 것이 집이며 무엇을 잃게 되는지도 알지 못하고, 동서로 달려 놀면서 아버지를 쳐다볼 뿐이었느니라.

56. 이때, 장자는 또 이런 생각을 하였느니라.

'이 집이 큰 불에 타고 있으니 나의 아들들이 이때에 나오지 아니하면 반드시 불에 타게 된다. 내가 이제 방편을 써서 아이들이 화재를 모면하게 하리라.'

57. 장자는 아들들이 가지고 싶어하던 여러 가지 좋은 장난감이라면 반드시 정들여 재미붙일 것을 알

고 말하였느니라.

 '너희들이 좋아하는 장난감이 여기 있으니 너희가 만약 지금 갖지 아니 하면 뒤에 반드시 후회하리라.

 58. 양이 끄는 수레, 사슴이 끄는 수레, 소가 끄는 수레 등 갖가지가 지금 대문 밖에 있다. 가지고 놀 만하니 너희들은 이 불타는 집에서 속히 나오너라. 너희가 원하는 대로 주겠노라.'

 59. 이때, 아들들은 아버지가 말하는 진귀한 장난감이 평소 갖고 싶은 것이었으므로 각기 마음이 급해져서 서로 밀치며 앞을 다투어 불타는 집에서 뛰쳐나왔느니라.

 60. 이때, 장자는 아들들이 무사히 나와 다 네 거리에 앉아 있는 것을 보고, 마음이 편해져 기쁨에 넘쳤느니라.

 61. 이때에 아들들이 아버지에게 말하기를,

 '아버지께서 주겠다고 하신 장난감인 양이 끄는 수레, 사슴이 끄는 수레, 소가 끄는 수레를 지금 주십시오.' 하였느니라.

 62. 사리불아, 그때 장자는 아들들에게 각각 똑같

은 큰 수레를 주니,

63. 그 수레는 높고도 넓으며, 여러 가지 보배로 꾸미고 난간이 둘려 있으며, 네 면에는 풍경을 달고, 또 그 위에는 일산을 펴고 휘장을 쳤으며, 진귀한 보배를 섞어 장엄하게 꾸몄으며, 보배줄로 엮어 늘이고 모든 꽃과 영락을 드리웠으며, 고운 자리를 겹겹이 깔아 놓고 붉은 베개를 놓았으며, 흰 소에게 멍에를 메웠으니 살갗이 깨끗하고 몸매가 좋고 기운이 세어 걸음걸이가 평정하고 그 빠르기가 바람 같으며 많은 시종들이 호위하였느니라.

64. 그렇게 한 까닭은 큰 장자는 재물이 헤아릴 수 없어 모든 창고가 갖가지로 가득 차 있기 때문이라. 장자는 생각하되, '나의 재물은 한이 없으니 변변치 못한 작은 수레를 아들들에게 주는 것은 옳지 못하다.

65. 이 아이들은 모두 내 아들이니 사랑에 치우침이 없이 하며 나에게는 이렇게 칠보로 된 큰 수레가 무수하게 있으니 평등한 마음으로 각각 주되 차별하지 아니하리라.

66. 나의 이 물건은 온 나라에 나누어 줄지라도 모

자람이 없거늘 하물며 나의 아들들에게 주는 것이랴.' 하였느니라.

67. 이때, 모든 아들들이 각각 큰 수레를 타고 일찍이 없던 것을 얻었으나 이는 본래 바라던 장난감이 아니었느니라.

68. 사리불아, 그대는 어떻게 생각하는가, 이 장자가 평등하게 모든 아들들에게 진기한 보배로 된 큰 수레를 준 것을 거짓말을 했다고 할 수 있겠는가?"

69. 사리불이 말하였다.

"아니옵니다. 세존이시여. 장자가 아들로 하여금 화재를 면하고 목숨만 보전하게 하였더라도 거짓말이 아니옵니다. 만일 목숨만 보존할지라도 이미 좋은 장난감을 얻은 것과 같거늘 다시 방편으로 저 불타는 집에서 구제됨이오리까.

70. 세존이시여, 만일 장자가 작은 수레 하나 주지 않는다 해도 거짓되다 할 수 없습니다. 이 장자가 처음에 생각하기를 '내가 방편을 써서 아들들이 불타는 집에서 나오도록 하리라.' 하였습니다.

71. 이러한 인연으로 거짓됨이 없거늘, 하물며 장자

가 자기의 재물이 헤아릴 수 없음을 알고 모든 아들들을 이롭게 하려고 평등하게 큰 수레를 줌이오리까."

72. 부처님께서 사리불에게 말씀하셨다.

"착하고 착하다. 그대가 말한 바와 같느니라.

73. 사리불아, 여래도 또한 이와 같이 일체 세간의 아버지가 되느니라.

74. 모든 두려움과 쇠함과 고뇌와 근심과 환난과 무명으로 어둡고 막힌 것이 영원히 다하여 남음이 없으며,

75. 헤아릴 수 없는 지견과 열 가지 힘과 두려움 없음을 모두 성취하고 대신통력과 지혜력이 있어 방편·지혜 바라밀을 다 갖추며 대자대비로 항상 게으름 없이 좋은 일을 찾아 모든 중생을 이익되게 하노라.

76. 삼계의 썩고 낡은 불타는 집에 몸을 나투어 중생들의 생·노·병·사와 근심·걱정·고통·번뇌를 벗어나게 하며, 어리석고 어둠에 덮인 삼독의 불에서 건져 중생을 교화하여 위 없이 높고 바른 깨달음을 얻게 하려는 것이니라.

77. 모든 중생을 보니 생·노·병·사와 근심·걱정·고통·번뇌로 불타고 있으며, 다섯 가지 욕망과 재물로 모든 고통을 받으며, 탐착하고 끝없이 구하려 하므로 현세에서 온갖 고통을 받고 후세에는 지옥·축생·아귀의 고통을 받나니, 만약 하늘에 나거나 인간계에 태어날지라도 빈궁하고 고생스러우며 사랑하는 사람을 이별하는 고통과, 미워하는 사람을 만나는 고통 등 여러 가지 고통이 있노라. 중생은 그 고통에 빠져서 즐겁게 뛰놀며 그 괴로움을 깨닫지도 못하고 알지도 못하며, 놀라지도 않고 두려워하지도 않으며, 또한 싫어하는 마음을 내지도 아니하고 해탈을 구하지도 아니하며, 이 삼계의 불타는 집에서 동서로 뛰어다니면서 큰 고통을 만날지라도 이를 근심도 하지 않느니라.

78. 사리불아, 부처님은 이것을 보고 이렇게 생각하였노라.

'나는 중생들의 아버지가 되었으니 중생들을 고난에서 건져주고, 헤아릴 수 없고 그지없는 부처님의 지혜와 즐거움을 주어서 그들로 하여금 즐거이 놀게 하

리라.'

79. 사리불아, 부처님은 다시 생각하였노라.

'내가 만약 신통의 힘과 지혜의 힘만으로 방편을 버리고, 모든 중생에게 여래의 지견과 힘과 두려움 없음을 찬탄한다면, 중생은 제도되지 못하리라. 왜냐하면 이 모든 중생은 나고 죽고 병들고 죽는 것과 근심·걱정·고통·번뇌를 면치 못하고 삼계의 불타는 집에서 불타게 되니 무엇으로 부처님의 지혜를 알 수 있겠는가.'

80. 사리불아, 저 장자가 몸과 손에 힘이 있었으나, 이를 쓰지 않고 은근한 방편을 써서 아들들을 불난 집에서 건져낸 뒤에 각각 진귀한 보배로 된 큰 수레를 준 것과 같이, 여래도 그와 같아서 힘과 법이 있지만 쓰지 아니하고 지혜와 방편으로 욕계·색계·무색계의 불타는 집에서 중생들을 제도하기 위하여 성문승과 벽지불승과 불승의 삼승을 설하노라."

81. "그대들은 욕계·색계·무색계의 불타는 집에 있기를 즐기지 말라. 변변치 않은 빛깔·소리·냄새·맛·감촉을 탐하지 말라. 만일 탐내어 애착하면

곧 불에 타는 바가 되느니라.

82. 그대들이 욕계·색계·무색계에서 빨리 나오면 마땅히 성문승·벽지불승·불승을 얻으리라. 내가 지금 그대들을 위하여 이 일을 책임지고 보증하니 결코 허망하지 않으리라. 그대들은 부지런히 정진하라. 여래는 이와 같은 방편으로 중생을 권유하여 바른 길로 나아가게 하노라."

83. 또 말씀하셨다.

"그대들은 반드시 알라. 이 삼승법은 성인들이 칭찬하는 바며 자재하여 속박이 없고 의지하여 구할 것도 없나니 이 성문승, 연각승, 보살승에 실리면 영원한 다섯 가지 능력·다섯 가지 힘·일곱 가지 깨침에 필요한 것·여덟 가지 바른 길·선정·해탈·삼매 등을 스스로 즐기며 헤아릴 수 없는 안온한 쾌락을 얻느리라."

84. "사리불아, 어떤 중생이 안으로 지혜의 성품을 지녀 부처님 법을 듣고 믿어 받들어 부지런히 정진하여 삼계에서 벗어나고자 열반을 구하면 이를 일러 성문승이라 하니, 아들들이 양이 끄는 수레를 가지려고

불타는 집에서 뛰쳐나옴과 같느니라.

85. 만일 어떤 중생이 부처님 법을 듣고 받들어 부지런히 정진하여 자연의 지혜를 구하고자 혼자 있기를 좋아하며, 고요한 곳을 즐기고 모든 법의 인연을 깊이 알면 이를 일러 벽지불승이라 하니, 아들들이 사슴이 끄는 수레를 구하기 위하여 불타는 집에서 뛰쳐나옴과 같느니라.

86. 만일 어떤 중생이 부처님 법을 듣고, 믿어 받들어 부지런히 정진하여 모든 지혜와 부처님 지혜·스스로 얻는 지혜·스승 없이 얻는 지혜와 여래의 지견과 힘과 무소외를 구하며, 헤아릴 수 없는 중생을 가엾이 여겨 안락하게 하고 하늘과 인간에게 이익을 주며 모든 중생을 제도하여 해탈케 하면 이를 일러 대승이라 하며, 보살은 일불승을 구하므로 이름을 마하살이라 하니, 아들들이 소가 끄는 수레를 구하기 위하여 불타는 집에서 뛰쳐 나옴과 같느니라.

87. 사리불아, 저 장자가 여러 아들이 불타는 집에서 나와 두려움 없는 곳에 이르러 있음을 보고 자기의 재물이 헤아릴 수 없음을 생각하여 평등하게 큰

수레를 아들들에게 준 것과 같이,

88. 여래도 그와 같이 모든 중생의 아버지인지라, 헤아릴 수 없는 억천 중생이 부처님의 법문을 통해 욕계, 색계, 무색계의 괴로움과 두렵고 험한 길에서 나와 열반의 즐거움을 얻었음을 보고,

89. 여래는 이런 생각을 하느니라.

'나는 헤아릴 수 없고 그지없는 지혜와 힘과 무소외 등 여러 부처님 법장이 있으며 이 모든 중생은 다 나의 아들이니, 평등하게 대승을 주어 어떤 사람이라도 홀로 열반을 얻게 하지 아니하고 다 여래의 멸도로써 열반을 얻게 하리라.'

90. 이 모든 중생으로서 욕계, 색계, 무색계에서 벗어난 이에게는 모든 부처님의 선정·해탈 등의 장난감을 주나니, 이것은 다 한 모양 한 종류로써 성인들이 칭찬하는 바며 청정하고 미묘한 제일의 즐거움이 생기느니라.

91. 사리불아, 저 장자가 처음에는 세 가지의 수레로 아들들을 달래어 불 타는 집에서 나오게 한 뒤에 보물로 장식된 제일 큰 수레를 주었지만 저 장자가

거짓말을 한 허물이 없는 것과 같이, 여래도 이와 같아서 거짓이 없노라.

92. 처음에는 성문승, 연각승, 보살승을 설하여 중생을 인도한 뒤에 대승으로 제도하여 해탈하게 하니, 이는 여래에게 헤아릴 수 없는 지혜와 힘과 무소외와 모든 법장이 있어 모든 중생에게는 대승법을 주건만은 다 받아들이지 못하기 때문이라. 사리불아, 이러한 인연으로 부처님들이 방편의 힘으로써 일불승에서 분별하여 성문승, 연각승, 보살승을 설한 줄 알아야 하느니라."

93. 부처님께서 이 뜻을 펴시려고 게송으로 말씀하셨다.

94. 비유하면 어떤 장자　크나큰 집 지녔으나
　　　그 큰 집이 오래되어　퇴락하고 낡았으며

95. 집채 아주 위태롭고　기둥뿌리 썩어 들어
　　　대들보도 기울어져　축대마저 무너지니
　　　담과 벽이 헐리우니　흙덩이가 떨어지고

지붕도 썩어 내리며 　서까래도 부서지고
막혀버린 골목에는 　오물들이 가득하고
그 가운데 오백 식구 　오밀조밀 살고 있다.

96. 소리개와 올빼미와 　독수리와 부엉이들
　　까마귀와 까치와 　비둘기와 독뱀과
　　살모사와 전갈과 　지네와 그리마들
　　도마뱀과 노래기들 　족제비와 온갖 쥐와
　　이런 따위 나쁜 벌레 　서로서로 기고 뛰며

97. 똥오줌 냄새 나는 곳 　더러운 것 가득한데
　　말똥구리 벌레들이 　날아들어 위를 덮고
　　여우 이리 늑대들이 　죽은 것을 서로 물고
　　뜯으며 찢어 널어 　살과 뼈가 낭자하매

98. 배 주린 많은 개들 　몰려나와 끌고 당겨
　　먹을 것을 찾느라고 　이리저리 방황하며
　　싸우면서 먹으면서 　으렁으렁 짖어대네.

99. 그 집안의 무서움이 　이와 같이 험하나니
　　　 여기저기 간 데마다 　도깨비 허깨비 귀신

100. 야차들과 아귀들이 　사람고기 씹어먹고
　　　 악하고 독한 벌레 　사나운 뭇짐승들
　　　 알을 까고 새끼쳐서 　제 새끼를 기르건만

101. 야차들이 달려와서 　싸워 이겨 잡아먹고
　　　 배부르면 힘을 더해 　악한 마음 사나워져
　　　 무섭게 악을 쓰니 　싸움 소리 소름끼치네.

102. 구반다의 귀신들이 　흙더미에 걸터앉아
　　　 어떤 때는 땅 위로 　한 자 두 자 솟아 뛰고
　　　 이리저리 뒹굴면서 　제멋대로 장난하고
　　　 개다리를 붙들어서 　개의 목을 졸라 매고
　　　 개가 소리 못 지르니 　개를 놀려 즐겨하네.

103. 어떠한 귀신들은 　그 키들이 장대하여
　　　 검고 야윈 벗은 몸이 　그 가운데 항상 있어

큰 소리로 악을 쓰며　　먹을 것을 서로 찾네.

104. 또 어떤 아귀들은　　목구멍이 바늘 구멍
　　　어떠한 귀신들은　　머리가 소 대가리
　　　사람의 살 뜯어먹고　개도 잡아 먹으면서
　　　머리털은 헝클어져　생긴 몰골 흉악하며
　　　배고픔에 시달려서　울부짖고 내달리네.

105. 야차들과 아귀들과　사나운 새 짐승들
　　　배고프고 굶주려서　창틈으로 살펴보니
　　　이와 같은 여러 고난　무서움이 한이 없네.

106. 이러하게 낡은 집이　한 사람의 소유더니
　　　그 사람이 외출한 지　얼마 되지 아니하여
　　　그 뒤 그 큰 집에서　홀연히 불 일어나
　　　네 면으로 한꺼번에　맹렬하게 타오르니
　　　대들보 서까래 기둥　타는 소리 진동하며
　　　꺾어지고 부러지며　담과 벽이 무너지네.

107. 온갖 모든 귀신들은   큰 소리로 울부짖고
　　　부엉이와 독수리와   구반다 등 귀신들은
　　　당황하고 황급하여   나올 줄을 모르네.

108. 악한 짐승 독한 벌레   구멍 찾아 숨어 들고
　　　비사사라는 귀신들   그 가운데 머물면서
　　　복덕 없는 까닭으로   불길에 쫓기면서
　　　서로서로 잔인하게   피 마시고 살을 먹고
　　　여우 등의 무리들은   이미 모두 죽었는데
　　　크고 악한 짐승들이   몰려와서 뜯어 먹고
　　　매운 연기 자욱하여   사방에 가득하네.

109. 지네와 또 그리마   독사 등의 무리들이
　　　불에 데고 뜨거워서   구멍에서 나올 적에
　　　구반다 등 귀신들이   보는 대로 주워 먹네.

110. 또한 모든 귀신들은   머리마다 불이 붙고
　　　배고프고 뜨거워서   황급하게 달아나네.

111. 그 큰 집이 이와 같이　두렵고 무서우며
　　　　독한 피해 화재까지　그 재난이 적지 않네.

112. 이때에 집 주인은　　대문 밖에 서 있더니
　　　　당신의 여러 자식들　장난질을 좋아하여
　　　　불에 타 죽지 않도록　어린 것들 소견 없어
　　　　노는 데만 팔려 있소　어떤 이가 전해주네.

113. 장자는 이 말 듣고　　불타는 집 뛰어들어
　　　　불타 죽게 안 하려고　방편으로 구제하여
　　　　여러 자식 타이르며　많은 환란 설명하되
　　　　악한 귀신, 독한 벌레　화재까지 일어나
　　　　여러 고통 점차 늘어　끊임없이 상속하고
　　　　살모사와 독사, 전갈　여러 가지 야차들과
　　　　구반다 등 귀신이며　여우 등과 개의 무리
　　　　부엉이와 독수리와　소리개와 올빼미와
　　　　노래기 따위들이　　배고프고 목이 말라
　　　　이런 고통 난리 속에　큰 불까지 일어났다.

114. 여러 자식 무지하여   아버지 말 건성 듣고
      놀기에만 정신 팔려   놀기를 일삼으니

115. 이때에 그 장자는   이런 생각 다시 하길
      아이들이 이 같으니   내가 더욱 걱정이라.
      지금 이 집안에서는   기쁨 하나 없건마는
      노는 여러 자식들이   장난에만 빠져 있어
      부모 말을 안 들으니   장차 불에 타게 된다.

116. 그때 문득 생각하니   여러 방편 베풀어서
      자식들에게 하는 말   나에게는 여러 가지
      놀기 좋은 장난감과   보배 수레 있으니,
      양의 수레 사슴 수레   소가 끄는 수레들이
      문 밖에 놓여 있다.   너희들은 모두 오라.
      내가 너희들을 위해   이런 수레 지었으니
      너희들은 마음대로   희롱하고 놀아 보라.

117. 이런 수레 있단 말을   자식들이 듣고 나서
      앞과 뒤를 다투면서   밀치고 뛰쳐 나와

빈 터에 이르니 　　그 화재를 면하였네.
큰 장자는 자식들이 　불타던 집 빠져나와
네 길거리 앉은 것을 　사자좌서 굽어보고
기뻐하며 흐뭇하네. 　나는 이제 즐겁도다.

118. 나의 여러 자식들은 　기르기도 어렵구나.
　　 어린 것들 소견 없어 　험한 집 들어가서
　　 독한 벌레 많건만은 　도깨비도 무서운데
　　 맹렬하게 타는 불길 　사방에서 일건만은
　　 철 모르는 아이들이 　놀기에만 팔린 것을
　　 내가 이제 구하여서 　재난에서 벗어나니
　　 그러므로 사람들아 　 내 마음이 편안하다.

119. 그때에 여러 자식 　　편안하게 앉아 있는
　　 아버지께 나아가서 　바라보며 하는 말이
　　 세 가지 보배 수레 　우리들께 주옵소서.
　　 조금 전에 하신 말씀 　너희들이 나오면은
　　 세 가지의 좋은 수레 　주신다고 하셨으니
　　 지금 바로 우리들에게 　나누어 주옵소서.

120. 큰 부자인 그 장자는 　　많고 많은 창고마다
　　　금과 은 유리들과 　　　그리고 자거 마노
　　　여러 가지 보배들로 　　큰 수레를 만드는데
　　　훌륭하게 장식하여 　　　난간 좌우 둘렀으며
　　　네 면에 풍경 달고 　　　황금줄을 늘였으며
　　　진주로써 만든 그물 　　장막처럼 위를 덮고
　　　금꽃의 많은 영락 　　　여러 곳에 드리우고
　　　여러 가지 채색으로 　　그림 그려 둘렀으며
　　　보드라운 비단으로 　　앉을 자리 깔아 놓고
　　　훌륭하고 묘한 천이 　　천만 냥의 값어치라.

121. 희고 깨끗한 게 좋아 　　수레 위에 덮었으며
　　　몸매 또한 아름답고 　　살이 찌고 기운 세며
　　　크고 힘센 소에다가 　　보배 수레 메웠으며
　　　아름다운 시종들이 　　　많이 모여 호위하는
　　　이러한 좋은 수레 　　　자식한테 주었네.

122. 여러 자식 이때에 　　　즐거워라 뛰놀면서
　　　보배의 수레 타고 　　　사방으로 다니면서

즐겨하며 노는 모양	자재하며 걸림 없네.

123. 사리불아 말하노라.　나도 또한 그와 같이
성인 중의 성인이며　세간의 아버지라.

124. 온갖 모든 뭇 삶들이　모두 나의 자식인데
세상 낙에 깊이 빠져　지혜의 마음 없이
삼계 모두 불안하기　불타는 집 같으며
뭇 삶 고통 가득하니　무서움이 오죽하랴.

125. 나고 늙고 병들고　죽는 근심 항상 있어
위와 같은 불길들이　맹렬하게 타고 있네.

126. 삼계의 불타는 집　여래는 일찍 떠나
고요하고 적적한 곳　숲과 들이 편안하니
이 삼계의 모두가　지금은 나의 것이며,
그 가운데 있는 중생　모두 나의 아들인데
여러 가지 환난들만　가득한 세상 중생
오직 내가 아니면　구제할 이 없으리라.

127. 타이르고 가르쳐도   믿지 않는 그 중생들
여러 가지 오욕락에   얽매이는 까닭이다.

128. 여러 가지 방편으로   삼승법을 설한 것은
중생들의 생각으로   삼계 고통 알게 하고
세간에서 벗어남을   설법하여 보이노라.

129. 여러 세계 중생들이   해탈 마음 결정하면
천안 법안 혜안 등과   여섯 신통 다 갖추어
연각과 물러남 없는   보살법을 얻으리라.

130. 중생들과 사리불아   나는 중생 위하여서
삼승의 비유들로   일불승을 말하노니
만일 이제 너희들이   이 방편을 믿으면은
오는 세상 모두 다   부처님 도 이루리라.

131. 이 일승은 미묘하고   청정하고 가장 으뜸
법계 모든 세간에서   위 없이 높은 방편

132. 부처님도 기뻐하며 　　법계의 모든 중생
　　　좋다고들 칭찬하고 　　공양하며 예배하니
　　　셀 수 없는 억천 가지 　여러 힘과 해탈들과
　　　선정과 지혜로써 　　　부처님의 남은 법
　　　일승법을 얻으면은 　　자식들로 하여금
　　　밤과 낮의 오랜 세월 　기쁘도록 하여주며
　　　그리고 여러 보살 　　　성문들과 대중들이
　　　수레를 타기만 하면 　　불도량에 이르리라.

133. 이와 같은 인연으로 　시방에서 구하여도
　　　부처님의 방편 말고 　다른 법은 전혀 없네.
　　　사리불아 말하노니 　너희들은 모두 다
　　　부처님의 아들이요 　나는 너희 아버지라.
　　　너희들은 오랜 겁에 　뭇 고통에 불타거늘
　　　내가 모두 제도하여 　삼계를 벗게 하리.

134. 내가 앞서 말하기를 　멸도했다 하였으나
　　　다만 생사 끝났을 뿐 　참멸도가 아니니라.
　　　중생들이 해야 할 일 　부처님의 지혜려니

만일 어떤 보살들이	이 대중 가운데서
한결같은 마음으로	부처님의 법 들으면
모든 부처 세존께서	비록 방편 썼지만은
교화되는 중생들은	모두 다 보살이라.

135. 어떤 사람 지혜 적어 애욕에 집착하면
이런 사람 위하여서 고성제를 말하거늘
중생 마음 모두 기뻐 없던 것을 얻어내니
부처님 말한 고성제 진실함이 다름 없네.

136. 만일 또한 어떤 중생 괴로움 뿌리 모르고
고의 원인 애착하여 잠시라도 못 버리면
이런 사람 위하여서 방편 도성제 말하며
모든 고통의 원인은 탐욕심이 근본이라
만일 탐욕 멸하면은 의지할 바 전혀 없어
온갖 고통 멸하는 길 그 이름이 제 삼제라.
멸제를 위하여서 도를 닦아 수행하니
고의 속박 여의는 길 해탈이라 하느니라.

137. 이 사람은 어찌하여　해탈을 얻었는가.
　　　허망함을 여읜 것이　해탈이라 하거니와
　　　실제로는 온갖 해탈　얻은 것이 아니므로
　　　부처님 하시는 말씀　참멸도가 아니니라.
　　　이 사람은 위 없는 도　아직 얻지 못한 고로
　　　멸도에 이르렀다　　생각하지 않노라.

138. 나는 법의 왕이라서　모든 법에 자재하여
　　　중생 안온시키려고　세상 출현하심이라.
　　　지혜 제일 사리불아　나의 이 일승불은
　　　세간 이익되게 하려　설법하는 것이니라.

139. 가는 곳 어느 곳에나　함부로 선전 말라.
　　　만일 알아 듣는 사람　기뻐 받아 지니면
　　　이런 사람 바로 알라　물러남 없는 보살이라.

140. 이 경전을 받아 지녀　믿는 이가 있으면
　　　이 사람은 지난 세상　부처님을 찾아뵙고
　　　공경하고 공양하며　일승법문 들었노라.

141. 만일 어떤 한 사람이   너의 말을 믿는다면
그 사람은 나를 보며   또한 사리자를 보고
비구승과 보살까지   보는 것이 되느니라.

142. 이러한 법화경전   깊은 지혜 위함이니
옅은 사람 들으면은   미혹하여 모르나니
온갖 모든 성문이나   그리고 벽지불들도
그 힘이 이 경전에   미칠 수가 없느니라.

143. 그대 사리불도   오히려 이 경에는
몸과 맘 들어가거늘   어찌 다른 성문이랴.
나머지의 성문들은   부처 말씀 믿으므로
이 경을 따르오니   자신의 지혜 아니로다.

144. 사리불아 알아라.   교만하고 게으르며
아상 가진 이에게는   이 경전을 설하지 말고
앎이 얕은 범부들은   오욕락에 깊이 묻혀
들어 봐도 모르나니   그에게도 말을 말라.

145. 믿지 않는 어떤 사람   이 경전을 비방하면
　　　　온갖 세간에서   　　　부처 종자 끊음이니
　　　　혹은 얼굴 찌푸리며   의혹심을 품은 자들

146. 그대는 잘 들어라   　죄의 과보 설하리라.
　　　　부처님이 계시거나   멸도하신 뒤에라도
　　　　일승법을 비방하고   법화경을 비방하여
　　　　경전 읽고 외우면서   쓰고 보고 전하는데
　　　　경멸하고 미워하며   원한까지 품는다면
　　　　이 사람의 죄의 과보   네가 이제 들으리라.

147. 그 사람이 죽은 뒤에   아비지옥 들어가서
　　　　일 겁 동안 죄를 받고   아귀 축생 다시 나와
　　　　이렇게 나고 죽고   　수없는 겁 지내리라.

148. 지옥에서 다시 나와   축생으로 태어나서
　　　　여우 개의 무리되어   그 형상이 수척하고
　　　　못생기고 더러워서   살 닿는 것 싫어하며
　　　　또 다시 어떤 사람   　미움 받고 천대 받아

언제든지 배가 고파　　앙상하게 말라붙고
살아서는 죽을 고생　　죽어서는 자갈 무덕
부처 종자 끊은 고로　　이런 죄보 받느니라.

149. 만일 또 낙타나　　당나귀로 태어나면
무거운 짐 항상 싣고　　채찍질을 맞으면서
여물만을 생각할 뿐　　다른 것은 모르나니
이 경전을 비방하면　　이런 죄보 받느니라.

150. 만일 여우 몸을 받아　　마을에 들어가면
몸에 옴과 버짐 나고　　눈 하나가 봉사되어
어린애들 매를 맞고　　모든 고통 다 받다가
잘못하면 죽게 되고　　만일 맞아 죽게 되면
구렁이 몸 다시 받아　　징그럽게 큰 길이가
오백 유순 뻗어나고　　귀가 먹고 발이 없어
꿈틀꿈틀 기어가며　　온갖 작은 벌레에게
비늘 밑을 빨아 먹혀　　밤낮으로 받는 고통
쉴 사이가 하나 없어　　법화경을 비방하면
이런 죄보 받느니라.

151. 어쩌다가 사람 되면　　육근 육경 암둔하며
　　　　난장이 곰배 절름발이　장님 귀머거리 되어
　　　　그 사람이 말하는 것　　듣는 사람 믿지 않고
　　　　입에서는 추한 냄새　　귀신들이 따라 붙고
　　　　빈궁하고 천박하여　　사람들의 부림 받고
　　　　병이 많고 수척하여　　의지할 데 전혀 없어
　　　　다른 이와 친하려도　　붙여주는 사람 없고
　　　　어떤 소득 있더라도　　금방 다시 잃게 되며
　　　　중생 위해 의사 되어　　병 치료를 한다 해도
　　　　오히려 병만 더해　　　혹은 되려 죽게 하며
　　　　자신이 병날 때는　　　구원해줄 사람 없고
　　　　좋은 약을 먹더라도　　병세 더욱 악화되며
　　　　다른 사람 반역죄나　　강도질과 절도죄에
　　　　이유 없이 말려들어　　애매하게 벌을 받네.

152. 이러한 모든 죄인들　　영영 부처 볼 수 없고
　　　　성인 중의 법왕이신　부처님이 교화해도
　　　　이러한 여러 죄인들　어려운 데 항상 나서
　　　　귀먹고 어지러워　　법을 듣지 못하나니

항상 강변 모래처럼 무수한 겁 오랜 세월
태어남에도 불구하고 귀먹고 말 못 하리.

153. 지옥 중에 항상 있어 공원처럼 생각하고
삼악도를 드나듦도 자기 집의 안방처럼
낙타 나귀 개 돼지 그런 곳에 태어나니
이 경을 비방한 죄 죄값이 이러하노라.

154. 인간으로 태어나도 귀먹고 말 못 하고
빈궁하고 못난 꼴로 육신을 장엄하였고
수종다리 조갈 증세 나병 폐병 난치병 등
여러 가지 나쁜 병을 옷을 삼아 입었으며
몸은 항상 추한 냄새 때가 많고 더러우며
아상에 얽매여 성내는 일 더욱 많고
음탕한 맘 치성하여 짐승들도 안 가리니
이 경을 비방하면 이런 죄보 받느니라.

155. 사리불께 이르노니 이 경을 비방하는 이
그 죄보를 말하려면 겁 다해도 말 못 하리.

이와 같은 인연으로　　너희에게 말하노니
지혜 없는 사람에겐　　이 경을 설하지 말라.

156. 육근 육경 영리하고　　지혜는 아주 밝고
　　　많이 듣고 많이 알며　　부처님 도 구하거든
　　　위와 같은 불자에게　　이 경을 설해주며
　　　어떤 사람 옛 겁부터　　백천억의 부처 뵙고
　　　좋은 씨앗 심었으며　　믿음이 굳거든
　　　위와 같은 불자에게　　이 경을 설해주며
　　　어떤 사람 정진하여　　자비로 마음 닦으며
　　　신명 아니 아끼거든　　이 경을 설해주며
　　　만일 어떤 불자들이　　한결같이 공명하며
　　　어리석음 여의고서　　산수간에 홀로 있는
　　　위와 같은 사람에게　　《법화경》을 설하여라.

157. 또한 사리불아　　만일 어떤 한 사람이
　　　나쁜 지식을 버리고서　　선지식을 뵙거든
　　　위와 같은 사람에게　　《법화경》을 설하여라.
　　　만일 어떤 불자들이　　깨끗한 계율 가지되

밝은 구슬 같이 하고 　대승경을 구하는 이
위와 같은 사람에게 　《법화경》을 설하여라.
어떤 사람 성냄 없이 　마음 곧고 부드러워
온갖 중생 사랑하고 　여러 부처 공양하거든
이와 같은 사람에게 　《법화경》을 설하여라.

158. 또한 어떤 불자들이 　여러 대중 가운데서
청정한 마음으로써 　여러 가지 인연들과
비유들과 언사들로 　걸림없이 설법하면
위와 같은 사람에게 　《법화경》을 설해 주며
만일 어떤 비구들이 　모든 지혜 위하여서
사방으로 법 구하며 　합장하며 받들면서
대승경을 즐겨 믿고 　그 밖의 다른 경전
한 게송도 안 받으면 　그와 같은 사람에겐
《법화경》을 설하여라.

159. 뜻과 마음 견고하여 　부처님 사리 구하며
《법화경》을 구하여서 　정수리에 받들면은
그 사람은 이제 다시 　다른 경전 구함 없고

없던 것을 얻었으니   외도 경전 안 보나니

이러한 사람에게   《법화경》을 설하여라.

160. 사리불아 말하노니   이러한 모양으로

부처님 도 구하는 이   겁 다해도 끝이 없어

이와 같은 사람들은   능히 믿고 이해하리니

반드시 그런 이에게   《법화경》을 설하여라.

4. 신해품(信解品)

1. 이때, 장로 수보리와 마하가전연 · 마하가섭 · 마하목건련 등이 부처님으로부터 일찍이 듣지 못하던 법을 듣고, 또 세존께서 사리불에게 위 없이 높고 바른 깨달음을 수기하심을 보고 희유한 마음을 일으켜 뛸 듯이 기뻐하며,

2. 자리에서 일어나 의복을 단정히 하고, 오른편 어깨를 드러내고, 오른편 무릎을 땅에 대고, 한마음으로 손 모으며 허리를 굽혀 공경하고 부처님의 얼굴을 우러러보며 세존께 사뢰었다.

"저희들은 승가 가운데의 우두머리 제자로서 나이가 들고 육신이 노쇠하니 저희들 스스로 열반을 얻었다 생각하고 더 할 일이 없다 하여 위 없이 높고 바른 깨달음을 구하지 아니하였습니다.

3. 세존께서 오래 전부터 법을 설하시니 저희들은 그때부터 자리에 있었으면서도 몸도 피로하여 다만

빈 것과, 모습이 없고, 지을 것이 없는 것만 생각할 뿐 보살법에 노닐면서 신통이 자재하며 부처님 나라를 깨끗이 하고 중생을 성취시키는 것을 즐겨하지 아니하였습니다.

4. 그 까닭을 말하면, 세존께서 저희로 하여금 욕계, 색계, 무색계에서 벗어나 열반을 얻도록 하셨으며, 또 저희들이 늙었으므로 부처님께서 보살을 교화하시는 위 없이 높고 바른 깨달음을 조금도 좋아하는 마음을 내지 않았기 때문입니다.

5. 저희들이 이제 부처님 앞에서 성문들에게 위 없이 높고 바른 깨달음의 수기하심을 보고 마음이 심히 즐거우며 생각지도 않았다가 미증유의 법을 듣게 되니 매우 기쁘고 즐거우며, 크고 좋은 이익을 얻었사오니, 헤아릴 수 없는 보배를 구하지 않고도 저절로 얻은 듯합니다.

6. 세존이시여, 저희들이 기꺼이 비유로써 이 뜻을 밝히겠습니다. 어떤 사람이 나이 어릴 때, 아버지를 버리고 집을 나가 타국에서 오래 살다 보니 혹 십 년, 이십 년에서 오십 년이 되었습니다.

7. 나이는 늙었고 더구나 곤궁해져 사방으로 의식을 구하다가 우연히 본국으로 향하게 되었습니다.

8. 그의 아버지는 아들을 잃고 찾아다니다가 만나지 못하고 길 가운데에서 어느 도시에 머물러 부유하게 사는데, 그 집은 크고 재산 보배가 헤아릴 수 없어 금·은·유리·산호·파려·진주 등이 창고마다 가득하고, 노비·상노·청지기·관리인들이 많았으며, 코끼리·말·수레·소·양이 헤아릴 수 없이 많고, 나고 드는 이익이 다른 나라에까지 두루 미치어 장사치와 고객들도 매우 많았습니다.

9. 그때, 헐벗은 그 아들은 여러 마을을 떠돌아 도시와 읍을 거쳐 마침내 아버지가 살고 있는 성 가운데에 이르렀습니다.

10. 아버지는 아들을 잃은 지 오십여 년이 되도록 기억하고 있었지만 다른 사람에게 이런 일을 말하지 않고 오직 혼자서 생각하며 마음속에서 한탄하고 뉘우치며 생각하기를,

11. '내 몸은 늙고 재물이 많아 금·은·진보가 창고에 가득 찼으되 자식이 없으니 하루아침에 죽고 나

면 재물을 맡길 곳이 없어 흩어지리라.' 하며 은근히 아들을 못 잊어 하며 다시 이런 생각을 하였습니다.

'내가 만약 아들을 만나 재물을 맡긴다면 즐거워서 다시는 근심 걱정이 없으리라.'

12. 세존이시여, 이때 궁자는 품팔이로 전전하다가 우연히 아버지의 집에 이르러 대문 옆에 서서,

13. 멀리 그의 아버지를 바라보니, 사자좌에 걸터앉아 보배 궤에 발을 올려놓고 많은 바라문과 거사가 공경하며 둘러서서 모셨으며, 천만 냥이나 되는 진주·영락으로 그 몸을 치장하고 관리인과 하인들이 손에 흰 총채를 들고 좌우에 둘러서서 보배 휘장을 둘러치고 꽃깃대를 늘였으며, 향수를 땅에 뿌리고 온갖 이름 있는 꽃을 흩으며 보물들을 늘어놓고 내어주어 받아들이는 등 갖가지로 장엄하고 위엄과 덕이 있어 보였습니다.

14. 궁자는 그 아버지가 큰 세력이 있음을 보며 두려운 생각을 품고 그곳에 간 것을 뉘우치면서 속으로 생각하기를,

'이는 혹시 왕이거나 혹은 왕과 같은 분이리라. 내

가 품을 팔아 삯을 얻을 곳이 못 되는구나. 차라리 가난한 마을에 가서 힘대로 일을 하여 입을 것과 먹을 것을 얻는 것이 낫겠구나. 만일 이곳에서 오래 머물다가 혹 눈에 띄어 붙들리게 되면 강제로 나를 잡아 부릴 것이다.' 하고 빨리 도망쳤습니다.

15. 그때에 장자는 사자좌에서 아들을 알아보고 크게 기뻐하며 곧 생각을 하되,

'내 창고에 가득한 재물, 이제는 전해줄 데가 있구나. 내가 항상 이 아들을 생각하였으나 만날 수 없었는데, 이제 제 스스로 왔으니 내가 원하던 바이로다. 나는 비록 늙었으나 이렇게 아들을 만나려고 절약하고 아끼었노라.' 하고, 곧 사람을 보내어 급히 쫓아가서 데려오게 하였습니다.

16. 그때, 명을 받은 사람이 달려가서 잡으니 궁자가 크게 놀라며 원망하되,

'나는 아무 잘못이 없는데 왜 잡으려 하느냐' 하고, 더욱 겁을 내다가 마침내 기절하여 땅에 쓰러졌습니다.

17. 아버지가 멀리서 이 광경을 보고 사자에게 말

하였습니다.

'그 사람은 쓰지 않을 터이니 강제로 데려오지 말고 찬물을 얼굴에 뿌려 깨어나게 하고 다시 말하지 말라.'

18. 어떠한 까닭인가 하면 아버지는 아들의 마음이 작은 것을 알고, 아들이 두려워하는 것을 짐작하고, 분명히 아들임을 알았으나 다른 사람에게는 자기의 아들이라는 것을 말하지 않고 사자를 시켜 말하였습니다.

'내가 이제 너를 놓아줄 터이니 마음대로 가거라.' 궁한 아들은 매우 기뻐하며 땅에서 일어나 가난한 마을로 찾아가 의식을 구하였습니다.

19. 그때, 장자는 아들을 데려오고자 하여 방편을 베풀어 형색이 초라하고 위덕이 없게 생긴 두 사람을 불러 은밀히 보내면서 일렀습니다.

'너희들은 궁한 자에게 서서히 가서 말하라.

20. 저기 일할 곳이 있으니 품삯은 배로 준다고 하라. 만일 궁한 자가 허락하거든 데리고 와서 일을 시키도록 하라. 만일 무슨 일을 시키느냐고 묻거든 똥

오줌을 치게 하는 일인데 너희 두 사람도 그와 함께 일한다고 하라.'

21. 즉시 두 사람은 궁자를 찾아가서 만나 보고 시키는 대로 말하더이다.

22. 그때, 궁자는 품삯부터 받고 와서 함께 분뇨를 치니, 그 아버지는 아들을 보고 불쌍하고 안타깝게 생각하더이다.

23. 그러다가 어느 날, 창틈으로 아들을 보니 몸이 말라 초췌하고 먼지와 똥오줌으로 더럽혀져 깨끗하지 못하거늘 아버지는 영락과 보드라운 의복과 장신구를 벗어놓고 때 묻은 허름한 옷으로 갈아입고 흙과 먼지를 몸에 묻히고 오른손에 똥오줌 치는 도구를 든 채 조심스럽게 다가가서 모든 일꾼에게 말하되,

'너희들은 부지런히 일할 것이며 게으름을 피우지 말라.' 하면서 방편으로써 아들에게 접근하더니,

24. 그 뒤에 다시 일러 말하였습니다.

'이 사람아, 너는 여기서만 일하고 다시는 다른 곳으로 가지 말아라. 품삯도 차차 올려줄 테니 소용되는 그릇·쌀·밀가루·소금·초 같은 것도 걱정하지

말아라. 늙은 일꾼도 필요하면 줄 터이니 마음을 편안히 하여라. 나는 너의 아버지와 같으니 다시는 염려하지 말아라.

25. 나는 늙은이요, 너는 아직 젊으며 너는 항상 일할 때 속이거나 게으르거나 성내거나 원망하는 말이 없어서 너에게는 나쁜 것이라고는 없어 보여 다른 일꾼들과 똑같이 느껴지지 않는구나.

26. 이제부터는 내가 낳은 친아들처럼 대하겠다.' 하고 장자는 이름을 다시 지어주며 아들이라고 불렀습니다.

27. 그때, 궁자는 이러한 대우를 기뻐했으나 아직 천한 더부살이 머슴이라고 스스로 생각하며 이십 년 동안을 항시 똥오줌만 치고 살았습니다.

28. 이렇게 지낸 다음에 마음을 서로 알고 믿게 되어 출입엔 어려움이 없었으나, 머무르는 곳은 여전히 본래 있던 그대로였습니다.

29. 세존이시여, 장자는 병이 들어 죽을 때가 멀지 않았음을 알고 궁자에게 말하였나이다.

'나에게는 지금 금·은·진보가 많이 있어 창고마

다 가득하니 그 속에 있는 모든 재물과 받고 갚아야 할 것을 네가 모두 알아서 처리하여라. 나의 마음이 이러하니 이 뜻을 받들어라.

30. 이제 나와 네가 다를 것이 없게 되었으니 더욱 마음을 써서 손해 봄이 없게 하여라.'

31. 이때 궁한 자는 즉시 분부를 받고 여러 가지 금·은·진보와 모든 창고를 맡았으나, 밥 한 그릇 거리도 가지려는 생각이 없었고 머무르는 곳이 본래 있던 곳 그대로이니, 천하고 비열한 마음을 아직도 버리지 못하였습니다.

32. 다시 얼마가 지난 뒤에 아들의 마음이 점점 열리고 편안하여 큰 뜻을 성취해서 지난날의 못났던 생각을 스스로 뉘우치고 있음을 알게 되었습니다.

33. 그러다가 죽을 때에 이르러 아들을 시켜 친척과 국왕과 대신과 찰제리와 거사들을 모이게 하고 선언하였습니다.

34. '여러분은 아시오. 이 아이는 나의 아들이요, 나의 소생이라. 어떤 성 안에서 나를 버리고 달아나서 갖은 고생을 겪기 오십여 년이었으니, 이 아이의

본래 이름은 아무개이고 내 이름은 아무개요, 옛 성에서부터 이 아이를 찾으려고 조심하고 애를 썼건만 우연히 이곳에서 만나게 되었소. 이 아이는 참으로 나의 아들이요, 나는 그의 아버지니 지금부터 나의 소유인 모든 재산은 모두 아들의 소유가 되며, 전부터 출납하던 것도 이 아들이 알아서 할 것이오.'

35. 세존이시여, 이때의 궁한 자는 아버지의 말을 듣고 크게 기뻐하며 일찍이 없던 것을 얻고 생각하였습니다.

'나는 본래 바라는 마음이 없었건만 이제 보배창고가 저절로 들어왔도다.'

36. 세존이시여, 큰 재산을 가진 장자는 여래이시고, 저희들은 부처님의 아들과 같사오니, 여래께서 항상 저희들을 아들이라고 말씀하셨습니다.

37. 세존이시여, 저희들이 세 가지 독이 되는 마음에 얽힌 까닭에 나고 죽는 괴로움의 바다에서 번뇌의 고통을 받으며 미혹하고 아는 바가 없어 소승법만을 즐겨 얽매였습니다.

38. 오늘 세존께서 저희로 하여금 모든 법의 희롱

거리인 거름을 버리라고 말씀하셨습니다. 저희들은 방편 가운데서 부지런히 정진하여 멸도에 이르는 하루 품삯을 얻고 마음이 크게 기뻐 스스로 만족하게 여기며 곧 말하였습니다.

'부처님 법 가운데서 부지런히 정진한 인연으로 소득이 매우 크다.'

39. 그러나 세존께서는 저희의 마음이 부질없는 욕망에 얽매이어 소승법을 좋아함을 미리 아시면서도,

'너희도 여래의 지견인 보배를 가질 능력이 있느니라.' 고 분별해서 말씀해주시지 않으셨습니다.

40. 세존께서 방편력으로 여래의 지혜를 말씀하셨으나 저희들은 부처님으로부터 멸도에 이르는 하루 품삯을 얻고서 크게 얻었다 착각하고 대승법을 구하려는 생각이 없었습니다.

41. 저희들은 또 여래의 지혜로써 모든 보살에게 방편을 얻어 보이고 설법하면서도 스스로 대승의 뜻을 두지 않았습니다. 그 까닭은 부처님께서 저희들 마음이 소승법을 좋아함을 아시고 방편력으로 저희들의 근기를 따라 말씀하셨건만 그래도 저희는 참된

불자인 줄은 알지 못하였기 때문이었습니다.

42. 이제서야 저희들은 세존께서 부처님 지혜를 아낌없이 베푸신 것을 알았습니다. 왜냐하면 저희들이 예로부터 부처님의 참된 아들이면서도 소승법만을 좋아하였기 때문이었으니, 만일 저희가 대승법을 좋아하는 마음이 있었더라면 부처님께서는 저희들을 위하여 대승법을 설하셨을 것입니다.

43. 지금에야 이 경에서 일승만을 설하시며 지난 날 보살들 앞에서, 성문들은 소승법만을 좋아한다고 나무라셨으니 부처님께서는 대승으로써 교화하였습니다.

44. 그러기에 저희들이 본래부터 구하는 마음이 없었는데 이제 법왕의 큰 보배를 저절로 얻게 되어 부처님 아들로서 얻어야 할 것을 이제야 얻었습니다.

45. 이때, 마하가섭이 이 뜻을 펴려고 게송으로 말하였다.

46. 오늘날에 저희들이   부처님의 말씀 듣고
     기쁘고도 즐거운 법   없던 것을 얻나이다.

47. 성문들도 성불한다　　부처님이 설하시니
　　　 위 없는 보배더미　　　안 구해도 절로 얻네.

48. 비유컨대 어린아이　　유치하고 소견 없어
　　　 아비 떠나 도망하여　타관 땅에 멀리 가서
　　　 이리저리 떠돌면서　　오십 년을 살았거늘
　　　 그 아비는 걱정되어　　사방으로 찾았더라.

49. 아들 찾던 지친 몸이　한 성 안에 머물러서
　　　 큰 집을 지어 놓고　　오욕락을 즐기나니
　　　 그 집이 큰 부자라　　많은 금과 은이며
　　　 자거 마노 진주 유리　말과 소와 코끼리와
　　　 양과 연과 수레들과　논과 밭과 하인 등
　　　 거느린 사람들　　　　끝이 없고 가이없어
　　　 주고 받는 이익들이　타국까지 미쳤으며
　　　 장사꾼과 차인들이　그 문 앞에 줄을 섰네.
　　　 천만억의 사람들이　둘러서서 공경하며
　　　 임금이나 왕족들이　항상 공경하는 바요
　　　 여러 신하 명문 호족　한결같이 공경하며,

50. 이러한 인연으로　　　오가는 사람 많고 많아
　　　부유하기 이와 같이　　큰 세력을 가졌지만
　　　나이 점점 늙어가나　　아들 생각 더욱 간절
　　　자나 깨나 생각하다　　죽을 때가 되었는데
　　　어리석은 그 자식이　　떠나간 지 오십여 년
　　　창고마다 가득가득　　어떻게 할 것인가.

51. 그때에 궁한 아들　　　밥과 옷 구해 찾아
　　　이 마을서 저 마을로　이 나라와 저 나라를
　　　어떤 때는 얻어 먹고　어떤 때는 얻지 못해
　　　굶주리고 못 먹어서　옴과 버짐 생겼으며
　　　이곳 저곳 헤매다가　아버지 사는 성에
　　　품팔이로 끼니 잇다　아버지 집 이르렀네.

52. 그때에 아비 장자　　　그의 집 문 안에서
　　　보배 휘장 둘러치고　사자좌에 앉았는데
　　　권속들이 둘러싸고　시중들이 호위하며
　　　그 중 어떤 사람들은　보물을 계산하며
　　　주고받는 많은 재물　문서에 기록하네.

53. 아버지의 존엄함을　　궁한 아들 바라보고
　　저 사람은 국왕이나　　또는 왕이 분명하니
　　내가 왜 여기 왔나　　두렵고도 무섭구나.

54. 다시 생각하여 보니　　내 여기 있다가는
　　강제로 붙들리어　　모진 일 해야 하리.
　　이렇게 생각하고　　정신없이 도망하여
　　빈촌으로 찾아 들어　　품팔이를 하려 하네.

55. 이때에 아비 장자　　사자좌에 높이 앉아
　　멀리서 바라보고　　아들을 알아보니
　　사자를 빨리 보내　　붙들어 오게 할 새
　　궁한 아들 먼저 놀라　　기절하여 쓰러졌네.

56. 이 사람이 날 잡으니　　나는 이제 죽었노라.
　　밥과 옷 구하려다　　이 모양이 되었구나.
　　장자는 자기 아들　　어리석고 미련해서
　　아비 말을 믿지 않고　　아비인 줄 모르니
　　애꾸눈에 덕이 없는　　못난 사람을 시켜

	너는 가서 말하기를	내게 와서 일을 하면
	거름이나 치게 하고	품삯 곱을 준다 하라.

57. 궁한 아들 그 말 듣고　　기뻐하며 따라와서
　　 거름치는 일도 하고　　집 안팎을 청소하네.

58. 장자가 어느 날　　　　 아들을 내다보고
　　 어리석은 그 자식을　　가엾게만 여기어서
　　 아버지인 그 장자는　　허름한 옷 바꿔 입고
　　 거름치는 삼태 들고　　아들한테 다가가서
　　 방편으로 하는 말이　　부지런히 일 잘하면
　　 품삯을 더 올려주고　　손발에 바를 기름
　　 먹을 것도 넉넉하게　　입을 것도 많이 주마
　　 은근하게 말을 하며　　부지런히 일을 하라
　　 너는 내 아들 같노라　　좋은 말을 덧붙였다.

59. 장자가 지혜 있어　　　안팎을 출입토록
　　 이십 년을 지내면서　　집안 일을 보게 하고
　　 금과 은과 진주 파려　　있는 창고 보여주고

주고받는 모든 셈을   맡아 보게 하지만
대문 밖에 붙어 있는   초막에서 잠을 자며
나는 본래 가난뱅이   가진 물건 하나 없네.

60. 아버지가 아들 마음   점점 넓어짐을 알고
그 재산을 물려주려   친척들과 국왕들과
대신들과 찰제리와   거사들을 모아 놓고
대중에게 하는 말이   이 애는 나의 아들인데
집을 떠나 멀리 가서   오십 년을 지내더니
어느 날 찾아온 뒤   이십 년이 또 지났소.
지난날에 한 성에서   이 자식을 내가 잃고
이리저리 헤매면서   이 자식을 찾느라고
무진 애를 쓰던 끝에   여기까지 온 것이오.
이제 내가 소유한 것   집이거나 하인 등을
아들한테 전해주어   제 뜻대로 쓰게 하리.

61. 가난하고 궁한 아들   뜻과 마음 좁고 적다
이제 와서 아버지의   큰 재산을 받게 되니
많은 집과 많은 재산   한량없는 금은 보화

매우 크게 기뻐하며　　미증유를 얻었노라.

62. 부처님도 그와 같이　　소승 집착함을 알고
　　너도 성불하리라　　　말씀하지 않으시고
　　여러 가지 샘 없는 법　저희들이 얻었다고
　　소승 이룬 성문이라　　말씀하셨습니다.

63. 부처님이 저희들에　　위 없는 길 말씀하셔
　　이 법을 수습하면　　성불한다 하시기에

64. 저희들은 말씀대로　　보살을 위하여서
　　여러 가지 인연이며　갖가지 비유들과
　　갖은 말과 변재로써　위 없는 도 말했더니
　　이에 여러 불자들이　나에게서 법문 듣고
　　밤낮으로 생각하며　　부지런히 닦고 닦네.

65. 이때에 여러 부처님　수기하며 하시는 말
　　너희들은 오는 세상　부처님을 이루리라.

66. 시방 모든 부처님의   비밀한 대승 법장
　　　보살들만 위하여서   참된 이치 설법하고
　　　저희들을 위하여선   아무 말씀 안 하시네.

67. 마치 저 궁한 아들   아버지께 가까이 가
　　　모든 보물 맡았으나   가질 생각 전혀 없듯
　　　저희들도 부처님의   법보장을 연설하나
　　　구하는 뜻 없는 것은   또한 그러하옵니다.

68. 저희들도 속으로는   번뇌 끊어내는 것을
　　　스스로 생각하여   만족하다 여기는 일
　　　이런 일은 알지만   다른 일은 몰랐어라.
　　　불국토를 맑게 하고   중생들을 교화함을
　　　저희들이 듣더라도   즐거운 맘 없었습니다.

69. 그 까닭을 말하오면   이 세간의 온갖 법은
　　　모두 다 고요하여   남과 멸함 다 없으며
　　　작거나 큰 것 없고   샘이 없고 함이 없다.
　　　이렇게도 생각하니   즐거운 맘 없나이다.

70. 저희들이 오랜 세월　부처님의 큰 지혜엔
　　탐착하는 마음 없고　바라지도 아니하며
　　저희들이 얻은 법이　구경이라 생각했네.

71. 저희들이 오랜 세월　공한 법을 닦아 익혀
　　욕계 색계 무색계의　고통에서 벗어나서
　　최후 몸의 유여열반　얻었노라 생각하며
　　부처님의 교화 받아　참된 도를 얻었으니
　　부처님의 깊은 은혜　갚았다고 생각했네.

72. 비록 저희 대중들은　불자들을 위하여서
　　보살법을 말하면서　법을 얻게 하였지만
　　구하려는 마음 없어　내버려 두시었네.
　　도사께서 버리시고　저희 마음 아시므로
　　참된 이익 있느니라　권하시지 아니함은

73. 아들 뜻의 좁고 적음　장자가 이미 알고
　　방편의 힘으로써　　그 마음을 조복하고
　　아들 마음 크게 한 뒤　많은 재산 물려주듯

신해품 135

부처님도 이와 같이　　보기 힘든 일로

소승 얽매임을 알고　　방편력을 쓰시어서

작은 마음 조복 받고　　큰 지혜를 가르치네.

74. 저희들이 오늘에사　　미증유를 얻었으니

바라던 일 아니지만　　저절로 얻었으니

셀 수 없는 보배 얻은　　아들 같습니다.

75. 세존이시여, 저는 이제　도를 얻고 과를 얻어

무루한 법 가운데서　　청정한 눈 얻었으니

저희들이 오랜 세월　　청정 계율 지니다가

오늘에야 처음으로　　그 과보를 얻나이다.

76. 법왕의 법 가운데서　　오랜 수행 닦은 공덕

이제서야 샘이 없는　　큰 과보 얻었사오니

저희들이 오늘에야　　참된 성문승이니

부처님 도 소리로써　　온갖 소리 듣게 하며

저희들이 오늘에야　　참다운 아라한 되니

모든 세간 하늘이나　　사람들과 마와 범천

많은 대중 가운데서　　공양 받게 되었네.

77. 부처님의 크신 은혜　　희유하게 나투시며
　　중생들을 제도하사　　이익 얻게 하시오니
　　억천 겁의 그 은혜를　　누가 능히 갚으리까.

78. 손발 되어 받들고　　머리 숙여 예경하며
　　온갖 정성 공양해도　　그 은혜는 못 갚으며
　　머리 위에 받들거나　　등에라도 업고 다녀
　　항하 모래 오랜 세월　　마음 다해 공양하고
　　훌륭한 음식들과　　셀 수 없는 옷들과
　　훌륭한 이부자리　　가지가지 탕약이며
　　우두 전단 좋은 향과　　여러 가지 보배로써
　　넓고 높은 탑 세우며　　옷을 벗어 땅에 깔고
　　이러한 온갖 것으로　　항하사의 오랜 겁을
　　정성 다해 공양해도　　그 은혜는 못 갚네.

79. 희유하신 부처님의　　셀 수 없고 가이없는
　　불가사의한 자비로　　신통력을 나투시며

샘 없는 법 함 없는 법　　모든 법의 왕으로서
용렬한 중생 위해　　　　이런 일 참으시고
아상 많은 범부에게　　　마땅하게 설하시네.

80. 부처님 모든 법에　　　자유자재 하시어서
　　중생들의 모든 욕락　　가지가지 알으시고
　　그 뜻과 힘을 따라　　　감당할 바 알으시고
　　셀 수 없는 비유로써　　미묘한 법 말씀할 새
　　지난 세상 중생들의　　숙세 선근 따르셔서
　　그의 근기 성숙함과　　성숙 못 함 알으시어
　　갖가지로 헤아리사　　　분별하여 아시고는
　　일불승을 설하시려　　　방편으로 삼승 쓰네.

5. 약초유품(藥草喩品)

1. 이때, 세존께서 마하가섭과 여러 큰 제자에게 말씀하셨다.

"착하고 착하구나, 가섭아, 여래의 참된 공덕을 말하였다. 진실로 그대 말과 같느니라.

2. 여래는 무량무변한 아승지 공덕이 있으니 너희들이 무량억겁을 두고 설한다 해도 모두 능히 다 설하지는 못하느니라.

3. 가섭아, 여래는 모든 법의 왕이니, 설하는 바가 다 허망하지 않느니라. 모든 법을 지혜의 방편으로써 말하나니, 연설하는 모든 법과 온갖 것을 아는 일체지지에 이르렀느니라.

4. 여래는 모든 법이 돌아갈 곳을 관찰하여 알며, 모든 중생의 깊은 마음의 행하는 바를 알아서 통달하여 걸림이 없으며, 모든 법을 남김없이 밝게 알아 중생들에게 일체 지혜를 보여주니라.

5. 가섭아, 비유하면 삼천대천세계 속의 산천·계곡·토지에서 자라는 초목과 숲과 온갖 약초의 종류는 여러 가지며 이름과 모양이 각각 다르니라.

6. 짙은 구름이 가득히 퍼져 삼천대천세계를 가득 덮고 한때에 큰 비가 고루 내려 적심이 흡족한데, 초목과 숲과 모든 약초의 작은 뿌리·작은 줄기·작은 가지·작은 잎새와, 중간 뿌리·중간 줄기·중간 가지·중간 잎새와 큰 뿌리·큰 줄기·큰 가지·큰 잎새와, 크고 작은 나무들이 상·중·하를 따라서 제각기 분수를 따라 받아들이는 것과 같느니라.

7. 초목들은 한 구름에서 내리는 비를 맞으나 종류와 성질에 맞추어서 생장하며, 꽃 피고 열매 맺느니,

8. 비록 한 땅에서 나고 한 비로 축여 주지만 모든 초목에 각각 차별이 있노라.

9. 가섭아, 여래 또한 그와 같이 세상에 나타남은 큰 구름이 일어나는 것과 같으며, 큰 소리로 세계의 하늘·사람·아수라에게 두루 들리게 함은 저 큰 구름이 삼천대천국토를 덮는 것과 같느니라.

10. 그러므로 대중 가운데서 이 같이 말씀하시느니

라. '나는 여래·응공·정변지·명행족·선서·세간해·무상사·조어장부·천인사·불세존이라. 제도 안 된 자를 제도하고, 이해하지 못한 자를 이해하게 하며, 편안하지 못한 자를 편안하게 하고, 열반 얻지 못한 자를 열반 얻게 하며,

11. 현세와 내세를 여실히 아나니, 나는 모든 것을 아는 자며, 모든 것을 보는 자며, 길을 아는 자며, 길을 여는 자며, 길을 설하는 자라. 너희 하늘·사람·아수라 등은 다 여기 와서 법을 들어라.'

12. 그때, 수천만억 종류의 중생들이 부처님 계신 곳에 와서 설법을 들었느니라.

13. 여래는 중생들의 모든 근기의 영리하고 둔함과 정진하고 게으름을 살펴보고 그들이 감당할 수 있는 능력에 맞추어 법을 설하니, 여러 가지로 헤아림이 없어 모두 기뻐하며 좋은 이익을 얻도록 하였느니라.

14. 모든 중생들이 이 법을 듣고 현세에서는 안온하고, 뒷날에는 좋은 곳에 태어나, 도로써 즐거움을 받고, 법문을 받들어 듣게 되며, 법을 듣고 모든 장애를 여의며, 모든 법 가운데에서 그의 능력을 따라 점점

도에 들어가게 되니, 마치 저 큰 구름이 모든 초목과 숲과, 모든 약초에 비를 내리면 그 종류와 성질에 따라 흡족하게 윤택함을 입어 각각 생장함과 같느니라.

15. 여래께서 설하는 법은 한 모양 한맛이니, 이른바 해탈의 모습과 열반의 모습과 멸하는 모습으로서 마침내 일체종지에 이르는 것이니, 어떤 중생이 여래의 법을 듣고 받아 지니며 읽고 외우거나, 설한 바와 같이 닦아 행한다면, 그 얻은 공덕은 스스로 깨닫지 못할 것이니라.

16. 이는 여래만이 중생들의 종류와 모양과 본체와 성품을 알되, 어떤 일을 기억하며, 어떤 일을 생각하고, 어떤 일을 닦으며, 어떻게 기억하고, 어떻게 생각하며, 어떻게 닦고, 어떠한 법으로 기억하며, 어떠한 법으로 생각하고, 어떠한 법으로 닦으며, 어떠한 법으로써 어떠한 법을 얻는가를 알기 때문이니라.

17. 중생이 갖가지 경지에 머물러 있는 것을 여래만이 여실히 보아 걸림 없이 아나니, 마치 저 초목·총림과 모든 약초 등이 스스로는 상·중·하의 성품을 알지 못하되, 여래는 이를 아는 것과 같으니라.

18. 여래는 이 한 모습이며 한맛인 법을 아나니 이른바 마침내 빈 것으로 돌아가는 것이니라. 부처님은 이것을 알고 중생들 마음의 욕망을 관찰하여 보호하니 이렇게 함으로써 바로 모든 일체종지를 설하지 아니하였노라. 가섭아, 그대들은 매우 드물게도, 여래가 근기 따라 설법함을 알고 능히 믿고 받았구나. 왜냐하면 여러 부처님이 근기따라 설하는 법은 이해하기 어렵고 알기 어려운 때문이니라.

19. 그때, 세존께서 이 뜻을 펴시려고 게송으로 말씀하셨다.

20. '있음'을 깬 법왕이   이 세상에 나타나서
중생들의 욕망따라   갖가지로 설법하네.

21. 부처님은 존중하고   그 지혜는 매우 깊어
오래도록 중요한 법   말씀하지 않으시니
지혜인이 듣는다면   믿고 이해하려니와
무지한 자 의심하여   영영 잃게 되느니라.
가섭아, 그러므로   근기 따라 설하여서

갖가지의 인연으로 바른 견해 들게 한다.

22. 가섭은 바로 알라. 비유컨대 큰 구름이
    세간 위에 일어나서 온갖 것을 뒤덮듯이
    지혜 구름 비를 품고 번갯불이 번쩍이며
    우뢰 소리 진동하니 중생들은 기뻐하고
    태양빛을 가려주니 땅 위에는 서늘하며
    뭉게구름 자욱하며 손끝에 닿는 듯하여
    고루 넓게 내리는 비 동서남북 어디에나
    무량하게 퍼부어서 땅마다 흡족히 하네.

23. 산과 내와 험한 골짝 갖가지 풀과 나무
    그 많은 약초들 크고 작은 나무들과
    모든 곡식 여러 싹과 큰 감자와 포도들이
    단비를 흠뻑 받아 저마다 만족하며
    메마른 땅 고루 젖어 약초 나무 무성하네.

24. 한 구름에서 내린 비 한 가지의 물맛이나
    모든 풀과 나무들이 분수 따라 윤택하니

작은 나무 큰 나무며	상중하의 대소 초목
크고 작은 분수대로	저마다 자라날 새
뿌리 줄기 가지와 잎	꽃과 열매 빛과 모양
한 비로써 적시오니	아름답고 윤택하며
체질이나 모양이나	크고 작은 성분 따라
젖기는 같은 비인데	무성함은 각기 다르네.

25. 부처 또한 그와 같이   이 세상에 나타나니
      비유컨대 큰 구름이   세상 모두 덮어주듯
      이 세상에 나셨도다.   모든 중생 위하여서
      모든 법의 참된 이치   분별하여 설법하네.

26. 큰 성인 부처님이   여러 하늘 인간들과
      많은 대중 가운데서   선언하여 하신 말씀

27. 나는 바로 여래이니   가장 높은 세존이라.
      이 세상에 나타남은   큰 구름이 덮히는 듯
      메마른 모든 중생   흡족하게 비를 주어
      괴로움을 다 여의고   안온한 낙을 얻어

	이 세간의 즐거움과	열반락을 얻게 하네.

28.	하늘 사람 대중들이	한마음으로 잘 들으며
	너도나도 모여 와서	높은 이를 친견하네.

29.	나는 바로 세존이라	미칠 이가 아주 없다.
	중생을 편안케 하려	세상 출현했으므로
	대중들을 위하여서	감로법을 말하노라.

30.	그 법은 한맛으로	해탈이요 열반이라.
	한 가지의 묘한 음성	이런 뜻을 설법하며
	대승법을 항상 위해	인과 연을 짓거니와
	모든 것을 내가 보니	널리 모두 평등하고
	이것이라 저것이라	곱고 미운 마음 없고
	탐착하는 생각이나	걸림 또한 없음이라.

31.	모든 뭇 삶 위하여서	평등하게 설법하며
	한 사람을 위하듯이	여러 중생 마찬가지
	어느 때나 법을 연설	다른 일은 전혀 없고

가고 오며 앉고 서도　　피곤한 줄 모르노라.
세간마다 충족하게　　단비가 내려오듯이
귀천이나 상하거나　　계행 갖고 파한 이나
몸가짐을 갖추거나　　갖추지 않았거나
바른 소견 나쁜 소견　　영리하고 둔한 머리
평등하게 법비 내려　　게으른 줄 모르노라.

32. 모든 중생들이　　내 법 한 번 듣고 나면
　　힘 따라 받아 익혀　　여러 지위 머물 적에
　　혹은 하늘 혹은 사람　　전륜성왕 제석천왕
　　범천왕과 같은 이들　　이들은 작은 약초.

33. 새지 않는 법을 알아　　열반락을 얻고 나서
　　여섯 신통 일으키고　　삼명까지 얻은 뒤에
　　산림 속에 홀로 있어　　선정을 항상 닦아
　　연각을 증득하면　　이런 이는 중품 약초.

34. 세존 계신 곳 찾아　　나도 성불하리라고
　　선정 닦고 정진하면　　이들은 상품 약초.

35. 또는 여러 불자들이 　　한맘으로 도를 닦아
　　　자비한 맘 항상하여 　　성불할 것 제가 알고
　　　의심 다시 없는 이 　　　그런 이는 작은 나무.

36. 신통에 머물면서 　　　물러남 없는 법륜 굴려
　　　셀 수 없는 백천만억 　많은 중생 제도하면
　　　이와 같은 보살들은 　　큰 나무라 이르니라.

37. 부처님의 평등한 법 　　한결같은 비 맛이나
　　　중생들의 성품 따라 　　받는 것이 같지 않아
　　　비를 맞는 풀과 나무 　다른 것과 같으니라.

38. 부처님의 비유로 　　　방편 써서 열어주고
　　　가지가지 이야기로 　　일승법을 연설하나
　　　부처님의 지혜에는 　　큰 바다의 물 한 방울.

39. 내가 이제 법비 내려 　　세간 충만시켰으니
　　　한 물맛의 그 법에서 　　힘을 따라 닦는 것이
　　　저 숲속의 풀과 약초 　　크고 작은 나무들이

　　　　자기들의 분수대로　　자라남과 같으니라.

40. 여러 부처님의 법은　　항상 맛이 하나지만
　　모든 세간 중생들이　　골고루 다 갖추고
　　점차로 행을 닦아　　도의 결과 얻게 하네.

41. 성문이나 연각들이　　숲 속에 있으면서
　　최후 몸에 머물러서　　법을 듣고 과 얻으니
　　이런 일은 약초들이　　점점 자람 같으니라.

42. 만일 모든 보살들이　　지혜와 행이 굳어
　　삼계를 밝게 알고　　위 없는 법 구한다면
　　이것은 작은 나무　　자라남과 같으니라.

43. 다시 선정 머무르면서　　신통한 힘을 얻으며
　　법의 공함 얻어 듣고　　마음 크게 기뻐하며
　　무수한 큰 빛 놓아　　여러 중생 제도한 이
　　이런 것은 큰 나무가　　점점 자람 같다 하네.

44. 가섭아, 이와 같이   부처님의 설하신 법
    비유컨대 큰 구름이   한맛의 비를 내려
    꽃과 인간 적시오니   열매 모두 맺느니라.

45. 가섭아, 바로 알라.   여러 가지 인연들과
    갖가지의 비유로써   부처님 도 열어 뵈니
    이는 나의 방편이요   여러 부처 마찬가지.

46. 이제 너희들 위한   참다운 법 설하나니
    여러 성문 대중들은   멸도가 다 아니며
    너희 오직 행할 바는   보살도를 행할 일뿐
    점점 닦고 배우면서   모두 성불하리로다.

6. 수기품(授記品)

1. 그때, 세존께서 게송을 설하시고 대중들에게 이렇게 말씀하셨다.

"나의 제자 마하가섭은 미래세에 삼백만억 부처님을 받들며 공양·공경·존중·찬탄하고 널리 모든 부처님의 헤아릴 수 없는 큰 법을 설하고 최후의 몸으로 성불하리니,

2. 이름은 광명여래·응공·정변지·명행족·선서·세간해·무상사·조어장부·천인사·불세존이라 하며, 나라 이름은 광덕이요, 겁의 이름은 대장엄이라.

3. 부처님 수명은 십이 소겁이며, 바른 법이 세상에 머묾은 이십 소겁이요, 상법도 또한 이십 소겁을 머물게 되리라.

4. 그 나라는 장엄하게 꾸며지고 더러운 기와조각, 가시덤불, 대소변 등 부정한 것이 없으며, 그 국토는

평정하여 높고 낮거나 구렁과 언덕이 없고, 유리로 땅이 되고 보배나무가 줄을 지었으며 황금으로 줄을 만들어 길의 경계 표시하고 꽃을 뿌려서 두루 맑고 깨끗하리라.

5. 그 나라의 보살들은 무량한 천억이며 성문들도 셀 수 없고 마의 장난이 없으니, 비록 마와 마의 권속이 있다 해도 다 부처님 법을 지키느니라.

6. 이때, 세존께서 이 뜻을 펴시려고 게송으로 말씀하셨다.

7.
비구들께 말하리라.	부처님의 눈으로서
가섭을 내가 보니	수없는 겁을 지나
앞으로 오는 세상	부처 몸을 이루고저
그 세상에 계신 세존	삼백만억 부처님을
받들어서 공양하고	모든 부처 세존님의
불지혜를 얻기 위해	범행을 깨끗이 닦아
법계의 가장 높은	양족존께 공양하고
모든 법을 닦으옵신	위 없는 지혜 닦고 익혀
최후 몸을 받아 지녀	성불함을 얻으리라.

8. 그 나라는 청정하여　　유리로 땅이 되었고
　　여러 가지 보배나무　　도로마다 즐비하며
　　황금줄로 경계하니　　보는 사람 환희하고
　　향기 좋은 여러 꽃을　　항상 흩어 뿌리오니
　　여러 가지 아름다운　　보배로써 장엄할 새
　　그 땅이 평정하여　　구렁 언덕 없으며

9. 많고 많은 보살 대중　　그 수를 알 수 없어
　　마음들이 부드럽고　　큰 신통을 얻었으며
　　부처님의 대승경전　　받들어서 지니오며
　　성문들로 샘이 없는　　최후에 받을 몸들
　　대법왕의 아들들도　　그 수가 많고 많아
　　천안으로 볼지라도　　능히 세지 못하나니.

10. 그 부처님 누릴 목숨　　십이 소겁 오랜 세월
　　바른 법 머물기는　　이십 소겁이라 하며
　　상법 또한 마찬가지　　그와 같은 세월이니
　　큰 빛의 그 부처님　　하시는 일 이렇노라.

11. 이때, 대목건련과 수보리와 마하가전연 등이 감격스러워 하며 한마음으로 손 모으고 부처님 존안을 우러러보며 잠시도 눈을 떼지 아니하고 소리를 함께 하여 게송으로 여쭈었다.

12. 크고 장한 세존은 　　석씨 문중의 법왕자
　　　불쌍한 우리들 위해 　　부처 말씀 주옵소서.

13. 우리 마음 아시고 　　수기하여 주신다면
　　　감로수로 열을 식혀 　　시원함을 얻나이다.

14. 주린 배로 헤매다가 　　대왕 성찬 만났어도
　　　마음들이 두려워서 　　감히 먹지 못하오니
　　　만일 왕이 먹으라면 　　그때에야 감식하듯.

15. 우리들도 그와 같아 　　소승 허물만 생각하고
　　　부처님의 무상 지혜 　　구할 길을 몰랐었네.

16. 너희들도 성불한다 　　부처님 음성 들어도

오히려 마음 두려워   선뜻 이해 못하지만

만일 수기 하신다면   이제 편안하오리다.

17. 장하옵신 세존께서   세간 편케 하시려고

수기하여 주신다면   가르침을 받으리다.

18. 이때, 세존께서 제자들이 생각하는 마음을 아시고 비구들에게 말씀하셨다.

19. "이 수보리는 오는 세상에 삼백만억 나유타의 부처님을 받들어 모시며 공양·공경하고 존중·찬탄하며, 항상 몸과 마음을 닦아 보살도를 다 갖추고 최후 몸에 성불하니, 그 이름은 명상여래·응공·정변지·명행족·선서·세간해·무상사·조어장부·천인사·불세존이며, 겁의 이름은 유보요, 나라 이름은 보생이니라.

20. 그 국토는 평탄하며 파려로 땅이 되고 보배나무로 장엄하며 언덕·구렁·모래·자갈·가시덤불·대소변 등 더러운 것이 없고 보배꽃이 땅을 덮어 산하대지가 청정하니라.

21. 그 나라 백성들은 모두 보배로운 집이나 진묘하고 아름다운 누각에서 살며 성문 제자는 헤아릴 수 없고 그지없어 산수비유로 알 수 없으며 여러 보살대중이 천만억인데 머묾은 나유타 무량수니라.

22. 부처님 수명은 십이 소겁이요, 바른 법이 세상에 머묾은 이십 소겁이며, 상법도 또한 이십 소겁이니라.

23. 그때 수보리는 부처 되어 항상 허공에 거처하면서 중생을 위하여 법을 설하시며 헤아릴 수 없는 보살과 성문들을 제도하리라."

24. 이때, 세존께서 이 뜻을 펴시려고 게송으로 말씀하셨다.

25. 이 모든 비구들이여　　내 이제 말하노니
　　 너희들은 한마음으로　　내 말을 잘 들어라.

26. 나의 자랑스런 제자　　수보리는 오는 세상
　　 부처를 이루게 되니　　그 이름은 명상이라.

27. 셀 수 없는 만억 부처　　찾아뵙고 공양하며
　　부처님의 행을 따라　　　큰 도를 점차 닦아
　　최후에 받은 육신　　　　미묘한 삼십이상
　　단정하고 특수하기　　　보배로운 산과 같고
　　그 부처님 국토는　　　　엄정하기 제일이니
　　이런 모습 보는 중생　　　모두 다 즐겨하니
　　부처님은 그 가운데　　　무량 중생 제도하네.

28. 그 부처님 법 안에서　　　무수한 모든 보살
　　모두 근기 수승하며　　　불퇴 법륜 굴리오니
　　명상 부처 그 국토가　　　보살로서 장엄되고
　　성문 대중들도 많아　　　셀 수 없이 많은 수라.
　　모두 다들 삼명 얻고　　　육신통을 갖추어서
　　팔해탈에 머무르며　　　 큰 위덕이 있느니라.

29. 그 부처님 설법으로　　　나타내는 신통변화
　　셀 수 없고 가이없어　　　불가사의 일이오니
　　항하의 모래 수 같은　　　여러 천상 사람들이
　　다 같이 합장하고　　　　부처 말씀 들으리라.

30. 그 부처님 수명은　　　십이 소겁이나 되고
　　　정법이 그 세상에서　　머물기는 이십 소겁
　　　상법 또한 마찬가지　　이십 소겁 머물리라.

31. 이때, 세존께서 다시 비구들에게 말씀하셨다.
"내가 그대들에게 말하노니, 이 대가전연은 오는 세상에 여러 가지 공양물로 팔천억 부처님을 받들어 섬기고 존중하여 공경할 것이며, 여러 부처님이 멸도하신 뒤에는 각각 탑과 절을 세우되, 높이가 일천 유순이요, 가로와 세로가 똑같이 오백 유순이라.

32. 금 · 은 · 유리 · 자거 · 마노 · 진주 · 매괴 등 칠보를 합하여 이루어지고 온갖 꽃과 영락 · 바르는 향 · 가루향 · 사르는 향과 증개 · 당번 등으로 탑과 절에 공양하며,

33. 이런 일을 마친 뒤에 다시 이만억 부처님께 공양하되 또한 이와 같이 하고 이 여러 부처님께 공양하여 마친 뒤 보살도를 구족하여 마땅히 성불하니, 그 이름은 염부나제금광여래 · 응공 · 정변지 · 명행족 · 선서 · 세간해 · 무상사 · 조어장부 · 천인사 · 불

세존이라.

34. 그 국토는 평정하며, 파려로 땅이 되고 보배나무로 장엄하며, 황금으로 줄을 만들어 길의 경계 표시하며, 묘한 꽃으로 땅을 덮어 두루 청정하니, 보는 이마다 기뻐하리라.

35. 네 가지 나쁜 지옥·아귀·축생·아수라가 없고, 하늘·사람이 많으며, 만억의 성문들과 보살들로 그 나라를 장엄하리라.

36. 부처님의 목숨은 십이 소겁이요, 바른 법이 세상에 머묾은 이십 소겁이며, 상법도 또한 이십 소겁을 머물리라."

37. 그때 세존께서 이 뜻을 펴시려고 게송으로 말씀하시었다.

38. 여기 모인 비구들아   한마음으로 들어 보라.
    내가 설하는 법은   진실하여 다름없다.
    비구인 가전연은   갖가지 아름다운
    좋고 묘한 공양물로   여러 부처 공양하고
    부처님 멸도한 뒤   칠보탑 세우고

아름다운 꽃으로써	사리를 공양하고
그 최후의 몸으로서	부처님의 지혜 얻어
등정각을 이루어	그 국토는 청정하며

39.	셀 수 없는 만억 중생	남김없이 제도하고
	시방 천상 인간의	많은 공양 받으니
	그 부처님 큰 빛보다	더할 이가 없사오며
	이와 같이 밝은 부처	그 이름은 염부금광
	많은 보살 여러 성문	모든 있음 끊고서
	셀 수 없고 가이없이	그 나라를 장엄하리.

40. 이때 세존께서 다시 대중들에게 말씀하셨다.

"내 이제 그대들에게 말하노라. 대목건련은 여러 가지 공양물로 팔천 모든 부처님께 공양하며 공경·존중하고 여러 부처님 열반하신 뒤에는 각각 탑과 절을 세우되 높이가 일천 유순이요, 가로와 세로가 똑같이 오백유순이 되게 하리라.

41. 금·은·유리·자거·마노·진주·매괴 등 칠보로 합하여 이루고 여러 가지 꽃과 영락과 바르는

향·사르는 향·가루향과 증개·당번으로 탑과 절에 공양하며 이 같이 이백만억 부처님께 공양하고 성불하리라.

42. 이름을 다마라발전단향여래·응공·정변지·명행족·선서·세간해·무상사·조어장부·천인사·불세존이라.

43. 겁의 이름은 희만이요, 나라의 이름은 의락이니, 그 국토는 평정하며 파려로 땅이 되니 보배나무로 장엄하고 진주꽃을 흩어 두루 청정하여 보는 이마다 기뻐하고 하늘·사람이 많으며 보살·성문은 그 수가 헤아릴 수 없으리라.

44. 부처님 수명은 이십사 소겁이요, 바른 법이 세상에 머묾은 사십 소겁이며, 상법도 또한 사십 소겁을 머무르리라."

45. 이때, 세존께서 이 뜻을 펴시려고 게송으로 말씀하셨다.

46. 나의 제자로서　　　　여기 있는 대목건련
　　이 몸이 다한 뒤에　　팔천이백만억이신

부처님 여러 세존	많고 많은 무량수를
부처님 길 위하므로	공양하고 공경하며
부처님 계신 곳에서	청정 범행 항상 닦아
부처님 법 받들기를	셀 수 없이 오랜 세월
그 부처님 열반 뒤에	칠보탑을 세우면서
높게 꽂은 긴 표찰은	황금으로 만들고
꽃과 향과 기악으로	탑과 절을 공양하며
보살도를 갖추어서	자기 국토 의락국에서
부처님을 이룰지니	성불하여 얻은 이름
다마라발전단향불	이와 같이 부르리라.

47.
이 부처님 목숨은	이십사 소겁이며
하늘과 인간 위해	불도 연설하여서
셀 수 없는 성문 대중	항하 모래 수 같아도
삼명과 육신통으로	크게 위덕 갖추시니
그 무수한 보살들은	부지런히 정진하여
부처 지혜에 들어와	물러남이 전혀 없네.
부처님 열반 하신 뒤	정법 상법 사십 소겁.
나의 여러 제자들도	위덕 모두 갖추오니

그 수가 오백 명이라　　하나도 빠짐없이

오는 세상 성불한다　　수기하여 줄 것이니

나와 모든 제자들과　　지난 세상의 인연을

내 이제 설하려 하니　　제자들은 잘 들어라.

7. 화성유품(化城喩品)

1. 부처님께서 비구들에게 말씀하셨다.

"지나간 과거 헤아릴 수 없고, 가이없으며, 불가사의한 아승지겁에 한 부처님이 계셨으니, 이름이 대통지승여래 · 응공 · 정변지 · 명행족 · 선서 · 세간해 · 무상사 · 조어장부 · 천인사 · 불세존이시며, 그 나라 이름은 호성이요, 겁의 이름은 대상이었노라.

2. 비구들이여, 그 부처님은 멸도하신 지가 아주 오래 되었느니라.

비유하면,

3. 가령 어떤 사람이 삼천대천세계의 모든 땅을 갈아서 먹물을 만들어 동방으로 일천 국토를 지나서 그 먹물 한 점을 떨어뜨리고, 또 일천국토를 지나 한 점을 떨어뜨려서 그 먹물이 다하도록 하였다면, 그대들 생각에는 어떠한가.

4. 이 모든 국토를 셈 잘하는 자나 그의 제자들도

그 끝간 데를 알거나 짐작하지 못하는 그 수를 알 수 있겠느냐."

"알 수 없나이다. 세존이시여."

5. "비구들이여, 어떤 사람이 지나간 국토의 점이 떨어진 곳이나 떨어지지 아니한 곳을 다 부수어 티끌을 만들어서 티끌 하나를 한 겁으로 친다 하더라도,

6. 그 부처님이 열반하신 지는 이 수보다 더 오래인 헤아릴 수 없고 가이없는 백천만억 아승지겁이니라.

7. 나는 여래의 슬기롭게 보는 힘으로 그렇게 오래된 옛일을 오늘의 일처럼 볼 수 있노라."

8. 이때, 세존께서 이 뜻을 펴시려고 게송으로 말씀하셨다.

9.	지난 세상 생각하니	셀 수 없는 오랜 겁에
	한 부처님 계셨으니	그 이름 대통지승불.
	어떤 사람 힘을 써서	삼천대천 큰 땅덩이
	먹물로 다 만들어	그 먹물을 다 가지고
	일천 국토 지날 적에	한 방울 떨어뜨리며
	이렇게 전전하여	그 먹물 다한 뒤에

먹물 떨어진 국토나	안 떨어진 여러 국토
가는 티끌 만들어서	한 티끌이 일 겁 돼도
그보다도 수가 많아	멀고도 먼 겁이니라.

10. 여래께서 멸도하심　셀 수 없고 가이없어
　　　여래의 지혜로는　　저 부처 멸도하심
　　　성문 보살 아는 것이　오늘 멸도 봄과 같네.
　　　비구들아, 바로 알라.　미묘하신 불지혜는
　　　샘이 없고 걸림 없이　무량한 겁 통하노라.

11. 부처님께서 여러 비구들에게 말씀하셨다.

"대통지승 부처님이 목숨은 오백사십만억 나유타 겁이니라.

12. 그 부처님이 도량에 앉아 마군들을 물리치고 위 없이 높고 바른 깨달음을 얻으려 하였으나, 모든 부처님 법이 앞에 나타나지 않으므로 일 소겁에서 십 소겁에 이르도록 가부좌를 하시고 몸과 마음이 움직이지 않으셨으나 그래도 모든 부처님 법이 아직 앞에 나타나지 않았노라."

13. 이때, 도리천 여러 하늘에서 부처님을 위하여 보리수 아래 사자좌의 높이를 일 유순으로 만들어 놓고 '부처님께서 여기에 앉으셔서 위 없이 높고 바른 깨달음을 얻으소서' 하니 그 자리에 앉으셨느니라.

14. 이때, 여러 범천왕이 온갖 하늘꽃을 뿌리되 사면이 일백 유순이며 향긋한 바람이 불어와 시들은 꽃은 날려 버리고 다시 새 꽃을 내려서 이 같이 끊이지 않게 하기를 십 소겁 동안 부처님께 공양하였으며, 열반하실 때까지 항상 이 꽃을 뿌리니 사천왕들도 부처님께 공양하기 위하여 항상 하늘 북을 치고 여러 하늘들도 하늘의 기악을 연주하길 십 소겁을 다하고 열반하실 때까지 또한 이와 같이 하였노라.

15. 비구들이여, 대통지승 부처님께서 십 소겁을 지나서야 모든 부처님의 법이 나타나서 위 없이 높고 바른 깨달음을 이루었노라.

16. 그 부처님께서 출가하시기 전에 열여섯 명의 왕자가 있었으니, 첫째 아들은 이름이 지적이었느니라.

17. 그 아들들은 각각 진귀한 보배를 가지고 있었으며, 아버지가 위 없이 높고 바른 깨달음을 이루셨다는

말을 듣고 모두 보배를 놓아 버리고 부처님 계신 곳으로 가니, 어머니들은 눈물을 흘리며 전송하였노라.

18. 아이들의 할아버지이신 전륜성왕도 일백 대신과 백천만억 백성들과 다 함께 부처님의 도량에 이르러, 대통지승 부처님을 친견하고 공양·공경하며 존중·찬탄하고 머리를 조아려 발에 예배하면서 부처님을 돌고서 한마음으로 합장하고 세존을 우러러보면서 게송으로 말하였느니라.

19. 큰 위덕의 세존께서　　중생 제도 하시려고
　　　억만년을 지나서야　　부처가 되셨으니
　　　여러 소원 다 갖추고　　거룩하기 끝이 없네.

20. 세존 매우 희유하사　　십 소겁을 한자리에
　　　온 몸과 손발이　　　고요하며 편안하고
　　　그 마음이 담백하여　　어지럽지 않으시며
　　　마침내는 적멸하여　　무루법에 머물러서
　　　세존께서 편안하게　　성불하심 보옵니다.
　　　저희들은 이익 얻어　　크게 기뻐 하나이다.

21. 중생 고뇌 항상해도   도사 없고 어두워서
     고통 끊는 길 모르고   해탈을 구하지 못해
     긴 세월 악만 늘어   하늘 인간 적어지고
     어둠 속만 파고들어   부처 이름 못 들었네.

22. 안온하고 위 없는 도   부처님이 얻으시니
     저희들과 하늘 인간   큰 이익을 얻으므로
     머리 함께 조아리어   무상존께 귀의합니다.

23. 이때, 열여섯 왕자는 게송으로 부처님 찬탄을 마치고 세존께 진리의 수레바퀴 굴려주시기를 간청하며 다 함께 이렇게 여쭈었느니라.

24. '세존이시여, 세존께서 하시는 설법은 저희들을 편안케 하오니, 저희들을 불쌍히 여기시고 여러 하늘과 백성들을 이롭게 하옵소서.'

그리하여 다시 게송으로 말하였느니라.

25. 이 세상에 다시 없이   복덕으로 장엄하사
     무상 지혜 얻은 세존   중생 위해 설하소서.

저희들과 여러 중생　　해탈시켜 주시려면
분별하여 보이시고　　지혜 얻게 하옵소서.

26. 저희들도 성불하면　　우리 또한 행하려니
세존께서 중생심을　　깊이깊이 생각하시어
저희들 깊은 마음　　행할 도와 지혜의 힘
욕락과 닦는 복덕　　지난 세상 행법들을
세존께서 아시리니　　위 없는 법 설하소서.

27. 부처님께서 비구들에게 말하였다.

"대통지승 부처님이 위 없이 높고 바른 깨달음을 얻으셨을 때, 시방의 오백만억 모든 부처님 세계가 여섯 번 진동하고, 그 나라의 위엄 있는 햇빛도 달빛도 미치지 못하는 골짜기까지도 다 밝은 빛이 비치니, 중생들이 서로 보며 말하였느니라.

'이 같은 일이 어찌하여 홀연히 생겼는가.'

28. 또 그 세계의 모든 하늘 궁전과 범천의 궁전들이 여섯 번 떨리어 움직이며 큰 빛이 널리 비쳐 세계에 두루 가득 차니 모든 하늘의 큰 빛보다 더 밝았느니라.

29. 이때, 동방의 오백만억 모든 국토 가운데에 있는 범천궁전에 큰 빛이 밝게 비치되 항상 있던 큰 빛보다 배나 더 밝은지라.

30. 여러 범천왕들이 생각하였느니라.

'지금 궁전의 큰 빛은 예전에 없던 일이니 무슨 인연으로 이런 상서로움이 나타나는가.'

31. 범천왕들이 서로 이 일을 의논할 때, 그들 중에 한 대범천왕이 있었으니 이름은 구일체라. 모든 범천대중을 위하여 게송으로 말하였느니라.

32. 우리들의 궁전마다   전에 없던 이 밝은 빛
    그 원인은 무엇인가   서로 함께 찾아보자.
    대덕존이 나심인가   부처 나타나심인가.
    이렇게 밝은 빛이   시방세계 밝혀 오네.

33. 이때, 오백만억 국토의 범천왕들이 꽃상자에 궁전과 온갖 하늘꽃을 가득 담아 서쪽으로 가면서 그 상서로움을 찾다가,

34. 대통지승여래가 도량의 보리수 아래 사자좌에

앉으시고 여러 하늘·용왕·건달바·긴나라·마후라가·사람인 듯 아닌 듯한 것들이 공경하며 에워싸고 있음을 보고 또 십육 왕자가 부처님께 '진리의 바퀴를 굴려 주소서' 하고 간청함을 보았느니라.

35. 즉시에, 범천왕들도 머리 조아려 부처님께 예배하고 주위를 돌며 하늘꽃을 부처님 위에 뿌리니 그 뿌린 꽃이 수미산과 같고 아울러 부처님이 앉으신 보리수에도 공양하니, 그 보리수의 높이는 십 유순이더라.

36. 꽃 공양을 마치고 각각 궁전을 부처님께 받들어 올리며 이렇게 말씀드렸느니라.

"오직 저희들을 어여삐 보시어, 이롭게 하기 위해 바치는 궁전을 받으시고 저희들을 이익되게 하옵소서."

37. 이때 범천왕들이 곧 부처님 앞에서 한마음으로 소리를 같이 하여 게송으로 말하였느니라.

38.   세존께서 희유하사   만나 뵙기 어려워라.
       무량 공덕 갖추시고   모두 능히 구하시며
       하늘 인간 대사되어   중생들을 위하시니

      시방의 여러 중생   큰 공덕 입나이다.

39. 우리들이 찾아온 곳   오백만억 먼 국토며
      선정락을 두고옴은   부처 공양 위함이며
      지난 세상 복덕으로   장엄한 여러 궁전
      세존께 바치오니   원컨대 받으소서.

40. 이때 여러 범천왕이 게송으로 부처님을 찬탄하고, 각각 말하였느니라.

41. '원컨대, 세존이시여, 진리의 수레바퀴를 굴리시어 중생을 제도하시고 열반의 길을 열어주소서.'

42. 이때에 여러 범천왕이 한마음이 되어 게송으로 말하였노라.

43. 훌륭하옵신 양족존   법을 연설하시어
      대자대비한 힘으로   중생 제도 하옵소서.

44. 이때, 대통지승여래는 말없이 이를 허락하셨느니라.

45. 또 비구들이여, 동남방에 오백만억 국토에 있는 여러 범천왕들이 각기 자기 궁전에 큰 빛이 밝게 비치되 일찍이 없던 일임을 보고 기뻐하며 희유한 마음을 내며 서로 찾아가서 함께 이 일을 의논하였노라.

46. 이때, 그 대중 가운데 한 대범천왕이 있었으니, 이름은 대비라. 여러 범천 대중을 위하여 게송으로 말하였느니라.

47.
이 빛은 무슨 인연	밝은 상서 나타나니
우리들 이 궁전에서	전에 없던 큰 빛 보네.
대덕께서 나심인가	부처 출현 하심인가.
일찍이 못 본 상서로움	한마음으로 찾으려니
천만억 많은 국토	지내어서 찾으리라.
아마 중생 제도하려	부처 나타나심이라.

48. 이때, 오백만억의 범천왕들이 꽃상자에 온갖 하늘꽃을 가득 담아 함께 서북쪽으로 가면서, 이 상서로움을 찾다가,

49. 대통지승여래께서 도량의 보리수 아래 사자좌

에 앉으시고 모든 하늘·용왕·건달바·긴나라·마후라가·사람인 듯 아닌 듯한 것들이 공경하여 에워싸고 있음을 보았으며, 열여섯 왕자가 부처님께 진리의 바퀴를 굴리시기를 청하고 있음을 보았느니라.

50. 이때, 여러 범천왕이 머리를 조아려 부처님께 예배하고 백천 번을 돌며 하늘꽃을 부처님 위에 뿌리니 그 뿌린 꽃이 수미산과 같았느니라. 아울러 부처님의 보리수에도 공양하였으며, 꽃 공양을 마치자 각기 궁전을 부처님께 바치며 이런 말을 하였느니라.

51. '오직 어여삐 여기시어 저희들을 이롭게 하사 바치는 궁전을 원컨대 받아주소서.'

52. 이때, 여러 범천왕들이 부처님 앞에서 한마음으로 소리를 같이 하여 게송으로 말하였느니라.

53. 성주이시며 천중왕　　가릉빈가 음성으로
　　　중생 위해 설법하니　　우리 모두 공경하네.

54. 세존 매우 희유하사　　나타나기 어려워서
　　　일백팔십 겁 동안　　부처님이 안 계시어

삼악도는 충만하고　　하늘중생 줄어드니
이제 부처 나타나서　　중생의 눈 되시네.
세간 모두 귀의하며　　온갖 것을 구원받고
모든 중생 아버지라　　불쌍타고 주는 이익
우리들의 쌓은 복덕　　오늘 세존 만나 뵙네.

55. 이 여러 범천왕은 게송으로 부처님을 찬탄하고 각기 말하였느니라.

56. '원컨대 세존이시여, 모든 중생을 불쌍히 여기시어 진리의 바퀴를 굴려 중생을 제도하소서.'

57. 여러 범천왕들이 한마음 되어 게송으로 말하였으니,

대성이여, 법륜 굴려　　법 모양 나타내시고
고뇌하는 중생제도　　기쁘게 하옵시니,
중생들 이 법문 듣고　　제도되고 하늘에 나
여러 악도 줄어들고　　착한 이가 늘어나네.

59. 이때, 대통지승여래께서 말없이 허락하시니라.

60. 또 비구들이여, 남방 오백만억 국토의 여러 대범천왕이 각기 자기 궁전에 큰 빛이 밝게 비치니 예전에 보지 못하던 것을 보고 기쁨에 넘쳐 희유한 마음을 내어 서로 찾아가 함께 이 일을 의논하였느니라.

61. '무슨 인연으로 우리의 궁전에 이런 큰 빛이 비치는가.'

62. 그 대중 가운데 한 대범천왕이 있어 이름이 묘법이라. 모든 범천 대중을 위하여 게송으로 말하였느니라.

63.

우리들의 궁전마다	큰 빛 매우 밝으니
이 일이 무슨 인연	이 상서를 찾아보리.
백천 겁을 지나도록	이런 상서 없었나니
큰 대덕이 나심인가	부처 나타나심인가.

64. 이때, 오백만억 여러 범천왕이 꽃상자에 궁전과 온갖 하늘꽃을 가득 담아 북방으로 함께 가면서 이 상서로움을 찾다가, 대통지승여래께서 도량의 보리수 아래 사자좌에 앉으시고 모든 하늘·용왕·건

달바 · 긴나라 · 마후라가 · 사람인 듯 아닌 듯한 것들이 공경하며 에워싸고 있음을 보고, 열여섯 왕자가 부처님께 진리의 바퀴를 굴려주십사 하며 청하는 것을 보았느니라.

65. 이 범천왕들도 머리 숙여 부처님께 예경하고 부처님 주위를 백천 번을 돌며 곧 하늘꽃을 부처님 위에 뿌리니, 뿌린 꽃이 수미산과 같으며 아울러 부처님 계신 보리수에도 공양했느니라. 꽃 공양을 마친 뒤 각기 궁전을 부처님께 바치고 말하였으니,

66. '오직 어여삐 여기시어 저희들을 이롭게 하시고 바치는 궁전을 받아주소서.' 하고

67. 여러 범천왕이 부처님 앞에서 한마음 되어 게송으로 말하였느니라.

68. 여러 번뇌 파하시는　세존 뵙기 어려워라.
　　　백삼십 겁 다 지나고　이제 한 번 만나 뵙네.
　　　목마른 여러 중생　　법비 내려 충만하니
　　　예전에 못 보던 일　　셀 수 없는 무량 지혜
　　　우담바라 꽃 피듯이　오늘 부처 친히 뵙네.

69. 저희들이 여러 궁전　　큰 빛 찾아 공양하니

　　세존께서 대자비로　　이를 받아 주옵소서

70. 그때 여러 범천왕이 게송으로 부처님 찬탄하기를 마치고 각기 말을 하였으니,

71. "바라건대, 세존께서는 진리의 바퀴를 굴리시어 모든 세간의 모든 하늘·마왕·범왕·사문·바라문들로 하여금 다 편안함을 얻고 해탈하게 하소서."

72. 범천왕들은 한마음 되어 소리를 같이 하고 게송으로 말하였느니라.

73. 원하오니 세존께서　　위 없는 법 굴리시어

　　큰 법북을 울리시고　　큰 법라를 부시면서

　　법비를 널리 내리어　　중생 제도하여 주심

　　귀의하여 바라오니　　설법하여 주옵소서.

74. 이때, 대통지승여래께서 말없이 이를 허락하셨느니라.

75. 서남방과 내지 하방까지도 또한 이와 같은 일

이 있었느니라.

76. 그때, 상방의 오백만억 국토의 여러 대범천왕들도 궁전에 광명이 찬란하여 예전에 없던 것임을 보고 뛸 듯이 기뻐하며 희유한 마음을 내고, 범천왕들이 함께 모여 이 일을 의논하였느니라.

'무슨 인연으로 우리 궁전에 이런 큰 빛이 있을까.'

77. 그때, 그 대중 가운데 한 대범천왕이 있으니 이름이 시기라.

78. 범천 대중을 위하여 게송으로 말하였느니라.

79. 지금 무슨 인연인가.　　우리들의 궁전마다
　　　위엄과 덕 있는 빛　　옛날 없던 장엄이라.
　　　미묘하고 아름다워　　듣도 보도 못 했거늘
　　　대덕이 태어남인가　　부처 나타나심인가.

80. 그때 오백만억 여러 범천왕이 꽃상자에 궁전과 함께 온갖 하늘꽃을 가득 담아 하방으로 가면서 이 상서를 찾으니, 대통지승여래께서 도량의 보리수 아래 사자좌에 앉으시고 모든 하늘과 용왕·건달바·

긴나라·마후라가·사람인 듯 아닌 듯한 것들이 공경하여 에워싸고 있음을 보며, 열여섯 왕자가 부처님께 법륜 굴리시기를 청함을 보았느니라.

81. 이때, 여러 범천왕이 머리를 숙여 부처님께 예경하고 백천 번을 돌면서, 하늘꽃을 부처님 위에 뿌리니 뿌린 꽃이 수미산과 같으며, 아울러 부처님이 계신 보리수에도 공양하였느니라.

공양을 마치고 각기 궁전을 부처님께 바치면서 이런 말을 하였느니라.

82. '어여삐 여기사 저희들을 이롭게 하시고, 바치는 궁전을 원하옵건대 받아주소서.'

83. 이때에 여러 범천왕들이 부처님 앞에서 한마음 되어 게송으로 말하였느니라.

84. 거룩하신 부처님들　세상 고난 구하시려
　　삼계 지옥 여러 중생　부지런히 건져내며
　　넓은 지혜 세존께서　불쌍한 어린 중생들
　　감로문을 열어주어　모두 제도하옵소서.

85. 길고 긴 오랜 세월　　세존이 안 계실 적
　　 헛되이 보낸 시간　　　시방세계 어두웠네.
　　 삼악도만 점점 늘고　　아수라는 성하면서
　　 하늘중생 줄어들어　　죽어 악도 떨어지며
　　 부처님 법 따르잖고　　착한 일을 외면하며
　　 체력과 힘과 지혜　　　모두 다 줄어드네.

86. 죄업들의 인연들로　　즐거움을 다 잃고서
　　 삿된 법에 걸리어서　　선한 법을 모르므로
　　 부처 교화 못 받아서　　악한 길로 떨어지네.

87. 세간의 눈 부처님이　　오랫만에 나타나셔
　　 고통 받는 여러 중생　　불쌍하게 여기시어
　　 최정각을 이루시니　　저희 마음 즐거웁고
　　 그 밖의 모든 중생들　　감탄하고 기뻐하네.

88. 큰 빛 비쳐 장엄스런　　저희들의 여러 궁전
　　 세존님께 바치오니　　부디 받아 주옵소서.

89. 이러한 공덕으로　　　　모두 보급하오리니
　　　저희들과 여러 중생　　부처님 도 이루리라.

90. 이때, 오백만억 여러 범천이 게송으로 부처님을 찬탄하고, 각기 부처님께 말하였느니라.

91. 원컨대 세존이시여　　　진리의 바퀴 굴리시어
　　　안온하게 하시옵고　　구제하여 주옵소서.

92. 이때, 모든 범천왕도 게송으로 말하였느니라.

93. 세존께서 법륜 굴려　　감로의 미묘법으로
　　　고뇌 속에 중생제도　　열반길을 열어 보여
　　　저희들 간절함 받아　　부처님 음성으로
　　　불쌍한 중생 위해　　　무량한 법 설하소서.

94. 이때, 대통지승여래는 시방 모든 범천왕과 십육 왕자의 청을 받으시고, 열두 가지 수행과 가르침의 법 바퀴를 세 번 설하셨으니,

95. 혹은 사문이나 바라문이나 하늘·마왕·범왕이나, 세간의 그 누구도 설하지 못한 법이었노라.

96. 이르시되, '이는 괴로움〔苦〕이며 이는 괴로움의 원인〔集〕이며, 이는 괴로움이 없어짐〔滅〕이며, 이는 괴로움을 없애는 길〔道〕이라.' 하시고,

97. 또 십이인연법을 널리 설하셨느니라.

"무명(無明)을 인연하여 행(行)이 생기고, 행을 인연하여 식(識)이 생기고, 식을 인연하여 명색(名色)이 생기고, 명색을 인연하여 육입(六入)이 생기고, 육입을 인연하여 촉(觸)이 생기고, 촉을 인연하여 수(受)가 생기고, 수를 인연하여 애(愛)가 생기고, 애를 인연하여 취(取)가 생기고, 취를 인연하여 유(有)가 생기고, 유를 인연하여 생(生)이 생기고, 생으로 인연하여 늙고 죽음〔老死〕과 근심·슬픔〔憂悲〕과 고통·번뇌(苦惱)가 생기느니라.

98. 무명이 없어지면 행이 없어지고, 행이 없어지면 식이 없어지고, 식이 없어지면 명색이 없어지고, 명색이 없어지면 육입이 없어지고, 육입이 없어지면, 촉이 없어지고, 촉이 없어지면 수가 없어지고, 수가

없어지면 애가 없어지고, 애가 없어지면 취가 없어지고, 취가 없어지면 유가 없어지고, 유가 없어지면 생이 없어지고, 생이 없어지면 노사와 우비 고뇌가 없어지느니라.'

99. 부처님께서 하늘·사람 여러 대중들에게 이 법을 설하실 때, 육백만억 나유타 사람들이 모든 번뇌를 벗어나서 듣고 믿은 인연으로 모든 마음의 해탈을 얻고, 모두 깊고 묘한 선정과 삼명과 육신통을 얻어 팔해탈을 갖추었느니라.

100. 두 번째와 세 번째와 네 번째의 설법하실 때에도 천만억 항하의 모래 같은 나유타 중생들도 모든 것에 얽매임 없이 듣고 믿은 인연으로 모두 번뇌를 벗어나서 마음의 해탈을 얻었으며, 이후로 성문 대중들도 한량없고 그지없어 그 수를 헤아릴 수 없었느니라.

101. 이때, 열여섯 왕자들은 동자로 출가하여 사미가 되니, 육근이 청정하고 지혜가 밝은지라, 백천만억 여러 부처님께 공양하고, 청정하게 범행을 닦아 위 없이 높고 바른 깨달음을 구하려 하였느니라.

102. 열여섯 왕자들이 부처님께 여쭈되,

103. '세존이시여, 이 헤아릴 수 없는 천만억 대덕 성문들은 이미 다 높은 덕을 이루었나이다. 세존께서는 저희들을 위하여 위 없이 높고 바른 깨달음의 가르침을 설하여 주소서. 저희들이 듣고 다 함께 닦고 배우겠습니다.

104. 세존이시여, 저희들은 여래의 지견을 얻고자 하오니 마음 깊이 염원하옴을 부처님께서는 증명하옵소서.' 하였느니라.

105. 이때, 전륜성왕이 거느리고 온 대중 가운데 팔만억 대중이 열여섯 왕자의 출가함을 보고 자기들도 출가하기를 바라니, 왕이 곧 허락하였느니라.

106. 이때, 부처님은 사미들의 청을 받으시고 이만 겁을 지나고 나서 사부대중들에게 이 대승경을 설하시니 이름은 《묘법연화경》이라. 보살을 가르치는 법이며, 부처님께서 보호하는 경이라.

107. 이 경을 설해 마치시니 열여섯 사미들은 위 없이 높고 바른 깨달음을 위하는 까닭에 다 같이 받아 지니고 외워 통달하였느니라.

108. 이 경을 설할 때 열여섯 사미는 다 믿고 받았

으며, 성문 대중 가운데 믿고 이해하는 이가 있었으나, 그 밖의 천만억 종류의 중생들은 모두 의심을 품었느니라.

109. 부처님께서는 이 경을 설하심에 팔천 겁 동안을 쉬지 않으셨고, 이 경을 다 설하신 뒤 고요한 방에 들어가시어 팔만사천 겁을 선정에 드셨느니라.

110. 이때, 열여섯 보살 사미도 부처님께서 방에서 고요히 선정에 드심을 알고, 각기 법좌에 올라가서 팔만사천 겁 동안 사부대중을 위하여《묘법연화경》을 분별하여 설하니, 하나하나 모두 육백만억 나유타 항하사 중생들을 모두 제도하여 가르치고, 이롭게 하며 기쁘게 하여 그들로 하여금 위 없이 높고 바른 깨달음의 마음을 일으키게 하였느니라.

111. 대통지승 부처님께서는 팔만사천 겁을 지나서 삼매로부터 일어나 법좌에 나아가 편안히 앉으시고 여러 대중에게 말씀하셨느니라.

112. "이 열여섯 보살 사미는 매우 드물게 모두가 육근이 뛰어나고 지혜가 총명하며 일찍이 헤아릴 수 없는 천만억 부처님께 공양하고, 여러 부처님 계신

곳에서 항상 범행을 닦아 부처님의 지혜를 받아 지니며, 중생들에게 지혜를 열어 보여 중생들로 하여금 부처님 지혜에 들어가게 하였으니, 그대들은 모두 이 열여섯 보살을 자주 친근하여 공양하라.

113. 만약 성문과 벽지불과 여러 보살이 이 열여섯 보살이 설하는 경법을 믿고 받아 지니며, 비방하지 않는 사람은 모두 위 없이 높고 바른 깨달음의 부처님 지혜를 얻기 때문이니라."

114. 부처님께서 여러 비구에게 말씀하셨느니라.

"이 열여섯 보살은 항상《묘법연화경》을 즐겨 설하니, 각각의 보살들이 교화한 육백만억 나유타 항하사 중생들이 세세생생에 보살과 함께 태어나서 그로부터 법을 들어 모두 믿고 이해하니, 이러한 인연으로 사만억의 부처님을 만나 뵈옵고 지금까지도 끝나지 아니하였느니라.

115. 비구들이여, 내가 그대들에게 말하노니, 저 부처님의 제자인 열여섯 사미는 이제 모두 위 없이 높고 바른 깨달음을 얻어 시방 국토에서 법을 설하며, 헤아릴 수 없는 백천만억 보살과 성문이 그들의 권속

이 되었노라.

116. 그중에 두 사미는 동방에서 성불하니 첫째 분의 이름은 아촉으로 환희국에 머무르시고, 둘째 분의 이름은 수미정이니라.

117. 동남방에 두 부처님이 계시니 한 분의 이름은 사자음이요, 또 다른 한 분의 이름은 사자상이며,

118. 남방의 두 부처님의 한 분은 이름이 허공주요, 또 한 분 이름은 상멸이며,

119. 서남방의 두 부처님의 한 분은 이름은 제상이요, 또 한 분 이름은 범상이며,

120. 서방의 두 부처님의 한 분은 이름이 아미타요, 또 한 분의 이름은 도일체세간고뇌며,

121. 서북방의 두 부처님의 한 분은 이름이 다마라발전단향신통이요, 또 한분의 이름은 수미상이며,

122. 북방의 두 부처님의 한 분은 이름이 운자재요, 또 한 분의 이름은 운자재왕이며,

123. 동북방의 부처님은 그 이름이 괴일체세간포외이며,

124. 열여섯 째는 나, 석가모니불이니 사바국토에

서 위 없이 높고 바른 깨달음을 이루었노라.

125. 비구들이여, 우리가 전에 사미로 있을 때에 각기 헤아릴 수 없는 백천만억 항하사 중생들을 교화하니, 나를 따라 그들이 법을 들음은 위 없이 높고 바른 깨달음을 위함이니라.

126. 이 여러 중생들은 지금도 성문의 경지에 머물고 있어 내가 항상 위 없이 높고 바른 깨달음으로 교화하니, 이들은 모두 이 법으로써 부처님 도에 들게 되리라.

127. 이는 여래 지혜는 깊고 먼 것이므로 어렵고 알기도 어렵기 때문이니라.

128. 사미로 있을 때에 교화한 헤아릴 수 없는 모래 같은 중생들이란, 그대 비구들과 내가 멸도한 뒤 미래 세상에 태어날 성문 제자들이니라.

129. 내가 멸도한 뒤에 또 제자가 있어, 이 경을 듣지 못하고 보살의 행할 바를 알지도 못하며 깨닫지도 못하면서, 자기가 얻은 공덕으로 멸도하였다는 생각을 내어 열반에 든다고 하면,

130. 내가 다른 나라에서 이름을 달리하여 성불하

여서 이 사람이 비록 멸도하였을지라도 이 경을 얻어 듣게 하리라. 오직 일불승만으로 멸도를 얻을 것이요, 다시 다른 승은 없으나 여래들의 방편 설법은 제외하니라.

131. 비구들이여, 만일 여래께서 열반할 때에 이르러 대중들이 청정하여 믿음과 이해가 견고하며, 법의 공한 속성을 깨달아서 선정에 들어갈 줄 알면 여러 보살과 성문들을 모아 놓고 그들을 위하여 이 경을 설하리라. 세간에서는 이승으로는 멸도를 얻을 수 없고, 오직 일불승으로만 멸도를 얻을 수 있노라.

132. 비구들이여, 마땅히 알라. 여래는 방편으로 중생의 성품 속에 들어가서 그들 뜻이 소승법을 좋아하며 오욕에 깊이 탐착함을 알고, 이들을 위하는 까닭으로 열반이라 설하나니 이들이 듣게 되면 곧 믿어 받아들일 것이니라.

133. 비유하면 오백 유순이나 되는 험난하고 나쁜 길이 절벽으로 막혔으며, 사람의 발자국마저 끊어진 무서운 곳을 많은 대중들이 이 길을 지나서 보배가 있는 곳에 이르려고 할 때에,

134. 한 인도자가 있어서 총명한 지혜로 밝게 통달하여 험난한 길이 통하고 막힌 곳을 잘 알아 여러 사람을 거느리고 이 험난한 곳을 통과하고 있을 때,

135. 사람들이 길 가운데에 싫증을 내며 인도자에게 말하기를,

'우리들은 피로하고 지쳤으며 무서워서 더 갈 수 없는 곳입니다. 앞길이 아직도 멀고 머니 이제 되돌아 갈까 합니다.' 하니,

136. 인도자는 방편이 많으므로 생각하였느니라.

'이들은 참으로 불쌍하구나. 어찌하여 많은 보배를 버리고 돌아가려 하는가.'

그리고는 방편을 써서 험난한 길 가운데에 삼백 유순을 지나서 한 성을 만들어 놓고 여러 사람들에게 말하였느니라.

137. '그대들은 무서워하지 말고 되돌아가지 말라. 이제 이 큰 성에 들어가면 뜻대로 할 수 있다. 만일, 이 성에 들어가면 편안함을 얻으리라. 만일 앞의 보배 있는 곳에 이르고자 하더라도 또한 갈 수 있느니라.'

138. 이때, 피로에 지친 사람들이 마음에 크게 기뻐

하며 일찍이 없던 것이라 찬탄하였느니라.

'우리들이 이제야 이 험한 길 모면하고 안온을 얻었도다.'

139. 이 모든 사람들이 앞에 있는 변화로 된 성에 들어가서 다 왔다는 생각을 내며 편안하다는 생각을 내었느니라.

140. 이때, 인도자는 이 사람들이 휴식을 얻어 피로하지 않음을 알고 곧 변화로 된 성을 없애고 여러 사람에게 말하였느니라.

141. '그대들아, 어서 가자. 보물이 있는 곳이 가까우니라. 먼저 있던 큰 성은 내가 만들어서 쉬어 가게 한 것이다.'

142. 비구들이여, 여래도 그와 같아서 지금 그대들을 위하여 큰 인도자가 되어서,

143. 온갖 생사번뇌의 악한 길이 험난하고 멀건만 마땅히 떠나고 마땅히 건너야 할 것을 아느니라.

144. 만일 중생에게 부처님의 지혜인 최고의 경지를 가르친다면, 부처님을 뵈오려고 하지도 않고 친근하려고 하지도 않으며 생각하기를,

'부처님 도는 멀고 멀어서 오래 닦고 고생을 해야 이룰 수 있으리라.' 고 하느니라.

145. 부처님은 그들의 마음이 약하고 열등함을 알아 방편의 힘으로써 길 가운데에서 쉬도록 하기 위해 두 가지 열반을 설하신 것이니라.

146. 만일 중생이 이 두 경지에 머무르면 여래는 그들을 위하여 설하노라.

'그대들은 할 일을 아직 다하지 못하였다. 그대들이 머물러 있는 경지는 부처님 지혜에 가까우니, 관찰하고 헤아려라. 그대들이 얻은 열반은 진실한 것이 아니요, 다만 여래가 방편으로써 오직 하나의 깨달음에 이르는 길인 일불승을 분별하여 삼승으로 설한 바니라.'

147. 마치 저 인도자가 쉬어가게 하기 위하여 신통력으로 큰 성을 만들어 피로가 가셨음을 알고 그들에게 말하기를,

'보배 있는 곳이 가까우니라. 이 성은 진실이 아니요, 내가 신통으로 만들었을 뿐이라.' 함과 같노라.

148. 이때, 세존께서 이 뜻을 펴시려고 게송으로 말

씀하셨다.

149. 대통지승 여래께서 　도량에 앉아 십 겁 동안
　　　부처님 법 뵙지 못해 　성불하지 못하였네.

150. 하늘 귀신 용왕들과 　아수라의 무리들이
　　　하늘 꽃비 항상 내려 　그 부처님 공양하며
　　　모든 하늘 북을 올려 　기악들을 연주하며
　　　향기롭게 부는 바람 　새로운 꽃 또 내리며
　　　십 소겁 지난 뒤에 　부처님 도를 이루니
　　　하늘과 세상 인간들 　마음이 기뻐 뛰네.

151. 저 부처님 십육 왕자 　천만억의 권속들로
　　　공경 받고 둘러싸여 　부처님을 찾아가서
　　　머리 숙여 예배하고 　법륜을 간청하오니
　　　성자시여, 법비 내려 　그득하게 하옵소서.

152. 세존 뵙기 어려워라. 　오랜 세월 한 번으로
　　　중생을 깨우치려 　모두를 진동 시키네.

153. 동방 여러 세계들과 오백만억 국토마다
    범천 궁전 비춘 큰 빛 일찍 없던 것이라.

154. 상서로움 만난 범천들 부처 도량 찾아가서
    하늘꽃을 공양하고 좋은 궁전 바치면서

155. 전법륜을 청하고서 게송으로 찬탄하네.
    때가 아직 아니노라 묵묵하게 계시더니
    삼방과 사유 상하 온 세상의 범천들도
    꽃과 궁전 공양하며 위 없는 법 청하옵네.

156. 뵙기도 어려운 세존 본래의 대자비로
    감로의 문 넓게 열어 무상 법륜 굴리소서.

157. 무량 지혜 세존께서 간절한 청 받으시어
    네 진리와 십이인연 여러 가지 설하신 법
    무명에서 노사까지 그 인연은 날 때부터
    이와 같은 많은 환난 너희 모두 겪으리라.

158. 이 법 널리 설하실 때 　육백만억 많은 중생
　　　모든 고통 여의시어 　아라한을 다 이루네.

159. 제이의 설법할 때 　　천만억의 항하 중생
　　　세간 법을 받지 않아 　아라한을 이루오며
　　　그 후부터 도 이룬 이 　셀 수 없이 수가 많아
　　　만억 겁을 헤아려도 　끝간 데를 알 수 없네.

160. 그때 십육 왕자들이 　출가해서 사미 되어
　　　부처님께 청하는 말 　대승법을 설하소서.

161. 우리들과 따라온 이 　부처님 도 이루도록
　　　청정하기 제일 가는 　지혜 눈 얻게 하옵소서.

162. 동자들의 그 마음과 　지난 세상 행한 일들
　　　부처님은 다 아시고 　셀 수 없는 비유로써
　　　육바라밀 설하시고 　여러 신통한 일 보여
　　　진실하고 참다운 법 　보살도를 분별하사
　　　항하 모래 같은 게송 　《법화경》을 설하시네.

163. 설법 마친 그 부처님　　고요한 데 선정 들어
　　　　팔만사천 겁 동안을　　한 자리에 앉아 계셔

164. 십육 여러 사미들도　　깊은 선정 드심 알고
　　　　무량억의 중생 위해　　무상 지혜 설하려고
　　　　법의 자리 각기 나가　　대승경을 설하고서
　　　　부처님 열반하신 뒤　　법을 펴서 교화하되
　　　　하나하나 사미들이　　제도한 여러 중생들
　　　　그 수가 육백만억　　항하 모래 같은 무리.

165. 그 부처님 열반한 뒤　　일승법을 들은 이는
　　　　부처님의 국토마다　　스승과 함께 나리라.

166. 열여섯 여러 사미　　부처님 도 다 갖추어
　　　　지금 현재 사방에서　　정각 모두 이루었네.

167. 그때 법문 들은 이들　　부처님 계신 곳에서
　　　　성문승에 머무르니　　불도 들게 교화하네.

168. 나도 십육 왕자일 때　　너희 위해 설했으니
　　　이런 일로 방편 써서　　불 지혜에 인도하며

169. 본래 이런 인연으로　　《법화경》을 설하여서
　　　불도에 들게 하니　　　놀라고 두려워 말라.

170. 비유하면 험악한 길　　인적 없고 맹수 많고
　　　물도 없고 풀도 없어　두렵기 한 없는 곳
　　　무수한 천만 대중들　　건너가려 하지만은
　　　멀고도 거친 그 길　　길이가 오백 유순

171. 그때에 한 도사　　　　잘 알고 지혜 있어
　　　명료하게 통달하여　　험한 길을 인도할 때

172. 모든 중생 피로하여　　도사에게 하는 말이
　　　지금 우리 지쳤으니　돌아가려 하나이다.

173. 그 말 들은 도사 생각　이 무리가 불쌍하다.
　　　진귀한 보물을 두고　돌아가려 하는구나.

174. 방편을 생각하고   신통한 힘 베풀어서
　　　변화로 큰 성 지으니   장엄한 여러 사택들
　　　동산 수풀 둘러 있고   많은 시내 연못이며
　　　중문과 높은 누각   남녀들이 충만하고
　　　이런 변화 다 마친 뒤   위로하여 하는 말이
　　　이 성 안에 들어가면   마음대로 즐기리라.

175. 모든 사람 성에 들어   마음 크게 기뻐하고
　　　안온한 생각으로   제도라고 생각하니
　　　휴식된 줄 도사 알고   대중에게 하는 말이
　　　너희들은 떠나거라   이것은 환상의 성
　　　피로 심한 너희들이   중도에 돌아설 새
　　　방편의 큰 힘으로   이런 성을 지었으니
　　　너희들은 정진하여   보물 있는 곳에 가라.

176. 나도 또한 이와 같이   모두의 도사 되어
　　　부처님 도 구하는 이   중도에서 게을러져
　　　나고 죽는 모든 고통   번뇌스런 험한 길에
　　　큰 방편 힘으로써   열반법을 설하시되

고를 멸한 너희들은 　할 일을 다 했노라.

177. 이미 열반에 이르러 　아라한인 줄 알기에
　　 이에 대중 크게 모아 　진실한 법 설하노라.

178. 부처님의 방편으로 　삼승이라 분별하나
　　 있는 것은 일불승뿐 　삼승설은 휴식할 곳
　　 너희들이 얻은 것은 　참 멸도가 아니니라.

179. 부처님의 모든 지혜 　얻으려면 정진하라.
　　 그대들이 모든 지혜 　십력불법 증득하여
　　 삼십이상 갖추어야 　진실한 열반이라.

180. 도사이신 부처님들 　열반 설해 휴식시켜
　　 휴식이 끝남 알면 　불 지혜에 인도하리.

8. 오백제자수기품(五百弟子授記品)

1. 그때, 부루나 미다라니자는 부처님께서 지혜 방편으로 근기 따라 설법하심을 들으며, 여러 큰 제자들에게 위 없이 높고 바른 깨달음을 수기하심을 보고, 다시 지난 세상의 인연을 들으며 부처님들의 대자재신통력이 있음을 보고, 일찍이 없던 기쁨을 얻어 부처님 발에 예배하고 한쪽에 머물러 부처님의 거룩한 얼굴을 우러러 눈을 잠시도 떼지 않으며,

2. 이렇게 생각하였다.

'세존은 매우 뛰어나시고, 어떤 일이라도 능히 해결해주시며 세상에서 극히 드문 분이시다. 세간의 여러 가지 성품을 따라 방편지견으로써 법을 설하시어 중생들이 얽매임에서 떠나게 하여 주시니, 우리들은 부처님의 공덕을 말로 다 나타낼 수 없지만, 오직 부처님께서는 우리들의 깊은 마음을 아시리라.'

3. 이때, 부처님께서 여러 비구에게 말씀하셨다.

"그대들은 이 부루나 미다라니자를 보느냐. 나는 항상 설법하는 사람 가운데에서 그가 가장 으뜸이라 말하며, 또 항상 그의 여러 가지 공덕을 찬탄하였노라.

4. 부지런히 정진하여 나의 법을 지키고, 도를 펴며, 사부대중에게 보여주고 가르쳐 이롭게 하며, 부처님의 바른 법을 다 갖추도록 해석하여 범행을 닦는 사람들을 크게 이롭게 하니, 여래를 제외하고는 그의 언론의 변재를 당할 자 없노라.

5. 그대들은 부루나가 내 법만을 지키고 도와 편다고 여기지 말라. 과거의 구십억 여러 부처님 계신 곳에서도 부처님의 바른 법을 받들어 지니고 도와서 설법하는 사람 가운데에 으뜸이었으며, 여러 부처님이 설하신 법의 공한 도리 밝게 알고 통달하여 네 가지 막힘 없는 이해와 표현의 능력인 사무애지를 얻어, 항상 자세히 살펴 맑고 깨끗하게 설법하여 의혹이 없었으며, 보살의 신통력을 다 갖추어 목숨이 다하도록 항상 범행을 닦았으므로, 그 부처님 당시의 사람들이 모두 말하되 '이분이야말로 참다운 성문이다.' 라고 하였느니라.

6. 부루나는 이런 방편으로 헤아릴 수 없는 백천 중생을 이롭게 하며, 헤아릴 수 없는 아승지의 사람들을 교화하여 위 없이 높고 바른 깨달음을 일으키게 하였으며, 부처님 국토를 맑고 깨끗하게 하기 위하여 항상 부처님을 위한 일을 하고 중생을 교화하였노라.

7. 비구들이여, 부루나는 과거 칠불 때에도 설법하는 사람 중에 으뜸이었으며, 지금 내가 머무르는 곳에서도 설법하는 사람 중에서 으뜸이 되며, 지금의 겁 앞으로 여러 부처님의 법을 설하는 사람 중에서도 제일이어서 부처님 법을 받들어 지니고 도우며 펴고, 미래에도 헤아릴 수 없고 가이없는 부처님의 법을 받아 지니고 도와 펴며, 헤아릴 수 없는 중생을 교화하고 이롭게 하여 위 없이 높고 바른 깨달음을 일으키게 하리라.

8. 그는 불국토를 맑고 깨끗하게 하기 위하여, 항상 부지런히 정진하며 중생을 교화하고, 점점 보살도를 다 갖추리라.

9. 그가 헤아릴 수 없는 아승지겁을 지나 이 땅에서 위 없이 높고 바른 깨달음을 얻으니, 이름을 법명여

래 응공·정변지·명행족·선서·세간해·무상사·조어장부·천인사·불세존이라 하리라.

10. 그 부처님은 항하의 모래같이 많은 삼천대천세계를 하나의 불국토로 하되, 칠보로 땅이 되고 평탄하기 손바닥같아, 산 언덕과 구렁과 계곡이 없으며, 칠보로 만든 누각이 그 가운데 가득 차고 모든 하늘 궁전들이 가까운 허공에 있어서 사람·하늘이 가까이 닿아 서로서로 볼 수 있으며, 여러 가지 나쁜 것도 없고, 여인도 없으며, 모든 중생이 모두 자연히 태어날 것이므로 음욕이 없느니라.

11. 큰 신통을 얻어 몸에서 밝은 빛이 나고, 공중을 자유로이 날아다니며, 뜻과 생각이 곧고 부지런히 정진하니 지혜가 있어 모두 몸이 금빛이며 서른두 가지 모습으로 장엄하느니라.

12. 그 나라 중생은 항상 두 가지 음식을 먹으니, 첫째는 법문 듣는 식이요, 둘째는 선정에 드는 것을 기뻐하는 식이니라.

13. 헤아릴 수 없는 아승지 천만억 나유타 보살 대중들이 있어 그들도 대신통과 네 가지 걸림 없는 지

혜를 얻어서 중생들을 교화하며, 나라 성문 대중들을 산수로 계산하여도 알 수 없이 많으나 다 육통과 삼명과 팔해탈을 얻어 갖추느니라.

14. 그 부처님 국토는 이와 같이 헤아릴 수 없는 공덕으로 장엄되고 성취되리라.

15. 겁의 이름은 보명이요, 나라 이름은 선정이며, 그 부처님 목숨은 헤아릴 수 없는 아승지 겁이요, 법이 머묾도 매우 오래 가니, 부처님 멸도한 뒤에 칠보탑을 그 나라에 두루 세우리라."

16. 그때, 세존께서 이 뜻을 펴시려고 게송으로 말씀하셨다.

17. 비구들아 잘 들어라.　　불자 행하는 여러 도
　　방편으로 배워 행함　　너희들은 불가사의
　　중생들 소승법 즐겨　　지혜를 두려워함을
　　미리 아는 여러 보살　　성문 연각 다시 되어
　　셀 수 없는 방편으로　　여러 중생 교화하며

18. 나는 진실한 성문승　　불도 매우 크고 멀어

셀 수 없는 중생 제도　　모두 다 성취케 하며
마음 비록 게을러도　　점점 닦아 부처 이루며
안으로 보살행 있고　　겉으로 성문 모양
소욕하고 생사 얽혀도　　불토 청정케 하려는 뜻

19. 삼독을 드러내어　　삿된 견해 나타내는
　　나의 제자 이런 일로　　방편 써서 중생 제도
　　내가 갖춰 나타내어　　갖가지 변화 말하면
　　이를 들은 모든 중생　　마음에 의혹 품네.

20. 여기 있는 부루나는　　옛날 천억 부처 처소
　　부지런히 도를 닦아　　모든 불법 연설하며
　　지혜를 구하기 위해　　부처님 계신 곳에서
　　제자로 있을 때도　　큰 지혜가 있었으며
　　설법함에 두려움 없어　　중생들을 기쁘게 하니
　　피곤함도 전혀 없어　　부처님을 잘 도우며
　　이미 큰 신통을 얻고　　걸림 없는 지혜 갖춰
　　중생을 따라가며　　청정한 법 설하노라.

21. 이와 같이 깊은 뜻을　　천억 중생 가르쳐서
　　 대승법 머물게 하니　　불국토 청정해지네.
　　 셀 수 없이 많은 부처　　친히 뵙고 받들면서
　　 바른 법을 보호하니　　불국토 청정해지네.
　　 항상 여러 가지 방편　　어려움 없는 법 설해
　　 많은 중생 제도하여　　모든 지혜 성취케 해
　　 모든 여래 공양하며　　법보장을 받드나니
　　 뒷 세상에 성불하면　　그 이름은 법명이라.

22. 나라 이름 선정이니　　모든 것 칠보로 장엄
　　 겁의 이름 보명이니　　보살 대중 매우 많아
　　 셀 수 없는 무량 억　　모두 다 신통 얻어
　　 힘 또한 두루 갖추니　　나라 안의 곳곳마다
　　 성문 또한 무수하되　　삼명과 팔해탈과
　　 사무애지 얻은 이들　　이런 이들 승보되니
　　 국토의 모든 중생들　　화생하여 태어나니
　　 음욕 이미 끊어져서　　장엄스런 좋은 상호
　　 법희선열 음식 삼아　　다른 생각 전혀 없어
　　 여인은 있지 않으니　　악한 길도 또한 없네.

23. 지금 여기 부루나는　　공덕 원만 이루어서
　　　깨끗한 이 정토 안　　거룩한 많은 성인
　　　셀 수 없는 이런 일을　간략하게 말했노라.

24. 이때, 천이백 아라한으로서 마음이 자재한 이들이 이런 생각을 하였다.

'우리는 일찍이 없던 기쁜 것을 얻었으니, 만일 세존께서 우리에게도 다른 큰 제자들과 같이 수기해 주신다면 또한 얼마나 기쁘랴.'

25. 부처님께서 이들이 생각하는 마음을 아시고 마하가섭에게 말씀하시었다.

26. "이들 천이백 아라한에게 이제 차례로 위 없이 높고 바른 깨달음의 수기를 해 주겠노라.

27. 이 대중 가운데 나의 큰 제자 교진여 비구는 앞으로 육만억 부처님께 공양한 뒤에 성불하니, 이름은 보명 여래·응공·정변지·명행족·선서·세간해·무상사·조어장부·천인사·불세존이라.

28. 그 오백의 아라한인 우루빈나가섭·가야가섭·나제가섭·가루타니·우타이·아누루타·이바

다 · 겁빈나 · 박구라 · 주타사가타 등도 모두 위 없이 높고 바른 깨달음을 얻어 다 같이 이름을 보명이라 하리라."

29. 이때, 세존께서 이 뜻을 펴시려고 게송으로 말씀하셨다.

30.　나의 제자 교진여는　　무량 부처 친히 뵙고
　　　　아승지 세월 지낸 뒤　　무상 정각 이룩하며
　　　　항상 큰 빛 밝게 놓고　　여러 가지 신통 갖춰
　　　　그 이름이 시방세계　　일체 모두 공경하니
　　　　위 없는 도 항상 설해　　이름이 보명이라.

31.　그 부처님 국토 청정　　보살 모두 용맹스러워
　　　　미묘한 누각에 올라　　시방 국토 거닐면서
　　　　훌륭한 공양구로　　　여러 부처 공양하며
　　　　여러 공양 마친 뒤에　　기쁜 마음 그득 품고
　　　　잠깐 사이에 본국 오니　신통한 힘 이와 같네.

32.　교진여불 수명 육만　　정법 머물기 십이만 겁

상법 또한 정법 두 배	법이 멸한 뒤 천인 근심

33. 오백 비구 범행 닦아 　　차례로 부처 이루니
　　　이와 같이 점차 수기 　　이름 모두 보명이라.

34. 내가 장차 멸도 뒤에 　　모두 반드시 성불해
　　　그 부처 교화 세계도 　　오늘날 세상처럼

35. 국토 장엄 청정하고 　　여러 신통 두루 갖춰
　　　보살 성문 많은 대중 　　세상 머문 정법 상법
　　　그 수명 겁수 많아 　　헤아릴 자 없느니라.

36. 가섭아, 네가 알 듯 　　오백 제자 아라한과
　　　다른 성문 여러 대중 　　그 모두 이와 같다.
　　　이곳 못 온 이들에게 　　네가 설법하여 주어라.

37. 이때, 오백 아라한이 부처님 앞에서 수기를 얻고 기뻐하며 자리에서 일어나 부처님 앞에 나아가서 머리 숙여 부처님 발에 예배하고, 참회하며 말하였다.

38. "세존이시여, 저희들은 항상 생각하기를 이미 구경열반 얻었다고 하였더니 이제 알고 보니 무지한 자와 다를 바 없었습니다.

39. 왜냐하면 저희들은 여래의 지혜가 있건만, 조그마한 지혜로 만족한 탓입니다.

40. 세존이시여, 비유하면 어떤 사람이 친구의 집에 갔다가 술에 취하여 자는데, 그때 친구는 관청 일로 떠나면서 값을 따질 수 없는 보배 구슬을 그의 옷속에 넣어주고 갔더이다.

41. 그 사람은 취하여 자고 있었으므로 전혀 알지 못하고 일어나자 다시 유랑하여 다른 나라에서 의식을 구하기 위해 부지런히 버느라고 고생이 심했으며, 조그마한 소득이 있어도 그것으로 족하게 여겼습니다.

42. 먼 훗날 그 친구는 그 사람을 만나 그런 모습을 보고 이렇게 말하였더이다.

'이 친구야, 어찌 의식을 위하여 이 지경이 되었는가. 내가 예전에 그대에게 안락을 얻고 오욕락을 마음대로 누리라고, 아무 해 아무 달 아무 날에 값을 따질 수 없는 보배 구슬을 그대의 옷 속에 넣어 놓았는데, 지금도 그대는 알지 못하고 고생하고 근심하며 구차하게 살다니, 심히 어리석구나. 그대 이제 이 보배로 필요한 것을 사거나 바꾸면 언제나 뜻과 같이 되어 모자람이 없으리라.'

43. 부처님께서도 그와 같아서 보살로 계실 때에 저희들을 교화하며, 모든 지혜 구하는 법을 가르쳐 주었건만, 이를 잊어버리고 알지도 못하며 깨닫지도 못하고, 아라한도를 얻은 것으로 멸도한 것이라 생각하여 살기가 어려워 조금 얻고도 만족하게 여겼으나 모든 지혜를 얻고자 하는 서원은 남아 있습니다.

44. 이제 세존께서 저희들을 깨닫게 하시려고 이렇게 말씀하셨습니다.

'여러 비구여, 그대들이 얻은 것은 구경열반의 멸도가 아니다. 내가 오랜 옛적부터 그대들에게 부처님의 선근을 심도록 방편으로 열반의 모습을 보였건만, 그대들은 진실로 멸도를 얻었다고 여기느니라.'

45. 세존이시여, 저희들이 이제야 참으로 보살로서 위 없이 높고 바른 깨달음의 수기를 받았음을 알았습

니다. 이러한 인연으로 매우 기뻐하며, 일찍이 없던 기쁨을 얻었습니다."

46. 이때, 아야교진여 등이 이 뜻을 펴려고 게송으로 말하였다.

47. 저희들은 위 없는   수기 주는 음성 듣고
없던 기쁨을 얻어   부처님의 무량 지혜
저희들이 세존 앞에   여러 허물 뉘우치며
셀 수 없는 무량 불보   한 조각의 열반 얻고
지혜 없고 어리석어   만족하게 생각했네.

48. 비유하면 가난한 이   친구 집에 감과 같네.
그 친구 큰 부자로써   여러 음식 대접하고
값 비싼 많은 보배   옷 속에 넣어주고
바쁜 일로 밖에 가니   그 사람은 알지 못해
얼마 뒤에 그 집 나와   멀리 타국 이르러서
옷 밥 집 구하느라   몸과 마음 구차하네.
적은 것을 만족하여   그 이상 바람 없이
옷 속에 많은 보배   깨닫지 못한 중에

보배 구슬 주던 친구	빈궁한 친구 만나
몹시 책망 하면서	매어준 보주 보이니,
가난한 자 그것 보고	마음 크게 기뻐하네.

49. 부자가 된 그 친구는   오욕락을 마음대로
    저희들도 이와 같이   세존께서 긴 세월을
    불쌍한 중생 교화   위 없는 바람 심어주나
    우리 근기 무지하여   깨닫지도 못하고서
    열반 보배 가운데에   아주 적은 일분 얻고
    우리가 깨달았다   만족하고 즐겼었네.

50. 불지혜를 얻게 하려   참멸도가 아니라며
    불지혜를 얻어야만   참멸도라 말씀하시니
    부처님 앞의 저희들   수기하는 장엄한 일과
    차례차례 받음을 듣고 몸과 마음 기뻐하네.

9. 수학 무학인기품(授學 無學人記品)

1. 그때, 아난과 라후라가 이런 생각을 하였다.

'우리들도 만일 수기를 얻게 되면 얼마나 좋을까.'

2. 곧 자리에서 일어나 부처님 앞에 나가 머리 숙여 발에 예배하고 부처님께 말하였다.

3. "세존이시여, 저희도 닦고 있으니 여래께서는 저희들이 돌아갈 곳이 있게 하소서. 저희들은 온갖 세간의 하늘과 사람과 아수라들이 보고 아는 일이며, 아난은 항상 시자가 되어 법장을 수호하여 지녔고, 라후라는 부처님의 아들이오니 부처님께서 위없이 높고 바른 깨달음의 수기를 주신다면 저희 소원도 만족하겠으며, 여러 중생들의 바람도 또한 만족할까 합니다."

4. 이때, 배우는 이와 다 배운 이와 성문 제자 이천 명이 다 자리로부터 일어나 오른쪽 어깨를 드러내고 부처님 앞에 나아가 한마음으로 손 모으고 세존을 우

러러보며 아난과 라후라의 바람과 같이 하고 한쪽에 물러나 있으니,

5. 이때, 부처님께서 아난에게 말씀하셨다.

"그대는 오는 세상에 성불하니 그 이름은 산해혜자재통왕여래·응공·정변지·명행족·선서·세간해·무상사·조어장부·천인사·불세존이라. 육십이억 부처님께 공양 올리고 법장을 수호한 뒤에 위 없이 높고 바른 깨달음을 얻고,

6. 이십천만억 항하의 모래같이 많은 보살을 교화하여 그들로 하여금 위 없이 높고 바른 깨달음을 이루게 하니,

7. 나라의 이름은 상립승번이요, 그 국토는 청정하며 땅은 유리로 되니, 겁의 이름은 묘음변만이라.

8. 그 부처님 수명은 헤아릴 수 없는 천만억 아승지겁이니 어떤 사람이 천만억 헤아릴 수 없는 아승지겁 동안 헤아릴지라도 능히 알지 못하며, 정법의 세간에 머무르기는 부처님 수명의 두 배가 되고 상법은 다시 정법 수명의 두 배가 되리라.

9. 아난아, 이 산해혜자재통왕불을 시방세계 무량

천만억 항하의 모래같은 부처님들께서 다 함께 그 공덕을 찬탄하고 칭찬하시리라."

10. 그때 세존께서는 이 뜻을 거듭 펴시려고 게송으로 말씀하시었다.

11.   대중에게 말하노니   아난은 법을 들어
     여러 부처 공양하고   정각을 이루면은
     산해혜자재통왕불   그 부처님 나라 청정
     나라 이름 상립승번   많은 보살 교화하며

12.   훌륭하신 그 부처님   그 이름 시방에 퍼져
     끝없는 부처님 수명   어리석은 중생 위해
     정법은 부처 수명 두 배   상법은 정법 두 배
     항하의 모래 같은   부처 인연 심으리라.

13. 이때, 대중 가운데 새로 부처님의 지혜를 구하려는 보살 팔천 명이 다 이러한 생각을 하였다.

'큰 보살들이 수기 얻는 것을 우리들도 아직 듣지 못하였는데, 어떤 인연으로 여러 성문들이 이와 같은

수기를 받을 수 있는가.'

14. 이때, 세존께서 여러 보살들이 생각하는 바를 아시고 그들에게 말씀하셨다.

"여러 선남자여. 내가 아난과 함께 공왕 부처님이 계신 곳에 있을 때, 같이 위 없이 높고 바른 깨달음을 얻으려는 마음을 일으켰으나, 아난은 항상 듣기를 좋아하고 나는 항상 부지런히 정진하였기에 나는 위 없이 높고 바른 깨달음을 이루었고 아난은 나의 법을 지키며, 또한 미래의 모든 부처님 법장도 지켜서 많은 보살들을 교화하여 성취토록 하니 그의 본래 서원이 그러하였기에 이런 수기를 받은 것이니라."

15. 아난이 부처님 앞에서 수기를 받으며 국토의 장엄함을 듣고 바람을 다 갖추게 되어 즐거운 마음으로 전에 없던 기쁨을 얻으며, 즉시 과거 헤아릴 수 없는 천만억 부처님의 법장을 기억하고 생각해 내니, 통달하여 막힘이 없으되 이제 막 듣는 것 같으므로, 본래의 서원도 알게 되었다.

16. 이때, 아난이 게송으로 말하였다.

17. 거룩하고 높은 세존　　지난 과거 여러 부처
    이제 와 생각해 보니　　오늘 듣는 바와 같이
    품었던 의심 풀려　　　불도에 편히 머물며
    방편으로 제자 되어　　부처님 법 수호하네.

18. 그때, 부처님께서 라후라에게 말씀하셨다.

19. "너는 미래세에 성불하면 이름은 도칠보화여래·응공·정변지·명행족·선서·세간해·무상사·조어장부·천인사·불세존이라.

20. 시방세계의 티끌과 같이 많은 부처님께 공양하며, 항상 여러 부처님의 장자가 되어 지금과 같으리라.

21. 이 도칠보화불의 국토는 아름답게 꾸며지고 수명의 겁수와 교화할 제자와 정법과 상법이 또한 산해혜자재통왕여래와 같으며 또한 이 부처님의 장자가 되리니, 이런 수행을 거친 뒤에 반드시 위 없이 높고 바른 깨달음을 얻게 되리라."

22. 이때, 세존께서 이 뜻을 펴시려고 게송으로 말씀하셨다.

23. 내가 태자였을 때 　　라후라는 나의 장자
　　부처님 도 내 이루니 　　법을 받아 법자 되어
　　오는 세상 셀 수 없는 　　억만 부처 친히 뵙고
　　모든 부처 장자 되어 　　한맘 불도 구하리라.

24. 라후라가 행한 밀행 　　아는 이는 오직 나뿐
　　현재 나의 아들 되어 　　중생에게 보이나니
　　억만이나 끝이 없는 　　헤아릴 수 없는 공덕
　　불법에 편히 머물러 　　위 없는 길 구하니라.

25. 이때, 세존께서 배우는 이와 다 배운 이 이 천 명을 보니 그 뜻이 유연하고 고요하며 청정하여 한마음으로 부처님을 우러러보는지라, 부처님께서 아난에게 물어 보셨다.

"너는, 이 배우는 이와 다 배운 이 이천 명을 보느냐?"

"예, 보나이다."

26. "아난아, 이 사람들은 오십세계 티끌의 수효 같은 많은 부처님을 공양·공경하고 존중하며, 법장을

호지하여 이후에 다 같이 시방국토에서 각각 부처님이 되나니, 이름은 다 같아서 보상여래·응공·정변지·명행족·선서·세간해·무상사·조어장부·천인사·불세존이라.

27. 그 부처님의 수명은 일겁이요, 국토의 장엄함과 성문·보살·정법·상법이 모두 같느니라."

28. 이때, 세존께서 이 뜻을 펴시려고 게송으로 말씀하셨다.

29. 내 앞에서 법을 듣는　　이천의 성문들은
　　　모두 큰 수기 얻어　　　오는 세상 성불하리.
　　　셀 수 없이 많은 부처　　찾아뵙고 공양하며
　　　깊은 법장 받들어서　　　바른 깨달음 이룩하리.
　　　그 부처님 시방국토　　　한 가지로 이름 얻어
　　　청정도량에 앉으사　　　위 없는 지혜 얻으리라.
　　　그들 이름 보상이며　　　장엄한 나라 많은 제자
　　　그 세상에 정법 상법　　하나같이 일 겁이라.
　　　부처님들 신통으로　　　시방 중생 제도하며
　　　높은 이름 널리 퍼져　　점차 열반에 드네.

30. 이때, 아직 배우는 이와 다 배운 이 이천 명이 부처님의 수기를 얻고 뛸 듯이 기뻐하며 게송으로 말하였다.

31. 세존의 밝은 지혜 등불 우리에게 수기하시니
　　　환희로운 기쁨이여　　　감로수 받음 같네.

10. 법사품(法師品)

1. 그때, 세존께서 약왕보살을 비롯하여 팔만 대사에게 말씀하셨다.

2. "약왕이여, 그대는 이 대중 가운데 헤아릴 수 없는 여러 하늘·용왕·야차·건달바·아수라·가루라·긴나라·마후라가·사람인 듯 아닌 듯한 무리들과 비구·비구니·우바새·우바이와 성문 구하는 이와 벽지불 구하는 이와 부처님 도를 구하는 이를 보는가.

3. 이와 같은 대중들이 다 부처님 앞에서《묘법연화경》의 한 게송 한 구절이라도 듣고 한 생각으로 기뻐하는 이들에게는 내가 다 수기를 주어 위 없이 높고 바른 깨달음을 얻게 하리라."

4. 부처님께서 약왕보살에게 말씀하셨다.

5. "여래가 멸도하고 난 뒤라도 어떤 중생이《묘법연화경》의 한 게송이나 한 구절이라도 듣고 한 생각

으로 기뻐하는 이에게는 내가 모두 위 없이 높고 바른 깨달음의 수기를 주리라.

6. 또 어떤 사람이 이 《묘법연화경》의 한 게송이라도 받아 지니고 읽고 외우며 풀이하고 베껴 쓰거나, 《묘법연화경》을 공경하기를 부처님과 같이 하며 갖가지 꽃과 향과 영락이며 말향·도향·소향과 증개·당번·의복·기악으로 공양하고 합장하며 공경한다면,

7. 약왕이여, 마땅히 알라. 이 사람들은 일찍이 십만억 부처님께 공양하고 여러 부처님이 계신 곳에서 큰 바람을 성취하였으나, 중생을 불쌍히 생각하는 마음으로 인간에 태어난 것이니라.

8. 약왕이여, 어떤 사람이 묻기를 어떠한 중생이 미래세에 성불하느냐고 물으면 이와 같은 사람들이 미래세에 반드시 성불한다고 답하라.

9. 왜냐하면 선남자 선여인이 《법화경》의 한 구절만이라도 받아 지니고 읽고 외우며 풀이하고 베껴 써서 갖가지로 이 경전에 공양하되, 꽃과 향과 영락·말향·도향·소향·증개·당번·의복·기악 등으

로 공양하고 합장·공경하면, 이 사람은 온갖 세간이 우러러 받들 것이며 마땅히 여래에게 공양하듯이 공양해야 하기 때문이니라.

10. 마땅히 알라. 이 사람은 대보살이라 위 없이 높고 바른 깨달음을 성취하였으되, 중생을 가엾이 여겨서 이 세상에 태어나기를 원하여 《묘법연화경》을 널리 분별하여 연설하니, 이 경을 모두 받아 지니고 갖가지로 공양하는 사람은 비유할 수 없는 보살이니라.

11. 약왕이여, 이 사람은 청정한 업보를 버리고 내가 멸도한 뒤에 중생을 가엾이 여겨 악한 세상에 태어나서 이 경을 널리 연설하리라.

12. 만일 선남자 선여인이 내가 멸도한 뒤에 한 사람만을 위하여 《법화경》의 한 구절이라도 설한다면, 이 사람은 곧 여래의 사절이며 여래가 보낸 이며 여래의 일을 행하는 자이니, 어찌 대중 가운데서 많은 사람을 위하여 널리 설한 공덕을 말할 수 있겠느냐.

13. 약왕이여, 만일 악한 사람이 좋지 못한 마음으로 일 겁 동안 부처님 앞에 나타나 항상 부처님을 헐뜯고 욕하더라도 그 죄는 오히려 가벼우나, 만일 어

떤 사람이 한 마디라도 나쁜 말로 재가자거나 출가자거나 《법화경》 읽고 외우는 사람을 헐뜯으면 그 죄는 매우 무거우니라.

14. 약왕이여, 《법화경》 읽고 외우는 사람은 부처님의 장엄으로써 자신도 장엄하며 여래의 어깨와 같으니, 그가 가는 곳마다 따라가서 예배하라. 한마음으로 합장하고 공경·공양하고 존중·찬탄하되 꽃과 향과 영락·말향·도향·소향·증개·당번·의복·음식과 여러 음악을 연주하여, 인간의 가장 좋은 공양물로 공양하고 하늘의 보배를 가져다가 뿌릴 것이며, 천상의 보배더미를 마땅히 바쳐야 하느리라.

15. 이 사람이 기뻐하는 마음으로 법을 설할 때에 잠깐이라도 듣는다면 곧 위 없이 높고 바른 깨달음을 얻게 되기 때문이니라."

16. 이때, 세존께서 이 뜻을 펴시려고 게송으로 말씀하셨다.

17. 부처님 도에 머물러   자연 지혜 이루려면
   《법화경》을 받아 지녀   부지런히 공양하라.

18. 온갖 지혜 얻으려면　　어느 중생 마찬가지
　　이 경을 받아 지녀　　　공양하고 모실지라.

19. 만일 어떤 중생들이　　《법화경》을 받아 지니면
　　부처님의 사자로서　　　중생 구제 위한 자라.

20. 이 경전 받은 이는　　　청정한 많은 국토
　　스스로 싫다 하고　　　이런 곳에 났느니라.

21. 바로 알라, 이런 사람　자재로이 탄생하여
　　악한 세상 태어나서　　위 없는 법을 설해
　　하늘 꽃과 하늘 향과　보배로운 의복들과
　　아름다운 보물들로　　설법자를 공양하라.

22. 내 멸도 뒤 악한 세상　《법화경》 가진 이들
　　세존께 공양하듯　　　손 모으며 공경하고
　　맛이 있고 좋은 음식　가지가지 의복들로
　　이 불자께 공양하고　잠시라도 들을지라.

23. 후세에 어떤 사람　　　이 경전 받아 지녀
　　 내가 보낸 사자로서　　 여래 일을 행하노라.

24. 만일에 일 겁 동안　　　항상 좋지 못한 마음
　　 부처님을 욕하면서　　 짓는 죄가 무겁지만
　　 《법화경》을 받아 지녀　읽고 외우고 지닌 자를
　　 잠깐 동안 욕을 해도　　그 죄는 더욱 크도다.

25. 부처님 도 구하려고　　　긴 세월 일 겁 동안
　　 내 앞에서 합장하고　　 게송으로 찬탄하면
　　 이런 사람 얻는 공덕　　셀 수 없이 많지만은
　　 경 가진 이 찬탄하면　　그 복덕은 더 크니라.

26. 팔십억 겁 진실하게　　　가장 미묘한 음성과
　　 음식과 의복으로　　　　경 가진 이 공양하고
　　 이런 공양 마친 뒤에　　설법 잠깐 들어도
　　 마음이 쾌락하여서　　 큰 이익을 얻게 되니
　　 약왕이여, 말하노라　　내가 설한 경전 중에
　　 이 같은《묘법연화경》　가장 높은 법문이라.

27. 이때 부처님께서 약왕보살마하살에게 말씀하셨다.

28. "내가 설한 경전이 헤아릴 수 없는 천만억이니 이미 설한 것과, 지금 설하는 것과, 장차 설할 것들이라. 그 가운데 이《법화경》이 가장 믿기 어렵고 알기 어려우니라.

29. 약왕이여, 경전은 모든 부처님께서 비장하신 중요한 법장이라 부질없이 배포하여 망령되이 사람에게 주지 말지어다. 모든 부처님께서 수호하므로 예부터 일찍 드러내 설하지 아니하셨느니라. 이 경전은 여래가 현존하는 지금에도 원망과 질투를 많이 받거늘 하물며 내가 멸도한 뒷날에 있어서랴.

30. 약왕이여, 반드시 알라. 여래가 멸도한 뒤에 이 경을 써서 지녀 읽고 외우고 공양하며 다른 이를 위해 설하는 사람은, 여래께서 곧 옷으로 덮어주며 또 다른 세계에 계신 여러 부처님의 보호를 받게 될 것이니라.

31. 이 사람에게는 큰 신통력과 큰 원력과 모든 선근력이 있으니 이 사람은 여래와 함께 자며 여래께서

손으로 그의 머리를 어루만져 주리라.

32. 약왕이여, 어떤 곳이든지 설하거나 읽거나 외우거나 쓰며 이 경전 있던 곳에는 다 칠보탑을 일으키되 극히 높고 넓고 장엄하게 꾸미고 다시 사리를 봉안하지 않아도 되느니라. 왜냐하면 이 경 가운데는 이미 여래의 전신이 있기 때문이니라.

33. 이 탑에는 온갖 꽃과 향과 영락·증개·당번·기악과 노래로 공양·공경하고 존중·찬탄하라.

34. 만일 어떤 사람이 이 탑을 보고 예배하고 공경하면 이들은 다 위 없이 높고 바른 깨달음에 가까우니라.

35. 약왕이여, 많은 사람들이 집에 있거나 출가하여 보살도를 행하면서 이《법화경》을 보거나 듣거나 읽고 외우거나 쓰거나 지니거나 공양하지 못하면, 이 사람은 보살의 도를 잘 행하지 못하는 자이며, 만일 이 경전을 듣게 되는 이는 보살도를 잘 행하는 자이니라.

36. 중생 가운데 부처님 도를 구하는 이가 있어《법화경》을 보거나 듣고 믿고 이해하고 받아 지닌다면,

이 사람은 위 없이 높고 바른 깨달음에 가까워졌음을 알라.

37. 약왕이여, 비유하면 어떤 사람이 목이 말라 물을 찾아서 땅을 파되 마른 흙이 나오는 것을 보면, 물이 아직 먼 줄 알고 쉬지 않고 땅을 파서 점차로 젖은 흙을 보고 드디어 진흙이 나오면 반드시 물이 가까워진 것을 알게 되는 것과 같느니라.

38. 보살도 또한 이와 같아서 이 《법화경》을 듣지도 못하고 알지도 못하고 닦아 익히지도 못했다면, 이 사람은 위 없이 높고 바른 깨달음에서 아직 거리가 먼 것이요, 만일 이 《법화경》을 듣고 알며 사색하고 닦아 익히면 반드시 위 없이 높고 바른 깨달음에 가까워진 줄을 알라. 왜냐하면 모든 보살의 위 없이 높고 바른 깨달음은 모두 이 경에 속하여 있기 때문이라.

39. 이 경전은 방편의 문을 열어서 진실한 모습을 보이니, 이 법화경의 가르침은 깊고 굳으며 아득하게 멀어서 이를 자가 없으므로 이제 부처님께서 보살들을 교화하여 성취시키고자 열어 보이노라.

40. 약왕이여, 어떤 보살이 이《법화경》을 듣고 놀라고 의심하며 두려워하면 그 사람은 새롭게 뜻을 일으킨 보살이며, 만일 성문을 구하는 사람이 이 경을 듣고 놀라고 의심하며 두려워하면 이들은 게으른 무리이니라.

41. 약왕이여, 만일 착한 남자 착한 여인이 여래가 열반한 뒤에 사부대중을 위하여 이《법화경》을 설하고자 할 때는 어떻게 설해야 할 것인가.

42. 이 선남자 선여인은 여래의 방에 들어가 여래의 옷을 입고 여래의 자리에 앉아서 사부대중을 위하여 이 경을 널리 설할지니, 여래의 방이란 모든 중생 가운데 대자비심이요, 여래의 옷이란 부드럽게 인욕하는 마음이요, 여래의 자리란 온갖 법의 빈 것이니, 이 가운데 안주하여 게으르지 않는 마음으로 여러 보살과 사부대중을 위하여 널리 이《법화경》을 설하라.

43. 약왕이여, 내가 다른 나라에서 변화된 사람을 보내어 그를 위해 법을 청하는 대중을 모이게 하며 또 변화된 비구·비구니·우바새·우바이들을 보내어 그 설법을 듣게 하니, 이 모든 변화된 사람들은 이

법을 듣고 믿어 지니며 이를 거역하지 않을 것이니라. 만일 설법하는 이가 한적한 곳에 있으면 내가 하늘·용·귀신·건달바·아수라 등을 보내어 그의 설법을 듣게 하리라.

44. 내가 비록 다른 나라에 있을지라도 설법하는 이는 나의 몸을 보게 하며, 만일 이 경의 구절을 잊으면 내가 돌아와서 다 알고 구족함을 얻게 하리라."

45. 이때 세존께서 이 뜻을 펴시려고 게송으로 말씀하셨다.

46. 게으른 맘 버리려면   이 경전을 들을지니
얻어 듣기 어려워라   받아 믿기 어렵네.
목이 마른 어떤 사람   언덕에서 우물 파니
마른 흙이 나오면   물이 먼 줄 알지만
진흙이 보일 때는   물이 날 줄 아느니라.

47. 약왕이여, 바로 알라.   이러한 모든 사람
《법화경》을 못 들으면   부처 지혜 아주 멀고
《법화경》을 듣게 되면   성문법을 알게 되니

경전 중의 왕이로다.　　자세하게 생각하면

　　　부처 지혜 가까운 줄　　바로 알리, 이런 사람.

48. 이 경전을 설하려면　　여래 방에 들어가서

　　　부처님의 옷을 입고　　세존 자리 높이 앉아

　　　대중 모아 두려움 없이　널리 분별할 것이니

　　　대자비는 방이 되고　　옷은 인욕 부드러움

　　　빈 법 자리 높이 앉아　사부대중 설법하라.

49. 만약 이 경 설할 때　　어떤 사람 나쁜 말과

　　　칼 막대 돌로 때려도　부처 생각 참을지라.

50. 나는 천만억토에서　　청정한 몸 나타내며

　　　셀 수 없는 억겁 동안　중생 위해 설법하며

　　　내가 멸도한 뒤에도　이 경을 설하는 이

　　　공양할 사부대중　　　변화로써 보내주고

　　　모든 중생 인도하여　그 법사가 설하는 법

　　　대중들 듣게 하려　　그 앞에 모아주네.

법사품 235

51. 어떤 사람 칼 막대와 　　기와 돌로 때리거든
　　변화인을 곧 보내어 　　그로부터 보호하며
　　설법하는 보살들이 　　고요한 데 홀로 있어
　　속세를 멀리 떠나 　　　이 경전을 독송하면
　　수행자를 위하여서 　　맑은 큰 빛 나타내며
　　한 구절만 잊게 되면 　일러주어 알게 하고
　　이런 덕을 갖춘 이가 　사부중 위해 설법하고

52. 고요한 데 경 읽으면 　나의 하늘 용과 야차
　　귀신 등을 보내어서 　법을 청해 듣게 하며
　　이런 사람 설법 즐겨 　분별에 걸림 없음은
　　부처님의 보호이니 　　대중을 기쁘게 하네.

53. 법사를 친근하여 　　　보살도를 빨리 얻고
　　법사를 따라 배우면 　많은 부처 친근하리.

11. 견보탑품(見寶塔品)

1. 그때, 부처님 앞에 칠보탑이 있으니, 높이는 오백 유순이요, 가로와 세로는 이백오십 유순으로 땅으로부터 솟아나와 공중에 머물러 있었다.

2. 갖가지 보물로 장식되어 있으며 오천의 난간과 천만의 감실이 있고, 무수한 당번으로 장엄하게 꾸몄으며 보배 영락을 드리우고, 보배 방울 만억을 그 위에 달았으며, 사면에는 다마라발 전단향을 피워 향기가 세계에 두루 가득하고, 모든 번개는 금 · 은 · 유리 · 자거 · 마노 · 진주 · 매괴 등 칠보로 만들어져 높이가 사천왕 궁전에까지 이르렀다.

3. 서른세 개의 하늘은 하늘의 만다라꽃을 비 내리듯 내려서 보탑에 공양하고, 그 밖에 모든 하늘과 용 · 야차 · 건달바 · 아수라 · 가루라 · 긴나라 · 마후라가 · 사람인 듯 아닌 듯한 무리들과 천만억의 대중들도 온갖 꽃과 향과 영락, 번개와 기악들로 보탑에

공양·공경하고 존중·찬탄하였다.

4. 이때, 보탑 안에서 큰 소리가 울려나와 찬탄하였다.

"장하시고, 장하시어라. 석가모니 세존이시여, 능히 평등한 큰 지혜로 보살을 가르치는 법이며, 부처님께서 보호하시는 《묘법연화경》으로 대중을 위하여 설법하시니 석가모니 세존께서 설하심은 다 진실합니다."

5. 이때, 사부대중은 큰 보탑이 공중에 머물러 있음을 보며, 탑 안에서 나오는 소리를 듣고 모두 기뻐하며 전에 없던 일이라 이상하게 생각하고 자리에서 일어나 공경·합장하고 한편에 물러나 있었다.

6. 이때, 보살마하살이 있었으니 이름이 대요설이라. 모든 세간의 하늘·사람·아수라 등의 의심하는 바를 알고 부처님께 여쭈었다.

7. "세존이시여. 어떤 인연으로 이 보탑이 땅으로부터 솟아나왔으며, 그 안에서 이런 음성이 나왔습니까?"

8. 그때, 부처님께서 대요설보살에게 말씀하셨다.

9. "이 보탑 안에는 여래의 전신이 계시니라. 그 옛날 동방에 헤아릴 수 없는 천만억 아승지 세계를 지나서 보정이라는 나라가 있었으니, 그 나라의 부처님은 이름이 다보였노라.

10. 다보 부처님께서 보살도를 행하실 때에 서원을 세우셨으니,

'만일 내가 성불하여 열반한 뒤에 시방 국토 어느 곳에서라도 《법화경》을 설하는 곳이 있으면, 나의 탑이 이 경을 듣기 위하여 그 앞에 솟아나서 증명하며 장하다고 찬탄하리라.' 하셨느니라.

11. 부처님께서 성도하신 뒤 열반하실 때에 하늘 사람·대중 가운데서 여러 비구에게 말씀하시되,

'내가 열반한 뒤에 나의 전신에 공양하고자 하는 이는 하나의 큰 탑을 세워라.'

12. 그 부처님께서 신통원력으로 시방 세계 어느 곳에서나 《법화경》을 설하는 이가 있으면 저 보탑이 그 앞에 솟아나서 탑 가운데 전신이 계시사 찬탄해 말씀하시니,

'장하고 거룩하시어라.' 하시느니라.

13. 대요설이여, 그러므로 지금도 다보여래의 탑이 《법화경》 설하는 것을 들으려고 땅으로부터 솟아나 찬탄해 말씀하시기를 '장하고 거룩하시다.' 하시느니라."

14. 이때, 대요설보살이 여래께서 지니신 신통력을 입어 부처님께 여쭈었다.

"세존이시여, 저희들이 이 부처님의 전신을 뵙기 원합니다."

15. 부처님께서 대요설보살마하살에게 말씀하셨다.

16. "이 다보 부처님은 깊고도 진중한 서원이 있으시니 '만일 나의 보탑이 《법화경》을 듣기 위하여 여러 부처님 앞에 솟아났을 때, 나의 몸을 사부대중에게 보이고자 할 때는 시방 세계에서 설법하고 있는 모든 나의 분신을 모두 한 곳에 모은 뒤에라야 내 몸을 나타내 보이리라.' 하셨느니라.

17. 대요설아, 시방세계에서 설법을 하고 있는 모든 나의 분신 부처를 이제 모으리라."

18. 대요설보살이 부처님께 여쭈었다.

19. "세존이시여, 저희들도 세존의 분신이신 여러

부처님들을 뵙고 예배하며 공양하고자 합니다."

20. 이때 부처님께서 눈썹 사이의 흰 터럭으로부터 한 줄기 밝은 빛을 놓으시니, 곧 동방 오백만억 나유타 항하의 모래 수와 같이 많은 국토의 여러 부처님을 뵙게 되었다. 저 여러 국토의 땅은 모두 수정으로 되었고 보배나무와 보배옷으로 장엄하였으며, 무수한 천만억 보살이 그 가운데 계시니,

21. 보배 휘장으로 둘러치고 보배 그물을 드리웠으며, 그 국토의 여러 부처님께서 크고 묘한 소리로 모든 법을 설하시니 헤아릴 수 없는 천만억 보살들이 국토마다 계시면서 대중을 위해 설법하는 모습이 보였으며,

22. 남·서·북방과 사방팔방 상하에 흰 터럭으로부터 밝은 빛이 비치는 곳마다 또한 모두 이와 같았다.

23. 이때, 시방 여러 부처님께서 보살들에게 말씀하셨다.

24. "선남자여, 내가 이제 사바세계 석가모니 부처님이 계신 곳에 가서 다보여래 보탑에 공양하리라."

25. 이때, 사바세계는 곧 청정하게 변하여, 유리로

땅이 되고 보배나무로 장엄하며, 황금으로 길을 만들어 여덟 길을 경계하고 여러 부락과 마을과 성읍과 큰 바다와 강과 하천, 산과 들의 숲이 없어지고 큰 보배향을 사르며, 만다라꽃을 그 땅에 두루 깔고, 보배 망과 휘장을 그 위에 치고 덮어 온갖 보배 방울을 달아 놓고 이 법회의 대중만 남기시며 모든 하늘·사람들은 다른 곳으로 옮기었다.

26. 이때, 여러 부처님께서는 각각 한 명의 대보살을 시자로 거느리고 사바세계에 오시어 보배나무 아래 이르시니, 보배나무 높이는 오백 유순이요, 가지와 잎과 꽃과 열매가 차례대로 장엄하고 많은 보배나무 아래 사자좌가 있어, 높이가 오 유순이요, 큰 보배로 꾸며져 있었다.

27. 이때, 모든 부처님께서 각기 이 자리에 가부좌를 하고 앉으시며 이와 같이 점점 이어져 삼천대천세계에 가득 찼지만, 석가모니불의 한쪽 방위의 분신불도 다하지 못하였다.

28. 이때, 석가모니불께서는 분신한 여러 부처님을 수용하시고자 팔방으로 다시 각각 이백만억 나유타

국토를 변화시켜 청정하게 하시니 지옥·아귀·축생·아수라는 없어지고 모든 하늘·사람은 다른 국토로 옮겼으며,

29. 변화한 나라도 유리로 땅이 되며 보배나무로 장엄하니, 나무의 높이 오백 유순이요, 가지와 잎과 꽃과 열매가 차례대로 장엄하며 나무 아래 보배 사자좌가 있으니 높이가 오 유순이라. 갖가지 보배로 꾸며졌으며, 바다와 강과 하천이 없으며 목진린타산·마하목진린타산·철위산·대철위산·수미산 등의 여러 큰 산이 없어져 툭 트여 한 불국토로 되고, 보배로 된 땅이 평탄하며 보배로 엮어 만든 휘장을 위에 두루 치고 번개를 걸어 큰 보배향을 사르며, 모든 하늘의 보배꽃을 땅에 두루 깔았다.

30. 석가모니 부처님께서 여러 분신의 부처님을 앉게 하시려고 팔방으로 각각 이백만억 나유타 국토를 다시 변화시켜 모두 청정케 하시니, 지옥·아귀·축생·아수라가 없어지고, 모든 하늘·사람들은 옮기어 다른 국토에 보내니, 그 변화한 국토들도 유리로 땅이 되고, 보배나무로 장엄되어 나무의 높이는 오백

유순이요, 가지와 잎과 꽃과 열매가 차례로 장엄되었으며, 나무 아래는 보배로 만든 사자좌가 있어 높이가 오 유순이라. 큰 보배로 꾸며졌으며, 바다와 강이 없으며 목진린타산·마하목진린타산·철위산·대철위산·수미산 등 모든 큰 산이 없어서 툭 트여 한 불국토로 되고, 보배로 된 땅이 평탄하며 보배로 엮어 만든 휘장을 위에 두루 치고 번개를 걸어, 큰 보배향을 사르며, 모든 하늘의 보배꽃을 땅에 두루 깔았다.

31. 이때, 동방 백천만억 나유타 항하 모래의 국토에 계시면서 법을 설하던 석가모니불의 분신이신 부처님들께서도 여기에 모여 오셨다.

32. 이와 같이 하여 차례로 시방 여러 부처님께서 오셔서 팔방에 앉으셨다.

33. 이때, 방위마다의 사백만억 나유타 국토의 여러 부처님도 오셨다.

34. 이때, 부처님들께서는 각각 보배나무 아래 있는 사자좌에 앉아 사자들을 보내어 석가모니불께 문안드리게 하면서 각기 보배꽃을 한 아름씩 주며 이들에게 이르셨다.

35. "선남자여, 그대가 기사굴산 석가모니불 계신 곳에 나아가 내 말대로 문안 드려라.

'병환이 없으시고 고뇌가 없으시어 기력이 좋으시며, 보살과 성문 대중도 다 평안하옵니까.'

그리고 이 보배꽃을 부처님께 공양하며 말하기를,

'저 아무 부처님이 이 보탑을 열어주시길 희망하나이다.' 하여라."

36. 여러 부처님께서도 시자를 보내어 또한 이와 같이 하였다.

37. 이때, 석가모니불께서 분신 부처님들이 다 모여 오셔서 각기 사자좌에 앉으심을 보시고, 또 여러 부처님이 다 같이 보탑을 열고자 함을 들으시며, 자리에서 일어나 허공 가운데에 머무시므로, 여러 사부대중이 일어서서 손 모으고 한마음으로 부처님을 우러러보았다.

38. 이에, 석가모니불께서 오른손 손가락으로 칠보탑의 문을 여시니, 큰 소리가 나되, 마치 잠겨 있는 자물쇠를 제치고 큰 성문을 여는 것과 같았다.

39. 이때 여러 국토에서 모인 대중들 모두가 다보

여래께서 보탑 안의 사자좌에 앉으셨으되, 전신이 단정하시어 선정에 드신 것 같은 모습을 보이시니,

"장하시고 거룩하시어라. 석가모니불이 쾌히 이 《법화경》을 설하시니, 저는 이 경을 듣기 위하여 여기에 왔습니다." 하였다.

40. 이때, 사부대중들은 과거 무량 천만억 겁 전에 멸도하신 부처님들께서 이 같이 말씀하심을 듣고 일찍이 없던 것이라 찬탄하며 하늘의 보배꽃더미를 다보불과 석가모니불 위에 뿌리었다.

41. 이때, 다보불께서 보탑 안에서 자리의 반을 나누어 석가모니불께 주시고 말씀하시되,

"석가모니불께서는 이 자리에 앉으소서." 하시니,

42. 즉시 석가모니불께서 그 탑 안으로 들어가시어 반으로 나누어진 자리에 가부좌를 하고 앉으시었다.

43. 이때, 대중들은 두 분 여래께서 칠보탑 안에 계시며 사자좌 위에 가부좌를 하시고 앉으심을 보고 각각 이렇게 생각하였다.

44. '부처님 자리가 높고 머오니 바라옵건대 여래께서는 신통력으로 저희들을 함께 허공에 있게 하소서.'

45. 즉시 석가모니불께서 신통력으로 여러 대중을 이끌어 허공에 있게 하시고 큰 음성으로 사부대중에게 이렇게 말씀하였다.

46. "누가 이 사바세계에서 《묘법연화경》을 널리 설하겠는가. 지금이 바로 그때이니라. 여래는 오래지 않아 열반에 드니, 이《묘법연화경》을 부촉하려 하노라."

47. 이때 세존께서 이 뜻을 펴시려고 게송으로 말씀하셨다.

48. 성주이신 세존께서   멸도하심 오래이나
  보탑 안에 계시면서   법을 위해 오셨는데
  어찌하여 중생들은   법 구하려 않는 건가.
  이 부처님 멸도하심   백천만 겁 오래이나
  법을 찾아 듣는 곳은   만나기 어려워라.

49. 그 부처님 본래 서원   내가 멸도한 뒤에도
  어디든지 찾아가서   법 들으려 하느니라.

50. 또 나의 분신으로   항하의 모래 수 같아
    셀 수 없는 여러 부처   법 들으려 여기 오고
    오랜 옛날 멸도하신   다보여래 뵈오려고
    미묘한 장엄국토를   하나 없이 다 버리고
    제자들과 하늘 인간   여러 공양 싫다 하고
    법이 오래 머물도록   예부터 이곳 왔네.

51. 오신 부처 앉게 하여   신통력을 나투셔서
    무량 중생 옮기시고   이 국토가 청정하네.

52. 여러 부처님이 각기   보배나무 아래 앉아
    맑고 맑은 연못 위에   연꽃을 장엄하듯
    보배나무 아래마다   장엄된 사자좌에
    부처님이 앉으시니   큰 빛으로 장엄함이
    칠흑같이 어둔 밤에   태양빛을 비추시네.

53. 몸에서 나는 향기   시방세계 두루하니
    중생들이 향기 맡고   기뻐하는 그 마음은
    큰 바람이 작은 가지   스쳐가는 것과 같이

이런 한 방편으로　　　이 법을 머물게 하리.

54. 중생들께 말하노니　　내가 멸도한 뒤에도
　　누가 이 경전을 받아　　능히 읽고 설할 건가.
　　지금 부처님 앞에서　　스스로 선서하라.
　　저기 계신 다보불도　　멸도한 지 오래이나
　　크게 세운 서원으로　　사자후를 설하시니
　　장엄하신 다보불과　　석가모니 나와 함께
　　여러 화신 부처만이　　깊은 뜻을 알고 있다.

55. 부처님 제자들이여　　누구나 법 받들려면
　　발원을 크게 세워서　　오래도록 머물면서
　　《법화경》을 받아 지녀　능히 읽고 보호하면
　　나와 다보 부처님께　　공양함이 되느니라.

56. 여기 다보 부처님은　　다보탑에 계시면서
　　《법화경》을 듣기 위해　시방세계 출현하며,
　　오신 여러 화신 부처　　큰 빛으로 여러 세계
　　장엄하게 꾸미는 이　　이런 이를 공양하며

《법화경》을 설하면은 　나의 몸과 다보여래
여러 화현 부처님을 　다 함께 친견하니라.

57. 여러 선남자들이여 　각기 깊이 생각하라.
이는 어려운 일이니 　발원을 크게 세워라.
이 밖에 여러 경전을 　항하의 모래 같이
모두 다 설법하여도 　이 경보다 쉬우니라.

58. 그렇게 큰 수미산을 　타방의 불국토에다
멀리 던진다 하여도 　그 일 어렵지 않으며
만일 발가락 하나로 　삼천대천 세계를
멀리 들어 놓는 일도 　어려울 것 하나 없고
유정천에 올라 서서 　셀 수 없는 중생들께
다른 경전 설법해도 　어려울 것 없지만은
부처님 열반 뒤에 　악한 세상에 태어나
이 경전을 설하는 일 　어렵고도 어렵네.

59. 가령 어떤 사람 있어 　허공을 휘어잡고서
그 가운데 거닐어도 　어려운 일 못 되건만

내가 멸도한 뒤에	스스로 써서 갖거나
남을 시켜 쓰게 하는	이런 일은 어려우며

60. 어떤 사람 큰 땅덩이 발톱 위에 올려놓고
    범천까지 오른대도 어려운 일 아니지만
    부처님 멸도한 뒤 악한 세상에 태어나
    이 경 잠깐 읽는 일은 어려웁고 어려운 일.

61. 마른 풀을 짊어지고 불 속으로 뛰어들어
    몸을 비록 안 태워도 어려운 일 아니지만
    내가 멸도한 뒤에 이 경전을 받아 지녀
    한 사람께 설하여도 그런 일은 어려운 일.

62. 팔만사천 불법장과 십이 부의 경전들을
    모두 다 받아 지녀 인간 위해 설법하고
    설법 들은 중생들이 육신통을 다 얻도록
    교화하고 인도해도 어려운 일 아니지만
    내가 멸도한 뒤에 이 경전을 받아 지녀
    경전 뜻을 묻는 일은 이가 곧 어려운 일.

63. 어떤 사람 설법하여   셀 수 없이 많이 있는
천만억의 항하 모래   그 많은 중생들에게
아라한과 얻게 하고   육신통을 갖춰주며
비록 이익 있다 해도   어려운 일 못 되오나
내가 멸도한 뒤에   법화경전 능히 받아
받들고 지니는 일은   이 일이 곧 어렵노라.

64. 내가 불도 위하여   무량 무변 국토에서
처음부터 지금까지   여러 경전 설했으나
그 가운데 이 경전이   참되고도 제일이니
능히 받아 지니면은   부처님을 받드는 일.

65. 여기 모인 선남자야,   내가 멸도한 뒤에
누가 능히 이 경전을   받아 지녀 읽고 욀까.
누가 부처 앞에 나와   스스로 선서하라.

66. 받아 지님 어려운 경   잠시라도 수지하면
내 마음이 기뻐하니   여러 부처 그러하네.
이와 같은 사람들은   부처 칭찬 받을지니

이것이 곧 용맹이며　　범행 닦는 정신이요

　　　이 이름이 지계로써　　두타행을 닦음이니

　　　위 없는 부처님 도　　　더욱 빨리 이룰지라.

67. 앞으로 오는 세상　　이 경전을 수지하면

　　　이런 이가 참된 불자　　좋은 땅 머무르며

　　　부처님 멸도한 뒤　　　경전 뜻을 이해하면

　　　이런 사람 하늘 인간　　세간의 눈이 되니라.

68. 두려운 이 세상에서　　잠깐만 설해도

　　　모든 하늘 인간들이　　모두 공경하네.

12. 제바달다품(提婆達多品)

1. 이때, 부처님께서 보살들과 하늘과 사람과 사부대중에게 말씀하셨다.

"나는 과거 헤아릴 수 없는 겁 동안 《법화경》을 구할 적에 게으름이 없었노라. 여러 겁 동안 항상 국왕이 되어 발원하여 위 없는 깨달음을 구하되 마음이 물러나지 아니하였느니라.

2. 육바라밀을 이루기 위하여 보시를 부지런히 행할 적에 마음에 인색함이 없이 코끼리·말·칠보·국토·처자·남종·여종들과 머리·얼굴·몸·손발과 목숨도 아끼지 아니하였느니라.

3. 이때, 세상 사람들의 목숨은 헤아릴 수 없지만 법을 구하기 위하여 마음에서 국왕의 자리를 버리고 나라 일을 태자에게 맡기며,

4. 북을 쳐 선포하여 사방으로 법을 구하되,

'누가 나를 위해 대승을 설하겠소. 내가 반드시 종

신토록 섬기며 시중하겠습니다.' 하였노라.

5. 이때, 한 선인이 와서 왕에게 말하였으니,

'나에게 대승경이 있으니 이름이 《묘법연화경》이라. 만일 나의 뜻을 어기지 않으면 설하여 주리라.'

6. 왕은 선인의 말을 듣고 뛸 듯이 기뻐하며 선인을 따라가서 구하는 것을 공급하되, 과일을 따고 물을 긷고 나무를 하고 음식을 장만하며 또는 몸으로 선인의 앉을 자리가 되어도 몸과 마음에 태만함이 없었으며 이렇게 받들어 섬기기를 천 년을 지냈으나, 법을 위하는 까닭에 지성으로 모시어 조금도 부족함이 없게 하였노라."

7. 이때, 세존께서 이 뜻을 펴시려고 게송으로 말씀하셨다.

8.
내가 과거 생각하니	큰 법문을 구하려고
세상 국왕 되었지만	오욕락을 탐내지 않고
큰 법문을 찾으려고	사방에 북을 울려서
나를 위해 설법하면	그의 노복이 되리라.

9. 아사선인 찾아와서   대왕 앞에 하는 말이
    내가 가진 미묘한 법   세간에서 드무니
    만일 그 법 수행하면   너를 위해 설하리라.
    국왕이 그 말 듣고   마음 크게 기뻐하여
    그 선인을 즉시 따라   모시고 받들어서
    나물 캐고 나무 하고   과일 따고 물을 길어
    밥을 짓고 빨래 하고   온갖 일을 보살필 새
    미묘한 법 뜻을 두니   몸과 마음 가벼워라.

10. 여러 중생 위하여서   부지런히 구하는 법
    나의 욕심 채우거나   오욕락이 아니므로
    큰 대왕이 되어서도   이런 법을 구하여서
    마침내는 성불하여   너를 위해 설하노라.

11. 부처님께서 여러 비구들에게 말씀하셨다.

"그때의 왕은 바로 나요, 선인은 지금의 제바달다이니라. 제바달다는 훌륭한 선지식이었느니라. 내가 육바라밀과 자비희사와, 서른두 가지 뛰어난 모습과 여든 가지 잘 생긴 것과, 자주빛 황금색과 열 가지 무소외와, 네 가지 법, 열여덟 가지 함께 하지 않는 법, 신통도력 등을 다 갖추어 등정각을 이루고 널리 중생을 제도하게 됨도 다 제바달다 선지식 때문이라.

12. 모든 사부대중에게 말하노니, 제바달다는 이루 헤아릴 수 없는 겁을 지나서 성불하며 이름은 천왕여래 · 응공 · 정변지 · 명행족 · 선서 · 세간해 · 무상사 · 조어장부 · 천인사 · 불세존이요, 그 세계의 이름은 천도라 하리라.

13. 그때, 천왕불은 이십 중겁을 머무르며 중생을 위하여 묘법을 설하니, 항하의 모래 같은 중생이 위 없는 도심을 일으켜 무생인을 얻어 물러남이 없는 자리에 머무르리라.

14. 그때, 천왕불이 열반에 드신 뒤에 바른 법이 세상에 이십 중겁 동안 머무르며 전신사리로 칠보탑을 일으키되 높이는 육십 유순이요, 가로와 세로는 사십 유순이라.

모든 하늘과 인간이 온갖 꽃과 말향 · 소향 · 도향과 의복 · 영락 · 당번 · 보개 · 기악 · 가무로써 칠보의 미묘한 탑에 예배하고 공양하리라.

헤아릴 수 없는 중생이 아라한과를 얻고, 수없는 중생이 벽지불을 깨달으며 불가사의한 많은 중생이 깨달으려는 마음을 일으켜 물러나지 않으리라."

15. 부처님께서 여러 비구에게 말씀하셨다.

"다가오는 세상에 선남자 선여인이 《묘법연화경》 〈제바달다품〉을 듣고 맑고 깨끗한 마음으로 믿고 공경하며 의심을 내지 않는 이는 지옥·아귀·축생에 떨어지지 아니하고 시방 부처님 앞에 태어나며, 태어난 곳에서 항상 이 경을 들으리라. 만일, 사람·하늘에 나면 가장 빼어나고 묘한 즐거움을 받고 만일 부처님 앞에 나면 연꽃 위에 화생하리라."

16. 이때, 하방세계에서 다보세존을 따라온 지적보살이 다보불께 인사하고 본토로 돌아가려 하니,

17. 석가모니불께서 지적에게 말씀하셨다.

"선남자여, 잠깐만 기다려라. 여기에 한 보살이 있으니 이름이 문수사리니라. 서로 만나 보고 묘법을 논의한 뒤 본토로 돌아감이 좋으리라."

18. 이때, 문수사리는 큰 수레바퀴 만한 천엽 연꽃에 앉고, 함께 오는 보살들도 또한 보배 연꽃에 앉아

큰 바다의 사갈라용궁으로부터 저절로 솟아나서 허공 가운데에 머물러 영취산에 나아가,

19. 연꽃에서 내려와 부처님이 계신 곳에 이르러 머리 숙여 두 분 세존 발에 예경을 마치고 지적보살 계신 곳에 가서 함께 서로 위로하고 물러가 한쪽에 앉으니,

20. 지적보살이 문수사리보살에게 물었다.

"어지신 분께서 용궁에 가서 교화하신 중생은 그 수가 얼마나 되나이까?"

문수사리가 말하였다.

"그 수는 끝이 없어 헤아리지 못하니 입으로 말할 수 없으며, 마음으로 측량할 바 아니므로 잠깐만 기다리면 스스로 증명하여 알게 되리이다."

21. 말을 마치기도 전에 수없는 보살이 보현화에 앉아서 바다로부터 솟아나와 영취산 허공에 머물러 있었다. 이 모든 보살은 문수사리가 교화하여 제도한 이들로, 보살행을 갖추어 육바라밀을 논의하고, 본래 성문이던 자는 허공에서 성문의 행을 설하고 지금은 모두 대승의 빈 이치를 수행하는 이들이었다.

22. 문수사리가 지적에게 말하였다.

"바다에서 교화한 일이 이와 같나이다."

23. 이때, 지적보살이 게송으로 찬탄하였다.

24. 크신 지혜 크신 위력　　위대하신 용맹으로
　　　무량중생 교화하심　　나와 대중이 보았네.

25. 참모습의 뜻 연설하고　　일승법을 열어 보여
　　　제도한 많은 중생들　　깨달음 이뤄주셨네.

26. 문수사리가 말하였다.

"나는 바다 속에서 오직 《묘법연화경》만을 설하였습니다."

27. 지적이 문수사리에게 물었다.

"이 경은 매우 깊고 미묘하여 모든 경전 가운데 보배이며 세상에서 드무니, 중생들이 이 경전을 부지런히 정진하여 닦아 행하면 속히 성불할 수 있나이까?"

28. 문수사리가 대답하였다.

"사갈라용왕의 딸이 있어 나이는 겨우 여덟 살이

라. 지혜롭고 총명하여 중생의 근기와 행업을 잘 알며, 다라니를 얻어서 여러 부처님께서 설하신 깊은 법장을 받아 지니고, 깊이 선정에 들어가 모든 법을 요달하며 찰나 사이에 깨달으려는 마음을 일으켜 물러나지 않으려 하니, 변재가 걸림이 없고 중생을 어여삐 생각하기를 어린 자식같이 하며, 공덕이 다 갖추어져 마음으로 생각하고 입으로 연설함이, 미묘하고 광대하며 자비롭고 어질고 겸허하며 뜻이 온화하여 능히 깨달음에 이르렀나이다."

29. 지적보살이 말하였다.

"내가 석가 여래를 뵈옵건대, 헤아릴 수 없는 겁에 난행과 고행으로 공을 쌓고 덕을 쌓아 보살도를 구하시되 일찍이 쉬는 일 없으신지라, 삼천대천세계를 볼 때 겨자씨 만한 곳이라도 이 보살이 몸과 목숨을 바치지 아니한 곳이 없으니, 이것은 중생을 위하기 때문이라. 그런 뒤에 깨달음의 길을 이루셨거늘, 이 용녀가 잠깐 사이에 바른 깨달음을 이루었다는 것은 믿어지지 않나이다."

30. 말이 끝나기도 전에 용왕의 딸이 문득 앞에 나

타나 머리 숙여 경례를 하고 한쪽으로 물러나서 게송으로 찬탄하였다.

31. 죄와 복을 통달하여   시방에 두루 비추어
    미묘한 청정법신   삼십이상 갖췄으며

32. 팔십의 좋은 상호로   법신을 장엄하니
    하늘 사람 우러러보고   용과 귀신 공경하며
    모든 세간 중생들이   한결같은 마음으로
    미묘하고 높은 이를   정성으로 받드나니

33. 깨달음을 이루는 일   부처님만 아시리라
    나도 대승법을 펴서   고뇌 중생 제도하리.

34. 이때 사리불이 용녀에게 말씀하셨다.
"그대가 오래지도 않은 사이에 위 없는 도를 얻었다고 함은 믿기 어렵도다. 여자의 몸은 때묻고 더러워서 법의 그릇이 아니거늘, 어떻게 위 없는 깨달음을 얻으리요. 부처님 되는 길은 멀고 멀어서 헤아릴 수 없는 겁이 지나도록 수행을 쌓고 모든 바라밀을 다 갖추고 닦고서야 이루어지는 것이요, 또 여자의 몸에는 다섯 가지 장애가 있으니, 첫째 범천왕이 되지 못하고, 둘째 제석천왕이 되지 못하며, 셋째 마왕이 되지 못하고, 넷째 전륜성왕이 되지 못하며, 다섯째 부처가 되지 못하거늘 어떻게 여자의 몸으로 빨리 성불한다 하느냐?"

35. 이때, 용녀에게 한 보배구슬이 있으니 값이 삼천대천세계와 같았다. 그것을 부처님께 바치니 부처님께서 곧 이를 받으시므로 용녀가 지적보살과 존자 사리불에게 말하였다.

"내가 바친 보배구슬을 세존께서 받으시니, 이 일이 빠르옵니까, 빠르지 않습니까?"

이에 대답하기를 "매우 빠르느니라." 하였다.

용녀가 말하였다.

"당신들의 신통력으로 나의 성불하는 것을 보십시오. 그보다 더 빠를 것입니다."

36. 그때 모인 대중이 다 용녀를 보니, 잠깐 사이에 남자의 몸으로 바꾸어 보살행을 갖추고 곧 남방의 청

정 세계에 가서 보배 연꽃에 앉아 바른 깨달음을 이루니 삼십이상이요, 여든 가지 좋은 모양을 갖추어 널리 시방의 모든 중생을 위하여 묘법을 연설하고 있었다.

37. 이때, 사바세계의 보살·성문·천·용·팔부·사람인 듯 아닌 듯한 무리들이 멀리서 용녀가 성불하여, 그때 모인 사람·하늘을 위해 설법하는 것을 보고 마음이 크게 기뻐서 멀리서 바라보고 예경하였다.

38. 헤아릴 수 없는 중생들이 법을 듣고 깨달아 물러나지 않는 경지를 얻으며, 도의 수기를 받으니, 청정한 세계는 여섯 번 떨리어 움직이고,

39. 사바세계 삼천 대중은 물러나지 않는 지위에 머무르며, 삼천 대중은 깨달으려는 마음을 일으키고 수기를 얻었으며,

40. 지적보살과 사리불과 모인 모든 대중은 잠자코 믿고 받아들였다.

13. 권지품(勸持品)

1. 이때, 약왕보살마하살과 대요설보살마하살이 이만 보살 권속과 함께 부처님 앞에서 이러한 맹세를 하였다.

2. "바라옵건대, 세존이시여. 염려하지 마시옵소서. 저희들이 부처님 멸도하신 뒤에 이 경전을 받들어 지니고 읽고 외우며 설하겠습니다.

3. 미래에 악한 세상의 중생들은 선근이 점점 적어지고 뛰어난 체하는 마음이 많으며 공양의 이익을 탐하여 착하지 못한 뿌리가 점점 늘어 해탈을 외면하여 비록 교화하기 어렵사오나, 저희들이 큰 인욕과 힘을 일으켜서 이 경을 독송하며 지니고 설하여 베껴 쓰게 하고 갖가지로 공양하되 몸과 목숨을 아끼지 않겠습니다."

4. 이때, 대중 가운데에 수기를 얻은 오백 아라한이 부처님께 말하였다.

5. "세존이시여, 저희들도 서원하옵니다. 다른 국토에서 이 경을 널리 설하겠습니다."

6. 아직 배우는 이와 다 배운 이 팔천 인으로 수기를 받은 이들이 있어 자리에서 일어나 합장하고 부처님을 향하여 이 같이 맹세하였다.

7. "세존이시여, 저희들도 또한 다른 국토에 가서 이 경전을 널리 설하겠습니다. 이 사바세계의 사람들은 악하고 뛰어난 체하는 마음만 품어서 공덕이 엷어성 잘 내고 흐리며 아첨 잘하며 마음이 성실하지 못하기 때문입니다."

8. 이때, 부처님의 이모 마하파사파제 비구니는 아직 배우는 이와 다 배운 비구니 육천 사람과 함께 자리에서 일어나 한마음으로 합장하고 존안을 우러러 눈을 잠깐도 떼지 않았다.

9. 이때, 세존께서 교담미에게 말씀하셨다.

"그대는 어찌하여 근심스런 빛으로 여래를 보느냐. 그대의 마음에 생각하기를 내가 그대의 이름을 불러 위 없이 높고 바른 깨달음의 수기를 주지 않는다고 걱정하느냐.

10. 교담미여, 내가 모든 성문에게 다 수기를 설하였으니, 지금 그대가 수기를 원한다면, 장차 오는 세상에 육만팔천억 모든 부처님 법 가운데 대법사가 될 것이며, 육천 명의 배우는 이와 다 배운 비구니도 함께 법사가 될 것임을 알아라. 그대가 이와 같이 점점 보살도를 다 갖추어 성불하리니, 그 이름은 일체중생희견여래 · 응공 · 정변지 · 명행족 · 선서 · 세간해 · 무상사 · 조어장부 · 천인사 · 불세존이라.

교담미여, 이 모든 일체 중생희견불과 육천보살이 차례로 수기하여 위 없이 높고 바른 깨달음을 얻게 되느니라."

11. 이때, 라후라의 어머니인 야수다라 비구니가 생각하기를,

'세존께서 수기하시는 중에 왜 내 이름만 말씀하시지 않으시는가.' 하니,

12. 부처님께서 야수다라에게 말씀하셨다.

"그대는 다가올 세상에 백천만억 모든 불법 중에 보살행을 닦아 대법사가 되고, 점점 부처님 도를 갖추어 좋은 국토에서 성불하니,

13. 이름은 구족천만광상여래 · 응공 · 정변지 · 명행족 · 선서 · 세간해 · 무상사 · 조어장부 · 천인사 · 불세존이며, 부처님 목숨은 헤아릴 수 없는 아승지겁이니라."

14. 이때, 마하파사파제 비구니와 야수다라 비구니와 그 권속이 크게 기뻐하며 일찍이 없던 것을 얻고 곧 부처님 앞에서 게송으로 말하였다.

15. 세존이신 도사께서   많은 중생 보호하니
       저희들도 수기를 받아   모두 편안하옵니다.

16. 여러 비구니는 이 게송을 설해 마치고 부처님께 말하였다.

"세존이시여, 저희들도 다른 국토에 가서 이 경전을 널리 설하겠습니다."

17. 이때, 세존께서 팔십만억 나유타의 많은 보살마하살들을 보시니,

18. 모든 보살이 다 아비발치로써 물러나지 않는 진리의 바퀴를 굴리며 여러 가지 다라니를 얻은 바,

곧 자리에서 일어나 부처님 앞에 이르러 한마음으로 손을 모으고 이렇게 생각하였다.

19. '만일 세존께서 우리들에게 이 경을 지니고 설하라 분부하시면 마땅히 부처님의 가르침과 같이 이 경을 널리 선포하리라.'

또한 생각하기를,

'부처님께서는 침묵하시며 분부가 없으시니, 우리는 어찌해야 좋은가.' 하였다.

이때, 여러 보살이 부처님 뜻을 공경하고 순종하며 스스로 본래의 원을 만족시키려고 부처님 앞에서 사자후로 서원을 하였다.

20. "세존이시여, 저희들도 여래께서 멸도하신 뒤에 시방세계를 두루 다니면서 중생들로 하여금 이 경을 쓰게 하고 받아 지니며 읽고 외워 그 뜻을 해설하고 법과 같이 수행하여 바르게 생각하며 기억하게 하겠사오니, 이것은 다 부처님의 위신력이옵니다. 바라옵건대, 세존께서는 다른 나라에 계실지라도 멀리서 보시고 수호해 주소서."

21. 즉시 여러 보살이 다 함께 소리 내어 게송으로

말하였다.

22. 염려하지 마옵소서.　　부처 멸도 하신 뒤에
　　공포의 악한 세상에　　저희들이 설하리다.

23. 어리석은 여러 중생　　나쁜 말로 욕을 하고
　　칼과 막대로 치더라도　저희들은 참으리다.

24. 악한 세상의 비구는　　삿된 지혜 마음 굽어
　　못 얻고도 얻었다고　　아만심이 충만하네.

25. 고요한 데 있으면서　　누더기옷 걸쳐 입고
　　참된 도를 행한다며　　다른 인간 경멸하고
　　이익만을 탐착하며　　속인 위해 설법하고
　　세상에서 받는 공경　　육신통의 나한 같네.

26. 이런 사람 악심 품어　　세속 일만 생각하고
　　아련야라 이름하여　　남의 허물 끌어내며
　　이런 일만 하나이다.　저기 여러 비구들은

27. 이익에만 얽매여   외도를 논설하며
　　스스로 경전 지어   세상 인간 현혹하며
　　이름 명예 구하려고   이 경전을 해설하며

28. 대중 속에 있으면서   우리들을 비방하려
　　국왕과 여러 대신   바라문과 거사들과
　　다른 비구 대중들께   우리를 비방하는 말
　　저들은 삿된 인간들   외도를 설한다 해도
　　우리는 부처 공경해   이런 악을 다 참으리.
　　그들 함부로 말하되   그대들이 다 부처다
　　경만하게 빈정대도   싫다 않고 참으리라.

29. 흐린 겁의 악한 세상   두려움과 공포 많아
　　악한 귀신 몸에 들어   꾸짖고 욕하여도

30. 부처님 믿는 우리들   인욕의 갑옷을 입고
　　이 경을 설하기 위해   어려운 일 다 참으며
　　신명을 돌보지 않고   위 없는 도 구하여서
　　앞으로 오는 세상에   부처님 법 보호하리.

31. 세존께선 아시리라.　　흐린 세상 악한 비구
　　부처님 방편 따라서　　설법함을 제 모르고
　　입 사납게 빈축하며　　우리들을 사원에서
　　멀리멀리 내쫓아도　　이러한 모든 고통
　　부처님을 생각하고　　모두 다 참겠습니다.

32. 촌락이나 도시에서　　법 구하는 이 있으면
　　저희들이 찾아가서　　부촉하신 법 설하는
　　우리는 세존의 사자　　두려움이 하나 없이
　　설법을 잘 하겠으니　　원컨대 안심하소서.

33. 시방의 여러 부처님　　세존 앞에 제가 나와
　　이런 맹세 하옵나니　　저희 마음 아옵소서.

14. 안락행품(安樂行品)

1. 이때, 문수사리법왕자 보살마하살이 부처님께 말하였다.

2. "세존이시여, 저희 여러 보살은 《법화경》이 매우 어렵습니다. 부처님을 공경하고 순종하는 까닭에 큰 서원을 일으켜 미래의 악한 세상에서 이 《법화경》을 보호하여 지니며 읽고 해설하려 하옵니다.

3. 세존이시여, 보살마하살은 미래의 악한 세상에서 어떻게 이 경을 설해야 하옵니까?"

4. 부처님께서 문수사리에게 말씀하셨다.

5. "만일 보살마하살이 미래의 악한 세상에서 이 경을 설하고자 할 때는 네 가지 법에 편안히 머물러야 하니,

첫째는 보살의 행처와 친근처에 머무르며 중생을 위하여 이 경을 연설하라.

6. 문수사리여, 무엇을 보살마하살의 행처라 하는

가. 만일 보살마하살이 인욕의 경지에 머물러, 부드럽고 화평하고 착하고 순하여 포악하지 아니하고 마음에 놀라지 말 것이며,

7. 다시 대상에 집착하지 않으며,

8. 온갖 사물의 여실한 모습을 관찰하되 또한 얽매이지 않고 분별하지 않으면 이것이 보살마하살의 행할 바이니라.

9. 무엇을 보살마하살의 친근처라 하는가.

10. 보살마하살은 국왕·왕자·대신·관리를 친근하지 말며,

11. 모든 외도·범지·니건자들과 세속의 글을 짓고 외서를 읊조리는 이와 노가야타·역노가야타를 친근하지 말며,

12. 또 모든 흉측한 놀이, 서로 치고 씨름하는 것과 나라연의 갖가지 유희 등에 친근하지 말며,

13. 또 전다라와 돼지·양·닭·개를 기르는 이와 사냥하고 고기 잡는 나쁜 짓 하는 이들을 친근하지 말지니라.

14. 이러한 사람들이 혹 찾아오거든, 그들을 위해

법을 설하되 바라는 바가 없어야 하며,

15. 또 성문을 구하는 비구·비구니·우바새·우바이를 친근하지 말며, 또한 방문하지도 말며,

16. 만약 방 안에서나 경행하는 곳에서나 강당에 있을 때나 함께 머물지 말 것이니, 혹 찾아오거든 적당하게 법을 설하여 줄 뿐 구하는 바가 없어야 하느니라.

17. 문수사리여, 보살마하살은 여인의 몸에 애욕을 일으키는 생각을 내어 설법하지 말고, 즐겨 보지 말며,

18. 만약 남의 집에 들어가더라도 소녀·처녀·과부와는 더불어 말하지 말며,

19. 또 다섯 종류의 불완전한 남자를 가까이하여 친하지 말며,

20. 혼자서 남의 집에 들어가지 말며, 만일 인연이 있어 홀로 들어가야 할 경우에는 한마음으로 염불해야 하느니라.

21. 만약 여인을 위하여 설법하게 되거든 치아를 드러내 웃지 말고 가슴을 나타내 보이지 말라. 법을 위해서도 깊이 친하지 말라 하였거늘, 하물며 다른 일에야 말할 것이 있겠느냐.

22. 나이 어린 제자와 사미와 어린아이 기르기를 좋아하지 말고, 또한 함께 한 스승 섬기기를 즐겨하지 말며,

23. 항상 좌선을 좋아하되 한적한 곳에 있어 그 마음을 거두어 흩어지지 않게 하라. 문수사리여, 이를 일러 첫째 친근처라 하느니라.

24. 또 보살마하살은 모든 법이 빈 것을 참모습과 같이 살펴보아, 뒤바뀌지 않으며 흔들리지 않고 물러서지 않으며 옮아가지 않느니라.

25. 허공과 같아서 존재성이 없으며, 모든 말할 길이 끊어져 생기지 않고 나오지도 않고, 일어나지도 않으며, 이름도 없고, 모양도 없어서 실로 가짐이 없고, 헤아릴 수 없고, 끝이 없고, 걸림도 없고, 막힘도 없건만, 다만 인연에 의해서 있게 되며 거꾸로 된 생각에서 생기는 것을 설하나니,

26. 항상 이 같은 법상을 즐겨 관하라. 이것이 보살마하살의 둘째 친근처니라."

27. 그때, 세존께서 이 뜻을 펴시려고 게송으로 말씀하셨다.

28. 만일 어떤 보살이   오는 악한 세상에서
    두려움 없는 맘으로   이 경전을 설하려면
    보살로서 행할 곳과   친근한 데 들지니

29. 국왕이나 왕자들과   큰 신하와 고관 대작
    흉한 장난 하는 이와   전다라와 외도 범지
    이와 같이 속된 것들   항상 그를 멀리하며
    아상 많은 인간이나   소승에만 탐착하는
    삼장의 학자들과도   친근하지 말 것이며

30. 계를 파한 비구나   이름뿐인 아라한들
    그 모든 비구니로서   잘 웃으며 희롱하며
    오욕락에 탐착한 채   열반 도를 구하려는
    어리석은 우바이도   친근하지 말지니라.

31. 만일 이런 사람들이   좋은 마음으로 와서
    보살 처소에 이르러   부처님의 도 묻거든
    중생들을 구하려는   두려움 없는 마음으로
    바라는 것 하나 없이 그를 위해 법 설하라.

안락행품 277

32. 과부거나 처녀거나　　　남자답지 못한 것도
　　가까이 하지 말고　　　깊은 정을 주지 말며
　　짐승들을 죽이고　　　사냥하고 고기 잡아
　　죽임으로 이익 보는　　그런 이를 친근 말며
　　고기 팔아 살아가고　　여색 팔아 살아가는
　　이러한 모든 사람들　　가까이 하지 말라.

33. 흉악하게 서로 치고　　희롱하여 노는 이와
　　음탕한 그 여자들　　　모두 친근하지 말며,

34. 으슥한 곳에서　　　　여인 위해 설법 말고
　　만일 설법 하려거든　　희롱하여 웃지 말며
　　마을에서 걸식할 때　　한 비구와 같이 하고
　　만일 홀로 갈지라도　　한마음으로 염불하며,

35. 이러한 모든 일들　　　행할 곳과 친근할 곳
　　이 두 곳에 머물러서　편안하게 설하여라.

36. 상 중 하의 여러 법과　유위 무위 분별 말고

참되거나 거짓된 법　　　또한 그 법 행치 말며

남자이건 여자이건　　　모든 법 얻었다 말고

아는 체도 하지 말며　　　또한 분별하지 말고

이 같은 모든 행이　　　보살들의 행함일세.

37. 일체의 온갖 법들　　　본래부터 빈 것이라

일어남도 없지만은　　　멸하지도 아니하니

지혜 있는 모든 이들　　　친근처라 하느니라.

38. 여러 법이 있다 없다　　　또는 진실 아니라며

생과 멸을 따지는 건　　　전도된 분별이니

고요한 데 있으면서　　　마음을 잘 다스리고

편안하게 머무르되　　　수미산과 같이 하라.

39. 온갖 모든 법들　　　본래부터 없는 지라

빈 허공과 같으므로　　　견고함이 없으며

옴도 없고 감도 없어　　　부동하고 불퇴하여

한 모양에 머무르니　　　그 곳 바로 친근할 곳

40. 만일 어떤 비구 있어 　내가 멸도한 뒤에
　　　 행할 곳, 친근할 곳 　부지런히 잘 들어서
　　　 이 경전 설할 때는 　　두려움이 없느니라.

41. 보살이 수행할 때 　　고요한 방 들어가서
　　　 곧고 바른 생각으로 　뜻을 따라 법을 보고
　　　 선정에서 일어나면 　나라 왕과 여러 왕자
　　　 여러 신하와 백성 　　바라문들을 위하여
　　　 이 경전을 설해주며 　법을 열어 교화하면
　　　 그 마음이 안온하여 　두려움이 없느니라.

42. 문수사리 보살이여 　　이를 일러 하는 말
　　　 모든 보살 법 가운데 　편안히 머무를 곳
　　　 이런 곳에 잘 들어서 　뒤에 오는 뒷 세상
　　　 미묘한 《법화경》을 　능히 넓게 설하리라.

43. "또 문수사리여, 여래가 멸도한 뒤 말법시대에 이 경을 설하고자 할진대 안락행에 머물러야 하느니라.

44. 혹은 입으로 설할 때나 경을 읽을 때에 남의 허물과 경전의 허물을 즐겨 말하지 말고, 법사들을 가벼이 하여 업신여기지 말며, 남의 좋고 나쁜 장단점을 말하지 말라.

45. 성문들에 대해서도 이름을 들어 그 허물을 말하지 말고, 이름을 들어 좋은 점을 찬탄하지도 말며, 원망하고 싫어하는 마음도 내지 말라.

46. 이 같은 안락한 마음을 잘 닦음으로써 설법을 듣는 모든 이가 그 뜻을 거스르지 않을 것이며, 어려운 질문을 받더라도 소승법으로 답하지 말고, 대승법으로 해설하여 그들로 하여금 일체종지를 얻게 하여라."

47. 이때, 세존께서 이 뜻을 펴시려고 게송으로 말씀하셨다.

48. 보살들은 항상 즐겨　　안온하게 설법하되
　　　맑고도 깨끗한 땅　　　법 자리에 앉으시어

49. 기름을 몸에 발라　　　먼지와 때를 씻고
　　　청정한 새 옷 입어　　안과 밖을 맑게 하고

사자좌에 편히 앉아	묻는 대로 설법하며,

50. 만일 어떤 비구　　　　비구니와 우바새
　　우바이와 국왕들과　　왕자들과 여러 신하
　　백성들에 미묘한 뜻　　부드럽게 설해주며
　　어려운 뜻 물어와도　　뜻을 따라 설법하되,
　　인연이나 비유들로　　분별하고 연설하여
　　이와 같은 방편으로　　모두 발심하게 하여
　　이익이 점점 많아　　부처님 도 듣게 하며

51. 게으르게 하는 일　　게으름을 못 피우게
　　근심 걱정 덜어주고　　자비로운 마음으로
　　위 없는 가르침을　　밤낮으로 설법하며
　　여러 가지 인연들과　　셀 수 없는 비유들로
　　중생들께 열어 보여　　기쁘도록 하여주며,

52. 의복이나 이불 좌복　　음식들과 의약들의
　　그 가운데 하나라도　　바라지 말 것이며
　　한마음으로 생각하되　　설법하는 인연으로

부처님 도 이룩하고	중생들도 성불하면
이런 것이 큰 이익	안락한 공양이니라.

53. 내가 멸도한 뒤에 　　만일 어떤 비구 있어
　　이《묘법연화경》을 　　중생 위해 설법하면
　　질투와 성내는 마음 　　번뇌 장애 하나 없고
　　근심 걱정 마찬가지 　　꾸짖는 이 없으며
　　두려움도 없어지고 　　칼이나 막대기로
　　내쫓는 이 없는 것은 　　인욕에 머묾이라.

54. 지혜로운 이는 이 같이 　마음을 잘 닦고 닦아
　　안락하게 머물기를 　　위의 말과 같이 하면
　　그 사람이 얻는 공덕 　　천만억의 오랜 겁에
　　산수로나 비유로도 　　헤아릴 수 없느니라.

55. "문수사리여, 보살마하살이 말세에 법이 멸하려 할 때에 이 경전을 받아 지니고 읽고 외우는 이를 질투하고 아첨하고 속이려는 생각을 품지 말며, 또한 불도 배우는 이를 가벼이 여기고 꾸짖어서 그의 장단

점을 캐내려고 하지 말라.

56. 비구·비구니·우바새·우바이로서 성문을 구하고 벽지불을 구하며 보살도를 구하는 이들을 괴롭혀 의심하게 하지 말라. 위의 사람들에게 말하되, '그대들은 도에서 매우 멀며, 일체종지를 얻지 못한다. 왜냐하면 그대들은 게으른 사람이라, 도에 방일하기 때문이다.' 하지 말라.

57. 모든 법을 희론하여 다투는 일이 없게 하라.

58. 반드시 모든 중생에게 자비로운 생각을 일으키고 여러 여래에게는 자비로운 아버지라는 생각을 일으키며 보살들에게는 큰 스승이라는 생각을 일으켜야 하느니라.

59. 시방의 여러 대보살에게 항상 깊은 마음으로 공경하고 예경하라.

60. 모든 중생에게 평등한 법을 설하되, 법에 순응하기 위하여 많이 설하지도 말고 적게 설하지도 말며 깊이 법을 사랑하는 사람에게도 또한 많이 설하지 말라.

61. 문수사리여, 이 보살마하살이 말세에 법이 멸

하려 할 때 제삼의 안락행을 성취하는 이는, 이 법을 설할 때 번뇌와 어지러운 마음이 없으며,

62. 좋은 도반을 얻어 함께 이 경을 읽고 외우며 또한 대중이 와서 들으리라.

63. 들은 뒤에 능히 지니고, 지닌 뒤에 외우며, 외운 뒤에 설하고, 설한 뒤에 쓰며 또 남을 시켜 쓰게 하여 경전을 공양·공경하고 존중·찬탄하리라."

64. 이때, 세존께서 이 뜻을 펴시려고 게송으로 말씀하셨다.

65. 이 경을 설하려면　　성내고 질투하며
　　　아첨하고 거짓된 맘　모두 버려 선행 닦고

66. 남을 경멸하지 말며　법을 희롱하지 말고
　　　의심이 없게 하며　　성불을 못 한다 말라.

67. 이 법문을 설하려면　부드럽게 항상 참고
　　　온갖 중생 자비롭게　게으른 맘 없애주며
　　　시방세계 큰 보살들　중생 위해 도 닦으니

  공경하는 마음 내어   대법사라 생각하며
  부처님과 세존님을   아버지라 생각하여
  교만심을 깨뜨리고   장애 없이 설법하네.

68. 셋째 법이 이러하니   지혜로운 이를 수호하며
한마음으로 안락행하면 중생 공경 받느니라.

69. "문수사리여, 보살마하살이 말세에 법이 멸하려 할 때, 이《법화경》을 지니는 자는 재가자나 출가자에게 큰 자비심의 마음을 내며, 보살이 아닌 사람에게도 큰 자비심의 마음을 내어,

70. 이렇게 생각하라.

'이런 사람들은 큰 것을 잃었으니, 여래께서 방편으로 근기 따라 설법하심을 듣지도 못하고 알지도 못하며, 깨닫지도 못하고 묻지도 못하며, 믿지도 못하고 이해하지도 못하는구나.

71. 그 사람이 이 경전을 묻고 믿고 이해하지 못할지라도, 내가 위 없이 높고 바른 깨달음을 얻게 될 때는 어디에 있더라도 신통력과 지혜력으로 이 중생들

을 이끌어 이 법에 머물게 하리라.'

72. 문수사리여, 이 보살마하살이 여래가 멸도한 뒤에 이 넷째 법을 성취하는 이는 이 법을 설할 때에 과실이 없을 것이니라.

73. 항상 비구 · 비구니 · 우바새 · 우바이와 국왕 · 왕자 · 대신 · 국민과 바라문 · 거사 등이 공양 · 공경하고 존중 · 찬탄하며 허공의 모든 하늘이 법을 듣기 위해 항상 모시리라.

74. 만일 마을이나 성읍과 한적한 숲속에 있을 적에 어떤 사람이 찾아와 어려운 질문을 하더라도 모든 하늘이 주야로 항상 법을 보호하니, 이를 호위하여 듣는 이를 다 기쁘게 해주리라.

75. 왜냐하면 이 경은 모든 과거 · 미래 · 현재의 여러 부처님 신통력으로 보호하기 때문이니라.

76. 문수사리여, 이 《법화경》은 헤아릴 수 없는 나라에서 이름조차 듣지 못하는데, 얻어 보고 받아 지니며 읽고 외우는 공덕을 말할 수 있겠느냐.

77. 문수사리여, 비유컨대 강력한 전륜성왕이 힘으로 여러 나라의 항복을 받고자 하나 작은 나라 왕들

이 순종하지 아니하므로, 전륜성왕이 많은 군사를 일으켜 토벌함과 같느니라.

78. 왕이 군사들 중에 싸움의 공이 있는 이를 보고 크게 기뻐하며, 공에 따라 상을 주나니,

79. 혹은 논밭·집·마을·고을을 주기도 하고, 의복·장신구를 주기도 하며, 갖가지 진귀한 보물인 금·은·유리·자거·마노·산호·호박과 코끼리·말·수레·노비·백성을 주기도 하지만,

80. 오직 상투 속에 있는 밝은 구슬만은 주지 않으니 이는 오직 왕의 정수리에만 이 구슬이 하나 있을 뿐이라, 만일 이것을 주면 왕의 모든 권속이 반드시 놀라고 이상하게 여기기 때문이니라.

81. 문수사리여, 여래도 또한 이와 같이 선정과 지혜력으로 진리의 국토를 얻어 삼계의 왕이 되었으나, 모든 마왕이 항복하지 않으므로, 여래의 모든 성현 장수가 이들과 함께 싸우니,

82. 공이 있는 이를 보고 마음이 기뻐하며 사부대중 가운데서 여러 경전을 설하여 마음을 기쁘게 하고,

83. 선정·해탈과 무루의 육근·십력 등 온갖 법의 재물을 주고 또 열반을 주기도 하고 멸도를 얻게 하며, 그 마음을 인도하여 그들로 하여금 다 기쁘게 하되, 이《법화경》만은 설하지 않았노라.

84. 문수사리여, 전륜성왕이 군사들 중에 큰 공이 있는 이를 보고 마음이 매우 기뻐서 믿기 어려운 구슬을 상투에 간직하여 다른 이에게 보여주지 않던 것을 이제 주는 것과 같으니,

85. 여래도 또한 이와 같아서 삼계 중의 대법왕이 되어 법으로써 온갖 중생을 교화하되,

86. 성현의 군사들이 오음마·번뇌마·사마와 싸워 삼독을 멸하고 큰 공훈을 세워 삼계에서 벗어나 마의 그물이 찢어짐을 보았나니,

87. 이때 여래께서 크게 기뻐하여 중생들을 모든 지혜에 이르게 하건만, 모든 세간에서 원망이 많고 믿기 어려워, 일찍이 설하지 않았던 이《법화경》을 비로소 설하느니라.

88. 문수사리여, 이《법화경》은 여러 여래의 으뜸 가는 설법이라. 여러 설법 가운데에 가장 깊은 법이

어서 끝으로 설해주니 저 강력한 왕이 오래도록 간직했던 밝은 구슬을 이제야 주는 것과 같느니라.

89. 문수사리여, 이 《법화경》은 여러 부처님의 비밀의 법장으로 모든 경전 가운데에 가장 위에 있으되, 오랜 세월 보호하며 함부로 설하지 않았으니, 오늘에야 그대들에게 이를 설하노라."

90. 이때, 세존께서 이 뜻을 펴시려고 게송으로 말씀하셨다.

91. 항상 인욕 행하고   모든 중생 연민하여
부처님이 찬탄하신   이 경전을 설법하라.

92. 오는 세상 말법시대   이 경전을 가진 이는
재가자나 출가자나   보살들이 아니라도
자비심을 내게 한다.   많은 중생 이 경전을

93. 듣지 않고 믿지 못해   큰 이익을 잃지만
내가 불도 이루어서   여러 가지 방편으로
이 경전을 설법하여   법 가운데 있게 하리.

94. 비유하면 힘이 강한　　　전륜성왕 신하들이
　　 싸움에서 공 있는 자　　　여러 가지 상을 주되
　　 코끼리 말 수레 등과　　　몸에 걸친 장신구와
　　 많은 논밭 집 들이며　　　촌락·성읍 떼어주고
　　 혹은 입을 옷가지와　　　여러 가지 귀한 보배
　　 노비들과 재물들을　　　　주면서 기쁘게 하고

95. 용맹하게 잘 싸우며　　　어려운 일 능히 하면
　　 머릿속에 감춘 구슬　　　풀어내어 주시듯이.

96. 여래 또한 이와 같이　　　여러 세계 법왕되어
　　 인욕 정진하는 힘과　　　지혜스런 보장 있어
　　 대자대비 마음으로　　　세상을 교화하시네.

97. 온갖 모든 중생들이　　　여러 고통 받으면서
　　 해탈법을 구하려고　　　마군과 싸우나니
　　 이런 중생 위하느라　　　갖가지 법 설하며
　　 큰 방편력을 잘 써서　　　여러 경을 설해주며
　　 중생들이 힘 얻는 것　　　여래께서 아시고는

나중에야 그를 위해	《법화경》을 설하시니
전륜성왕 머리 풀어	밝은 구슬 줌과 같네.

98. 이 경은 존귀하여　　경전 중에 으뜸이라
　　 내가 항상 수호하여　　열어 뵈지 않았으나
　　 지금은 때가 되어　　 너희에게 설하노니.

99. 내가 멸도한 뒤에　　 부처님 도 구하는 이
　　 편안하게 이 경전을　　연설하고자 하거든
　　 이와 같은 네 가지 법　반드시 가까이 하라.

100. 이 경전을 읽는 이는　　항상 번뇌 망상 없고
　　　병과 고통 하나 없이　　얼굴 빛이 아름답네.
　　　이런 사람 비천하고　　빈궁하게 나지 않고
　　　중생들이 즐겨 보되　　어진 성인 보듯 하며
　　　하늘과 여러 동자들　　모시고 또 모시오니
　　　칼 막대로 못 해치고　　독약으로 못 죽이며
　　　이 사람을 욕설하면　　욕한 입이 막히리라.

101. 두려움이 없기로는   사자왕과 같으며

지혜의 밝은 큰 빛   해가 비춤 같노라.

102. 혹은 꿈속에서   미묘한 일 보더라도

103. 모든 여래들께서   사자좌에 앉으시어

비구 대중 둘러싸여   설법하심 보오며

항하 모래 같은 수의   용과 귀신 아수라들

그 모두가 한마음으로   공경하고 합장하며

자기 자신 모습과   설법함도 또한 보며,

104. 여러 부처님을 보며   그 몸 금색광명이라.

셀 수 없는 큰 빛 놓아   모든 것을 다 비추며

맑은 음성 범음으로   모든 법을 설하시네.

105. 부처님 사부중 위해   위 없는 법 설할 적에

자기 몸 그곳에 있어   한마음으로 합장하며

법을 듣고 기뻐하여   부처님께 공양하며

다라니를 얻어 받고   불퇴지를 증득하니

부처님 그 맘 헤아려 　깊고 묘한 부처 도를

오는 세상 수기 얻어 　무상 정각 이루리라.

106. 이 경 지닌 선남자는 　앞으로 오는 세상

　　 셀 수 없이 광대하며 　부처님 큰 도 얻고

　　 그 국토는 청정하여 　비유 없이 광대하며

　　 사부대중 합장하여 　그 불법을 들으리라.

107. 스스로 자신들이 　숲 속에 들어 가서

　　 좋은 법을 닦고 익혀 　참모습 증득하며

　　 선정에 깊이 들어 　시방 계신 부처 보네.

108. 부처님 몸 금색이요 　백복으로 장엄되어

　　 법을 듣고 대중 위해 　설법하는 꿈이 있네.

109. 꿈속에도 국왕되어 　큰 궁전과 권속들과

　　 오욕락을 다 버리고 　불도량을 찾아가서

　　 보리수 그늘 아래 　사자좌에 높이 앉아

110. 칠 일간을 지나면서 　　불지혜를 모두 얻고
　　　위 없는 도 이루고 　　　법륜을 잘 굴리면
　　　사부대중 위하여 　　　천만억 겁 지나도록
　　　무루 묘법 설하여서 　　무량 중생 제도하고
　　　최후 열반 들 적에는 　　등불 연기 다 꺼지고

111. 뒤에 오는 악한 세상 　　《법화경》을 설하면은
　　　이런 사람 얻는 이익 　　공덕 또한 위 같노라.

15. 종지용출품(從地涌出品)

 1. 이때, 다른 나라에서 온 여러 보살마하살이 여덟 항하의 모래 수보다 더 많더니, 대중 가운데서 일어나 합장 예배하고 부처님께 여쭈었다.

 2. "세존이시여, 저희들이 부처님 멸도하신 뒤에 이 사바세계에 있으면서 부지런히 정진하며 이 경전을 수호하여 지니고 읽고 외우며 베껴서 공양할 것을 허락하신다면, 이 국토에서 이를 널리 설하겠습니다."

 3. 이때, 부처님께서 보살마하살에게 말씀하셨다.

 4. "그만두어라, 선남자여. 그대들은 이 경을 수호해 지닐 필요가 없느니라. 이 사바세계에는 육만 항하 모래의 수와 같은 보살마하살마다 각기 육만 항하 모래만큼의 권속이 있으니, 이 모든 권속들이 내가 멸도한 뒤에 이 경전을 수호하여 지니며 읽고 외우고 널리 설하기 때문이니라."

 5. 부처님께서 이 말씀을 하실 때 사바세계 삼천대

천 국토의 땅이 떨리어 움직이면서 열리더니, 그 속에서 헤아릴 수 없는 천만억 보살마하살이 있어 동시에 솟아올랐다.

6. 이 보살들은 몸이 다 금색으로 삼십이상을 갖추었으며 한량 없는 큰 빛을 지니고 사바세계 아래의 허공 중에 머물러 있던 중,

7. 이 모든 보살이 석가모니 부처님께서 말씀하시는 음성을 듣고 아래로부터 올라온 것이었다.

8. 이 한 분 한 분의 보살은 대중을 인도하는 지도자로서 각각 육만 항하의 모래 수와 같은 권속을 거느리고 있으며,

9. 오만·사만·삼만·이만·일만 항하 모래 수의 권속을 거느린 보살과 한 항하 모래의 수, 반 항하 모래의 수, 사분의 일 내지는 천만억 나유타분의 일이나,

10. 또는 천만억 나유타의 권속과, 또 억만의 권속을 거느리며, 또 천만·백만 내지는 일만 권속이며 일천·일백 내지 십 권속이며, 다섯·넷·셋·둘·하나의 제자를 거느리고 있었다.

11. 또는 홀몸으로 멀리 떠나 부처님 도를 즐기는

수행자들이 헤아릴 수 없고 가이없어 산수와 비유로는 알 수 없었다.

12. 이 여러 보살이 땅으로부터 올라와, 허공에 솟은 칠보탑에 계신 다보여래와 석가모니 부처님 계신 곳에 나아가서 두 분 세존을 향하여 예배하고, 모든 보배나무 아래 사자좌 위 부처님들 계신 곳에 이르러 예경 드린 뒤, 오른쪽으로 세 번 돌고 합장 공경하며, 여러 보살이 갖가지 찬탄하는 법식대로 찬탄하고 한 쪽에 머물러 두 분 세존을 즐거운 마음으로 우러러보았다.

13. 이 모든 보살마하살이 처음 땅에서 솟아올라와 모든 보살의 갖가지 찬탄하는 법식따라 부처님을 찬탄하니, 이렇게 하는 동안에 오십 소겁이 지났다.

14. 이때, 석가모니 부처님께서 앉아 계셨고, 모든 사부대중들도 다 잠자코 앉아 오십 소겁이 지났지만 부처님 신통력으로 반나절처럼 여기게 하셨다.

15. 이때, 사부대중들은 부처님의 신통력으로, 여러 보살이 헤아릴 수 없는 백천만억 국토의 허공에 가득찼음을 보게 되었다.

16. 이들 보살 가운데 네 분의 도사가 있었으니, 첫째 이름이 상행이요, 둘째 이름이 무변행이요, 셋째 이름이 정행이요, 넷째 이름이 안립행이었다.

17. 이 네 명의 보살들이 대중 가운데 으뜸 가는 지도자로서 대중 앞에서 다 같이 합장하고 석가모니불을 우러러보며 문안을 여쭈었다.

18. "세존이시여, 병환 없으시고 고뇌 없으시며 안락하게 지내십니까. 제도 받을 자들은 가르침을 잘 받으며, 세존을 피로하게 하지는 않았습니까?"

19. 이때, 사대보살이 게송으로 말하였다.

20. 세존께서 안락하사　　병도 없고 고통 없어
　　　중생 교화 하시느라　　피로함이 없으시며
　　　또한 여러 중생들이　　교화 잘 받아 지녀
　　　세존의 몸과 마음을　　힘드시게 하잖았나이까.

21. 이때, 세존께서 보살 대중들에게 이 같이 말씀하셨다.

"그렇다. 선남자들이여, 여래는 편안하며 병과 고

뇌도 없고, 여러 중생들도 제도하기 쉬워서 피로함이 없노라.

22. 이 여러 중생은 세세생생 이래 항상 나의 교화를 받았으며, 또한 과거 여러 부처님을 공경하고 존중하며 모든 선근을 심었기에, 이 많은 중생이 처음 내 몸을 보고 내 설법을 들으며 곧바로 믿고 받아서 여래 지혜에 들어갔으니, 먼저 수행하여 소승 배운 이는 제외되나, 이제야 처음으로 이 경전의 설법을 듣는 자들도 내가 부처의 지혜에 들어가게 하리라."

23. 이때, 큰 보살들이 게송으로 말하였다.

24. 거룩하고 장하신 　법의 대웅 세존께서
　　　많은 중생 근기 따라 　제도하기 쉽게 하며
　　　매우 깊은 불지혜를 　부처님께 묻는 그들
　　　듣고 믿어 행하오니 　저희들도 기쁩니다.

25. 이때, 세존께서 대중의 지도자인 큰 보살들을 찬탄하셨다.

"착하고 착하다. 선남자여. 그대들이 능히 여래를

따라서 기뻐하는 마음 일으키는구나."

26. 이때, 미륵보살과 팔천 항하 모래 수의 보살들은 이렇게 생각하였다.

27. '우리는 예부터 지금까지 이와 같은 대보살마하살들이 땅에서 솟아나 세존 앞에 머물러 합장하고 공양하며 여래께 문안 인사 여쭙는 것을 보지도 못하였고, 듣지도 못하였노라.'

28. 이때, 미륵보살마하살이 팔천 항하 모래 수의 여러 보살들의 생각하는 바를 아시고, 스스로도 의심을 풀고자 합장하고 부처님을 향하여 게송으로 여쭈었다.

29. 셀 수 없는 천만억의   여러 대중 보살들은
     예전에 못 보던 일   양족존은 설하소서.
     어디에서 오셨으며   무슨 인연 모였는가.

30. 큰 몸에 큰 신통력   지혜 또한 부사의며
     뜻과 생각 견고하고   인욕하는 힘이 있어
     중생들이 즐겨 보니   어디에서 왔나이까.

31. 하나하나 보살들이   거느린 여러 권속
      항하의 모래 같아   그 수 헤아릴 수 없네.

32. 혹은 대보살이 있어   육만 항하사 거느려
      이렇게 많은 대중   한마음으로 도 구하며
      육만 항하 모래 수의   여러 큰 대사들
      부처님께 공양하고   이 경 받아 지니오며

33. 오만 항하사 거느린   보살 수는 더 많아서
      사만이나 삼만이나   이만 내지 일만이며
      일천이나 일백이요   내지 일항하 모래 수의
      반 분이나 삼 사분   억만 분의 일이오며

34. 천만의 나유타 수   만억의 여러 제자며
      거느린 반 억의   그 수보다 더 많고
      백만 내지 일만이며   일천 내지 일백 명과
      오십에서 십을 지나   셋 둘 하나 거느리며

35. 권속 없이 홀몸으로   다니기를 즐겨하여

　　　　부처 앞에 나온 수도　　그 수보다 더 많으니

36. 이와 같이 많은 대중　　숫자로써 헤아리며
　　항하 모래 겁 다해도　　능히 알지 못하오며

37. 이와 같이 많은 위덕　　정진의 보살 대중
　　어느 누가 설법하여　　교화 성취 시켰으며
　　누구 따라 발심하고　　어느 불법 칭찬하며
　　어느 경전 받아 지녀　　어떤 불도 익혔을까.

38. 이렇게 많은 보살　　신통력과 큰 지혜로
　　사방의 땅 진동시켜　　그 속에서 나왔으니

39. 세존이여 예부터　　이런 일은 본 적 없어
　　그들이 오신 국토　　이름 설해 주옵소서.

40. 여러 국토 다녔으나　　이 대중은 처음 보며
　　이들 중의 한 사람도　　아는 이가 하나 없어
　　홀연히 솟은 인연　　원하오니 설하소서.

41. 지금 여기 모인 대중　헤아릴 수 없는 백천만억
많고 많은 보살들도　모두 알기 원하오니
이 많은 보살 대중　본말의 인과 연들
무량 위덕 세존께서　오직 설해 주옵소서.

42. 이때, 석가모니 부처님의 분신인 여러 부처님께서 헤아릴 수 없는 천만억 타방 국토에서 오셔서 팔방의 여러 보배나무 아래 사자좌 위에 가부좌하고 계시니,

43. 그 부처님의 시자들도 각기 보살 대중과 삼천대천세계의 사방에서 땅으로부터 솟아나 허공에 머묾을 보고 저마다 섬기고 있는 부처님께 여쭈었다.

44. "세존이시여, 이 여러 헤아릴 수 없고 가이없는 아승지 보살 대중은 어느 곳에서 왔습니까?"

45. 이때, 여러 부처님께서 시자들에게 말씀하셨다.

46. "선남자들이여, 잠시만 기다려라. 여기 보살마하살이 있으니, 이름이 미륵이라. 석가모니불께서 수기를 하셨는 바, 다음 세상에 부처님이 되실 미륵보살께서 여쭈었으니 부처님께서 이제 곧 대답함으로써

그대들도 자연히 이 인연을 듣게 되리라."

47. 이때, 석가모니불께서 미륵보살에게 말씀하셨다.
"착하고 착하다, 아일다여. 그대가 나에게 이러한 큰 일을 묻는구나. 그대들은 한마음으로 정진의 갑옷을 입고 견고한 뜻을 일으켜라.

48. 여래는 이제 여러 부처님의 지혜와, 부처님의 자재한 신통의 힘과, 부처님의 사자 분신의 힘과, 부처님의 위엄 있고 용맹한 큰 세력의 힘을 나투어 보이려 하노라."

49. 이때, 세존께서 이 뜻을 펴시려고 게송으로 말씀하셨다.

50. 한마음으로 정진하라.   내가 이 일 설하니
　　　의심 두지 말아라.　　　부처 지혜 불가사의
　　　너는 이제 믿음 내어　　인욕하며 머무르면
　　　일찍이 못 듣던 법　　　이제 모두 들으리라.

51. 안심토록 해주리니　　의심하고 두려워 말라.
　　　부처 말씀 진실되고　　지혜 또한 헤아릴 수 없어

52. 얻은 바 제일법은　　분별하기 어려울 새
　　　 이제 바로 설하노니　　너희 모두 잘 들어라.

53. 이때, 세존께서 이 게송을 설하시고 미륵보살에게 말씀하셨다.

"내 이 대중 가운데서 그대들에게 말하노니 아일다여, 이 헤아릴 수 없고 가이없는 아승지의 여러 대보살마하살이 땅에서 솟아 나온 일은 그대들이 일찍이 보지 못하던 일이리라. 내가 이 사바세계에서 위 없이 높고 바른 깨달음을 얻고 나서 이 모든 보살을 인도하여, 교화하고 그 마음을 조복 받아, 도의 뜻을 일으키게 하였느니라.

54. 이 보살들은 다 이 사바세계 아래의 허공 가운데에 머물러, 모든 경전을 읽고 외우며 통달하여 사유하고 분별하며 바르게 기억하였노라.

55. 아일다여, 이 여러 선남자들은 대중 속에 있으면서 말 많은 것을 좋아하지 아니하고 항상 조용한 것을 즐기며 부지런히 정진하되, 쉬지 아니하며 또 사람과 하늘에 의지하여 머물지 않고, 항상 깊은 지

혜를 좋아하여 걸림이 없으며, 또 항상 모든 부처님의 법을 좋아하여 한마음으로 정진하여 위 없는 지혜 구하였노라."

56. 이때, 세존께서 이 뜻을 펴시려고 게송으로 말씀하셨다.

57. 아일다여, 바로 알라.　　이 많은 큰 보살들
　　수없는 겁 동안에　　　부처님 지혜 닦아
　　모두 내가 교화하여　　대도의 마음 내었네.

58. 그들은 나의 아들　　　이 세계에 의지하여
　　항상 두타행을 하고　　고요한 곳 좋아하며
　　시끄러운 곳 떠나서　　많은 설법 하지 않는
　　이와 같이 많은 아들　　나의 도를 배워 익혀

59. 밤낮 없이 정진하며　　부처님 도 구하려고
　　사바세계 아래 있는　　허공 중에 있었노라.

60. 뜻과 생각 견고하여　　지혜 항상 구하면서

　　　　《법화경》을 설법하되　두려움이 없느니라.

61. 가야성 보리수 아래　최정각을 내가 이뤄
　　　무상 법륜 굴리어서　이 모두를 교화하고
　　　도의 마음 처음으로　일으키게 하였더니
　　　불퇴지에 머물러서　성불 모두 얻었노라.

62. 내가 진실 말하노니　한마음으로 신앙하라.
　　　예부터 모든 대중　남김없이 교화했네.

63. 이때 미륵보살마하살과 무수한 보살들이 일찍이 없었던 장엄한 일이라 여겨,

64. '어떻게 세존께서 이 짧은 시간에 이와 같은 끝이 없고 가이없는 아승지 큰 보살들을 교화하시어 위없이 높고 바른 깨달음에 머물게 하셨을까?'

이렇게 생각하고 곧 부처님께 여쭈었다.

65. "세존이시여, 여래께서 태자로 계실 때 석씨 궁성을 나오시어 가야성에서 멀지 않은 도량에 앉으사 위 없이 높고 바른 깨달음을 이루시고 이로부터 사십

여 년이옵니다.

66. 세존이시여, 어찌 이런 짧은 시간에 큰 불사를 지으사 부처님의 세력과 부처님의 공덕으로써 이 같은 큰 보살을 교화하셔서 위 없이 높고 바른 깨달음에 이르게 하셨습니까?

67. 세존이시여, 이 큰 보살들은 어떤 사람이 천만억 겁 동안 헤아린다 해도 다하지를 못하여 그 수를 알 수 없으니, 이들은 아득한 옛적부터 끝이 없고 가이없는 모든 부처님 계신 곳에서 온갖 좋은 선근 심어 보살도를 성취하고 항상 범행을 닦았을 것입니다. 세존이시여, 이 같은 일은 세상에서 믿기 어렵습니다.

68. 비유컨대, 어떤 얼굴빛이 아름답고, 머리가 검은 스물다섯 살 되는 이가 백 살 된 노인을 가리키며 '이는 내 아들이다.' 하고, 백 살의 노인도 젊은이를 가리켜 '이는 나의 아버지며 우리를 낳아 길렀다.' 하면 이 일은 믿기 어렵습니다.

69. 부처님께서도 이와 같아서 도를 얻으신 지 오래되지 않지만, 이 대중 보살들은 헤아릴 수 없는 백천만억 겁 동안 부처님 도를 위하여 부지런히 정진하

고 헤아릴 수 없는 백천만억 삼매에 들고 나며 머물러서 큰 신통을 얻고, 오랫동안 범행을 닦아 차례로 온갖 선법을 익혀 문답에 자유자재하여 사람 중의 보배이니, 온 세상에서 매우 드뭅니다.

70. 오늘 세존께서 말씀하시기를 '부처님의 깨달음을 얻고 나서 그들이 깨달음의 마음을 일으키게 하고 교화 인도하여 위 없이 높고 바른 깨달음을 향하게 하였노라.' 하시니 세존께서 성불하심이 오래지 않사온데 어떻게 이 큰 공덕을 지으셨습니까?

71. 저희들은 부처님께서 사람의 경우에 따라 말씀하시므로 그 말씀에 거짓이 없으시며, 부처님께서는 모든 것을 통달하셨음을 믿고 있으나, 새로 발심한 여러 보살들이 부처님 멸도한 뒤에 이 말씀을 들으면 믿지 않고 법을 파괴하는 죄업의 인연이 될 것입니다.

72. 그러하오니 세존이시여, 원컨대 해설하여 저희들의 의심을 없애 주시고, 오는 세상에 여러 선남자들이 이 말을 듣고 의심내지 않게 하옵소서."

73. 이때, 미륵보살이 이 뜻을 펴려고 게송으로 말하였다.

74. 부처님께서 오랜 옛날　석씨 왕성 출가하여
　　가야성 가까운 곳　　보리수 아래 짧은 세월
　　교화한 여러 불자　　그 수를 헤아릴 수 없어
　　불도 오래 행한 그들　신통력에 머무르며
　　보살도를 잘 배워서　세간 법에 물 안 들어
　　물속에 핀 연꽃같이　땅에서 솟아나와

75. 공경하는 마음 내어　세존 앞에 있사오니
　　이런 일은 불가사의　어찌 우리 믿으리까.
　　부처 득도 최근인데　성취한 일 많으시니
　　많은 의심 풀어주셔　편안하게 설하소서.

76. 비유하면 스물다섯　나이 젊은 청년인데
　　흰 머리에 주름 잡힌　백세 노인 가리키며
　　저 이가 내 아들이라　아들 또한 애비라니
　　애비 젊고 자식 늙어　세상 누가 믿으리까.

77. 세존 또한 이와 같아　도 이룬 지 가까운데
　　여기 많은 보살들은　뜻이 굳고 떳떳하며

셀 수 없는 옛날부터	보살도를 행하여서
문답에도 교묘하니	두려운 맘 하나 없고
인욕의 맘 결정되어	단정하고 위덕 있어
시방 부처 찬탄 받아	분별하여 잘 설득하며

78. 시끄러운 중생 피해　　선정 항상 즐겨하며
　　부처님 도 구하려고　　아래 허공 머무름을

79. 저희들은 부처 말씀　　의심 다시 없사오나
　　미래 중생 위하여서　　이해하게 하옵소서.
　　《법화경》을 의심하여　　믿지 아니하는 자는
　　삼악도에 떨어지니　　풀이하여 주옵소서.

80. 그토록 짧은 세월　　셀 수 없이 많은 보살
　　어떻게 교화하여　　물러남 없게 하나이까.

16. 여래수량품(如來壽量品)

1. 그때 부처님께서 여러 보살과 여러 대중에게 말씀하셨다.

2. "선남자들이여, 그대들은 여래의 참다운 진리를 믿고 이해하라."

3. 다시 여러 대중에게 말씀하셨다.

"그대들은 여래의 참다운 진리를 믿고 이해하라."

4. 또 다시 대중들에게 말씀하셨다.

"그대들은 여래의 참다운 진리를 믿고 이해하라."

5. 이때, 보살 대중 가운데 미륵보살이 우두머리가 되어 합장하고 부처님께 여쭈었다.

6. "세존이시여, 원하옵나니 이를 설하여 주옵소서. 저희들이 부처님 말씀을 믿고 받들겠습니다."

7. 이렇게 세 번 여쭈고 다시 말하였다.

"원하옵건대, 이를 설하소서. 저희들이 부처님 말씀을 믿고 받들겠습니다."

8. 이때, 세존께서는 여러 보살이 세 번이나 청하여 그치지 않음을 아시고 말씀하셨다.

9. "그대들은 여래의 비밀한 신통력에 대해 자세히 들어라.

10. 모든 세간의 하늘과 사람과 아수라 등은 생각하기를 '지금의 석가모니불은 석씨 궁을 나와 가야성 가까운 도량에 앉으사 위 없이 높고 바른 깨달음을 얻었다.' 하느니라.

11. 하지만 선남자들이여, 내가 성불한 지는 헤아릴 수 없고 가이없는 백천만억 나유타 겁 전이니라.

12. 비유하면 오백천만억 나유타 아승지 삼천대천세계를 어떤 사람이 부수어 작은 티끌을 만들어 동방으로 오백천만억 나유타 아승지의 세계를 지나서 티끌 하나를 떨어뜨리며, 이 같이 하여 동으로 자꾸 가서 이 티끌들을 다 떨어뜨렸다면, 선남자들이여, 이 모든 세계를 생각하고 헤아려서 그 수를 알 수 있겠는가, 없겠는가."

13. 미륵보살 등이 부처님께 여쭈었다.

"세존이시여, 그 모든 세계는 헤아릴 수 없고 가이

없는 산수로 알 바가 아니며, 마음으로 미칠 바가 아니오니, 여러 성문 벽지불이 셈이 없는 지혜로 생각해도 그 한계를 모를 것이며 저희들이 물러남이 없는 자리에 있다 해도 그 세계는 알지 못하니, 세존이시여, 그 같은 모든 세계는 끝이 없고 가이없을 뿐입니다."

14. 이때, 부처님이 대보살들에게 말씀하셨다.

"선남자들이여, 이제 분명하게 그대들에게 말하리라. 이 모든 세계에 작은 티끌 떨어진 곳과 떨어지지 아니한 곳을 모두 티끌로 만들어 티끌 하나를 일 겁으로 친다 해도, 내가 성불한 지는 이보다 백천만억 나유타 아승지겁 이전이니라.

15. 이로부터 나는 항상 이 사바세계에 있으면서 법을 설해 교화했으며, 또 다른 백천만억 나유타 아승지 국토에서 중생들을 인도하여 이롭게 하였노라.

16. 여러 선남자들이여, 중간에 내가 연등불의 일을 설하였으며 연등부처님께서 열반에 들었다고 말하였으나, 이와 같은 말은 다 방편으로 분별한 것이니라.

17. 선남자들이여, 어떤 중생이 내가 머무르는 곳에 오면 내가 부처님의 눈으로서 그의 몸과 마음과

근기가 날카롭고 우둔함을 보아 제도할 바를 따라, 곳곳에서 이름도 같지 않고 수명도 다르게 설했으며, 또는 열반에 든다 하고 드러내어 말하며, 갖가지 방편으로 미묘한 법을 설하여 중생으로 하여금 기뻐하는 마음을 일으키게 하였느니라.

18. 선남자들이여, 여래는 모든 중생이 소승의 법을 좋아하여, 덕이 적고 번뇌가 많음을 볼 때에는 이 사람에게 보이기 위해 '나는 젊어서 출가하여 위 없이 높고 바른 깨달음을 얻었다.' 하였노라.

19. 그러나 내가 실로 깨달음을 얻은 지는 오래 되기가 위와 같건만, 다만 방편으로 중생을 교화하여 부처님 도에 들게 하려고 이와 같이 설하였노라.

20. 선남자들이여, 여래가 설한 경전들은 다 중생을 제도하기 위함이니, 자기의 믿지 못함을 보이며, 혹은 다른 이의 믿지 못함을 보이고, 혹은 자기 일을 보이며, 혹은 다른 이의 일을 보이지만, 여러 가지 말은 방편이므로 다 진실하여 거짓이 없노라.

21. 왜냐하면 여래는 욕계·색계·무색계의 모습을 알고 보니, 생사에 물러가고 나옴이 없고, 또한 세

상에 생하는 것도 멸하는 것도 없어서 진실하지도 않고 허망하지도 않으며, 같지도 않고 다르지도 않으니, 중생이 삼계를 보는 것과 여래가 삼계를 보는 것이 다르기 때문이니라.

22. 이 같은 일을 여래는 밝게 보아 그릇됨이 없으나 여러 중생이 갖가지 성품과 갖가지 욕망과 갖가지 행과 갖가지의 생각과 분별이 있으므로, 모든 선근을 내게 하려고 약간의 인연과 비유와 언사로 여러 가지 설법하며 부처님의 일을 하되 잠깐도 쉰 일이 없었노라.

23. 이와 같이 내가 성불한 지는 매우 오래되어 수명은 헤아릴 수 없는 아승지겁이지만 멸하지 않고 항상 머물러 있었노라.

24. 선남자들이여, 내가 본래 보살의 도를 행하여 이룬 수명이 지금도 다하지 않았으며 다시 위에서 말한 수명의 곱이나 남았느니라.

25. 그러나, 이제 참으로 멸도함이 아니면서도, 곧 말하기를 '열반에 들 것이니라.' 하니, 여래는 이런 방편으로써 중생을 교화하느니라.

26. 이는 부처님이 세상에 오래 머문다고 하면 박덕한 사람들은 선근을 심지 않아 가난하고 하천하며, 오욕에 얽매여 부질없는 억측과 그릇된 소견의 그물에서 벗어나지 못하며,

27. 만약 여래가 항상 머물러 있어 멸도하지 않음을 보게 되면, 곧 교활한 마음을 일으키고 싫증내며 권태로운 생각을 품어, 부처님 만나기 어렵다는 생각과 공경할 마음을 내지 않기 때문이니라.

28. 그러므로, 여래가 방편으로 말하기를,

'비구들이여, 분명히 알라. 모든 부처님께서 세상에 나오심은 만나기가 어려우니라.' 했느니라.

또는 박덕한 사람들은 헤아릴 수 없는 백천만억 겁을 지나더라도 부처님을 친견하는 이도 있고 혹은 친견하지 못하는 이도 있노라. 이런 일이 있으므로 내가 말하노라.

29. '비구들이여, 여래는 가히 만나 뵙기 어려우니라.'

중생들이 이 같은 말을 들으면 만나기 어렵다는 생각을 일으켜 마음에 연모하는 생각을 품고 부처님을

목말라 우러르며 좋은 선근을 심으니, 이러하므로 여래는 멸도하지 않으나 멸도한다고 이르노라.

30. 또 선남자들이여, 여러 부처님의 법은 다 이와 같아서 중생을 제도하기 위함이니, 모두 진실하며 거짓이 없노라.

31. 비유하면, 어떤 의사가 지혜가 뛰어나고 의약에 달통하여 처방과 약을 잘 다루니 온갖 병을 잘 치료하였으니,

32. 그에게 자식이 많아서 열, 스물 내지는 백 명이었느니라.

33. 일이 있어 먼 타국에 간 동안에 아들들이 독약을 먹고 약 기운에 답답하고 어지러워 땅에 뒹굴고 있었느니라.

34. 이때, 그 아버지가 집에 돌아오니, 아들들이 독약을 마시고 혹은 본마음을 잃기도 하고, 혹은 잃지 않은 아들도 있어, 멀리서 그 아버지를 보고 모두 기뻐하며 절하고 꿇어 앉아 문안을 여쭈되,

'편안히 잘 돌아오셨습니까. 저희들이 어리석어 잘 못 알아 독약을 먹었으니, 바라옵건대 고쳐주시고 다

시 살려주소서.' 하였느니라.

35. 아버지는 아들들의 고통을 진맥하여 보고 여러 가지 처방과 좋은 약초 빛깔과 향과 좋은 맛을 다 갖춘 약을 구해다가 찧고 쳐서 환을 지어 아들들에게 주어 먹게 하며 이렇게 말하였느니라.

'이것은 매우 좋은 약이라, 빛깔과 향과 좋은 맛을 다 갖추었으니 너희들이 먹으면 빨리 고통이 덜어지고 다시 온갖 근심 걱정이 없으리라.'

36. 그 여러 아들 가운데에 본마음을 잃지 않은 아들들은 이 좋은 약이 빛깔과 향이 잘 갖추어져 있음을 보고 먹으니, 병이 다 없어지고 나았으나, 본마음을 잃은 아들들은 아버지가 옴을 보고 기뻐하여 문안을 드리고 병 고쳐주기를 바라기는 했으나, 약을 주어도 먹으려 하지 않으니, 이는 독기가 깊이 들어가 본마음을 잃었으므로 좋은 빛깔과 향의 약을 좋지 않게 여기기 때문이라.

37. 아버지가 생각하기를,

'이 자식들이 가련하다. 독약에 중독되어 마음이 온통 뒤집혀 나를 보고 기뻐하며 고쳐 달라 하면서도

이 같이 좋은 약을 먹지 않으니, 내가 이제 방편을 베풀어서 이 약을 먹게 하리라.' 하고 말하되,

'너희들은 알라. 내가 이제 노쇠해서 죽게 되었으니, 이 좋은 약을 여기 남겨 두니 너희들은 가져다 먹되 낫지 않을까 걱정하지 말라.'

이렇게 타이르고 다른 나라로 가서 사람을 아들에게 보내어 '너희 아버지는 벌써 돌아가셨다.' 고 전하게 하였느니라.

38. 이때, 아들들은 아버지의 세상 떠나심을 듣고 마음에 크게 근심 걱정하면서 생각하기를 '만약 아버지가 계신다면 우리들을 가엾이 여기사 보호하여 주시련만, 이제 우리를 놓아 둔 채 멀리 떨어진 다른 나라에서 돌아가셨으니, 우리는 외롭고 다시 의지할 데가 없도다.' 하고 항상 슬퍼하다가 마침내 정신이 들어 이 약의 빛깔도 향도 맛도 좋은 줄 알고 곧 약을 찾아 먹으니 독한 병이 다 나았느니라.

39. 이에 그 아버지가 아들들이 모두 쾌차했다는 소식을 듣고 다시 돌아와서 아이들로 하여금 보게 하는 것과 같으니라.

40. 선남자들이여, 어떻게 생각하느냐. 만일 어떤 사람이 이 의사가 거짓말을 하였다고 허물을 말할 수 있겠느냐."

"그렇지 않습니다. 세존이시여."

41. 부처님께서 말씀하셨다.

"나도 이와 같이 성불한 지 끝이 없고 가이없는 백천만억 나유타 아승지겁이건만, 중생을 위하는 방편력으로 '멸도하리라.' 말하니 내가 허망한 말을 하였다고 허물 삼을 자는 없으리라."

42. 이때, 세존께서 이 뜻을 펴시려고 게송으로 말씀하셨다.

43. 옛날 내가 성불하여   지나온 겁 수는
      셀 수 없는 백천만억   아승지가 되지만은

44. 설법으로 셀 수 없는   만억 중생 교화하여
      부처님 도 들게 하여   지금까지 무량한 겁
      중생 제도 위하여서   방편 열반 말하지만
      실은 멸도하지 않고   항상 이 법을 설하며

항상 이곳에 머물러　　　여러 가지 신통으로
　　　거꾸로 된 중생에게　　　보이지 않게 하노라.

45. 중생은 내 멸도 보고　　　사리에다 공양하며
　　　연모의 정 그리면서　　　그리운 맘 다시 내며
　　　중생들은 모두 믿고　　　뜻이 곧고 유연하여
　　　부처 뵙기 원하면서　　　몸과 목숨을 아끼지 않고
　　　그때에 나와 대중　　　영취산에 함께 나와
　　　중생들께 말하기를　　　나는 항상 불멸하여
　　　머물지만 방편으로　　　멸과 불멸 나투시네.

46. 다른 나라 중생들이　　　공경하여 믿으면
　　　내가 그 나라에 가서　　　위 없는 법 설하건만
　　　너희들은 듣지 않고　　　나의 멸도 말만 하네.
　　　내가 보니 여러 중생　　　고통 속에 빠졌구나.

47. 그러므로 은신하여　　　그리운 맘 내게 하고
　　　연모의 정 일으키어　　　방편으로 설법하나니

48. 신통력이 이와 같이 아승지의 오랜 겁에
    항상 영취산에나 또는 다른 곳에 있어
    중생이 겁 다하여 업의 큰 불 일어나도
    나의 땅은 안온하여 하늘 사람 그득하고
    동산 수풀 여러 집들 보배로써 장엄되고
    보배나무 꽃이 활짝 중생들이 즐겨 놀며
    하늘 나라 북을 쳐서 여러 기악 연주하고
    만다라꽃 꽃비 내려 대중에게 흩뿌리니
    나의 정토 안 헐리나 중생들은 불에 타서
    근심 고통 괴로움이 그득함을 다 보노라.

49. 죄가 많은 이런 중생 악한 업의 인연으로
    아승지겁 지나도록 삼보 이름 못 듣나니.

50. 여러 공덕 잘 닦아서 부드럽고 고루 곧은 이
    여기 있는 나의 몸이 설법함을 보게 되니
    이런 중생 위하여서 부처 수명 헤아릴 수 없네.

51. 오랜만에 부처 본 이 친히 뵙기 어렵다고

나의 지혜 이와 같이　　지혜 큰 빛 헤아릴 수 없고

　　　수명 또한 수없는 겁　　오래 닦은 업이니라.

52. 너희는 지혜로운 이　　의심 내어 품지 말고

　　　죄업 영영 끊어내라.　　부처 말씀 진실이다.

53. 의사 좋은 방편으로　　미친 자식 구하려고

　　　거짓말로 죽는 일이　　허망함이 아닌 듯이

　　　나도 또한 이와 같이　　모든 고통 구하려고

　　　뒤바뀐 범부 위해　　　거짓 멸도 말하였네.

54. 나를 항상 보게 되면　　교만한 마음 내고

　　　오욕락에 집착하여　　삼악도에 떨어지니

　　　나는 항상 중생 보아　　행하는 도 모두 알고

　　　제도할 바 근기 따라　　갖가지로 설법하며

55. 매양 하는 생각이란　　어떻게 저 중생들

　　　위 없는 도 들게 하여　　성불 빨리 시킬 건가

　　　하나니라.

17. 분별공덕품(分別功德品)

1. 그때, 부처님께서 말씀하시는 수명의 겁수가 이렇게 긴 것을 듣고 헤아릴 수 없고 그지없는 아승지 중생이 큰 이익을 얻었다.

2. 세존께서 미륵보살마하살에게 말씀하셨다.

3. "아일다여, 내가 여래의 수명이 끝없음을 설할 때에 육백팔십만억 나유타 항하의 모래 수와 같은 중생들이 모든 것이 나지도 멸하지도 않는 것임을 깨달아 머무르는 무생법인을 얻었으며, 그 천 배의 보살마하살이 들은 것을 잊지 않고 기억하는 문지다라니문을 얻었으며,

4. 또 일세계 미진수 보살마하살이 중생의 소원을 따라 자재하게 법을 설하는 능력인 요설무애변재를 얻었으며,

5. 일세계 미진수 보살마하살이 백천만억 무량의 공의 도리를 깨닫게 하는 선다라니를 얻었으며,

6. 삼천대천세계 미진수 보살마하살은 물러나지 않는 법의 바퀴를 굴리며,

7. 이천 중국토 미진수 보살마하살은 청정한 법륜을 굴리며,

8. 소천 국토 미진수 보살마하살은 여덟 생 만에 위없이 높고 바른 깨달음을 얻게 되었으며,

9. 네 사천하 미진수 보살마하살은 네 생 만에 위없이 높고 바른 깨달음을 얻게 되었으며,

10. 세 사천하 미진수 보살마하살은 세 생 만에 위없이 높고 바른 깨달음을 얻게 되었으며,

11. 두 사천하 미진수 보살마하살은 두 생 만에 위없이 높고 바른 깨달음을 얻게 되었으며,

12. 한 사천하 미진수 보살마하살은 한 생 만에 위없이 높고 바른 깨달음을 얻게 되었으며,

13. 팔 세계 미진수 중생은 다 위 없이 높고 바른 깨달음을 일으켰노라."

14. 부처님께서 보살마하살들이 큰 법의 이익 얻음을 설하실 때에 허공에서는 만다라꽃·마하만다라꽃이 비 오듯 내려 헤아릴 수 없는 백천만억 보배나무

아래 사자좌 위에 앉으신 여러 부처님께 뿌리고 아울러 칠보탑 안의 사자좌 위에 계시는 석가모니 부처님과 오래 전 멸도하신 다보여래께 뿌리며, 여러 큰 보살과 사부대중에게 뿌리며,

15. 고운 가루로 된 전단향과 침수향을 뿌리니, 허공에서 하늘 북이 저절로 울려 아름다운 소리가 깊고 그윽하여, 천 가지의 하늘 옷이 비오듯 내리며, 여러 영락, 진주영락·마니주영락·여의주영락을 드리워 아홉 개의 방 위에 가득하며,

16. 온갖 보배 향로에는 값을 매길 수 없는 귀한 향을 사르니 저절로 두루 퍼져 모임에 공양하고, 한 분 한 분의 부처님마다 여러 보살이 일산을 들고 차례로 이어져 범천에 올라가 이 여러 보살은 묘한 음성으로 끝이 없는 게송을 읊어서 여러 부처님을 찬탄하였다.

17. 이때, 미륵보살이 자리에서 일어나 오른 어깨를 드러내고 손 모으며 부처님을 향하여 게송으로 말하였다.

18. 부처님께서 설하신 법   다시 없이 희유하사

저희들이 옛날에는　　　일찍이 못 듣더니
세존의 힘 크시고　　　수명 헤아릴 수 없네.
셀 수 없이 많은 제자　　세존께서 분별하니
법의 이익 크게 얻어　　기뻐함이 그득하네.

19. 불퇴지를 얻거나　　　다라니를 얻으며
　　걸림 없는 요설변재　　만억 총지를 얻으며

20. 대천의 많은 세계에　　티끌 같은 보살들은
　　불퇴전의 큰 법륜을　　능히 모두 굴리면서
　　다시 중천세계 있어　　티끌 수의 보살들은
　　청정한 큰 법륜을　　　능히 모두 잘 굴리며

21. 또한 소천 세계 있어　　티끌 수의 보살들은
　　팔생에서 머물면서　　부처님 도 이루며
　　또 다시 넷 셋 둘의　　이와 같은 네 천하에
　　티끌 같이 많은 보살　그 수대로 성불하며
　　혹은 한 사천하에서　티끌 수의 보살들도
　　남은 일생 머물면서　모든 지혜 이루노라.

분별공덕품 329

22. 이와 같이 많은 중생　　부처 수명 설법 듣고
　　번뇌 없는 무량 무루　　청정 과보 얻었으며

23. 또한 팔세계 미진수　　무량무변 중생들이
　　부처 수명 모두 듣고　　위 없는 맘 냈습니다.

24. 세존께서 설하신 법　　헤아릴 수 없고 알 수 없어
　　많은 중생 얻은 이익　　허공 같이 가이없고
　　하늘나라 만다라꽃　　마하만다라 꽃비를
　　항하 모래 제석 범천　　여러 불국토에서 와
　　전단 침수 향가루를　　분분하게 날리기를
　　나는 새와 같이 하여　　여러 부처 공양하며

25. 허공에는 하늘 북이　　묘한 음성 절로 내고
　　천만 가지 하늘 옷이　　선회하며 내려오고
　　갖가지 보배 향로　　값도 모를 향을 피워
　　두루두루 향기로워　　여러 세존 공양하며

26. 그 많은 보살 대중　　높고 묘한 만억 가지

　　　　칠보로 된 번개 들고　　차례차례 범천까지
　　　　각각 부처님 전에다　　보배 당번 두루 달고
　　　　천만 가지 게송으로　　여러 찬탄 노래하며

27.　이러한 갖가지 일　　전에 없던 것이니라.
　　　부처님 수명 셀 수 없어　듣고 모두 기뻐하며
　　　부처 이름 널리 들려　많은 중생 이익 되니
　　　모든 선근 갖추어서　위 없는 맘 도우시네.

28. 이때, 부처님께서 미륵보살마하살에게 말씀하셨다.

"아일다여, 어떤 중생이 부처님의 수명이 이와 같이 길고 오래임을 듣고 한 생각으로 믿고 이해하여 얻는 공덕은 헤아릴 수 없노라.

29. 만약 선남자 선여인이 위 없이 높고 바른 깨달음을 얻기 위하여 팔십만억 나유타 겁에 다섯 바라밀인 보시 바라밀·지계 바라밀·인욕 바라밀·정진 바라밀·선정 바라밀을 행하고, 지혜 바라밀은 제외하나니,

30. 이 공덕을 앞의 공덕으로 비유하면 백 분·천 분·백천만억 분의 그 하나에도 미치지 못하며, 내지는 산수 비유로도 알지 못하느니라.

31. 만약 선남자 선여인이 이러한 공덕을 지니고도 위 없이 높고 바른 깨달음에서 물러난다면 그것은 있을 수 없노라."

32. 그때, 세존께서 이 뜻을 펴시려고 게송으로 말씀하셨다.

33. 만일 어떤 사람들이   부처 지혜 구할 적에
　　 팔십만억 나유타 겁   다섯 바라밀을 행하되
　　 많고 많은 겁 동안을   부처님과 연각 제자
　　 여러 보살 대중에게   좋은 의복 좋은 음식
　　 아름다운 침구들과   전단으로 지은 정사
　　 장엄스런 동산들을   보시하고 공양하며
　　 갖가지 미묘함을   이와 같이 보시하기
　　 많고 많은 겁을 채워   불도에 다 회향하고

34. 또 청정한 계율 지녀   결핍됨이 하나 없이

위 없는 도 구하므로　　여러 부처 찬탄 받고

35.　또 인욕을 행하여서　　부드럽게 머무르고
　　　많은 고통 받더라도　　그 마음이 부동하며
　　　여러 법을 얻은 이가　　증상만을 품고 와서
　　　경만하게 빈정대도　　이런 일을 참아내며

36.　부지런히 정진하여　　뜻과 생각 견고하고
　　　셀 수 없는 억 겁 동안　게을러 쉬지 않으며

37.　수없이 오랜 겁을　　　고요한 곳에 살며
　　　혹은 앉고 혹은 서서　자지 않고 마음 닦은
　　　이런 인연 공덕으로　여러 선정 생기어서
　　　팔십억만 겁 동안을　마음 편히 머무르며
　　　이와 같은 복을 지녀　위 없는 도 구하여
　　　모든 지혜를 내가 얻어 모든 선정 다 하리라.

38.　이와 같이 많은 사람　백천만억 겁 가운데
　　　행한 여러 공덕 등이　위에 말함 같으네.

39.	선남자 선여인	나의 목숨 설함 듣고
	한 생각만 믿는다면	이 복, 저 복보다 많아
	만일 어떤 사람들이	의심 하나 내지 않고
	깊이 잠깐 믿더라도	그 복이 이렇노라.

40.	그렇게 많은 보살들	무량한 겁 도 닦다가
	나의 수명 설함 듣고	이를 믿고 받으면

41.	이와 같은 여러 사람	이 경전 머리에 이고
	나도 미래 중생 제도	오래도록 살아서
	오늘날의 세존처럼	석가족의 왕과 같이
	사자후로 설법하되	두려움이 없게 되며
	우리들도 미래세에	모든 중생 존경 받아
	도량에서 수명 설함도	위와 같게 하옵소서.

42.	마음 깊이 믿는 이가	청정하고 정직하여
	많이 듣고 능히 가져	부처 말씀 이해하면
	앞으로 오는 세상	이 같음을 의심 말라.

43. "또 아일다여, 어떤 이가 부처님의 목숨이 길고 오래임을 듣고 그 뜻을 알면 이 사람이 얻은 공덕 끝이 없어서 능히 여래의 위 없는 지혜를 일으키느니라.

44. 하물며 이 경을 듣고 남에게 듣게 하거나, 자신이 지니고 남에게 지니게 하거나, 자신이 쓰고 남에게 쓰게 하거나 또는 꽃·향·영락·당번·증개·향유·소등으로 경전에 공양하면, 이 사람의 공덕은 헤아릴 수 없고 가이없으며 모든 일체종지가 생기느니라.

45. 아일다여, 만일 선남자 선여인이 '나의 수명이 길고 오래이다.' 라고 설함을 듣고 깊은 마음으로 믿고 이해하면 부처님이 항상 기사굴산에 계시면서 대보살과 성문 대중들에게 에워싸여 설법함을 보게 되며,

46. 또 보니 이 사바세계가 유리로 땅이 되어 평탄하고 반듯하며, 염부수의 숲속을 흐르는 강 바닥에서 나는 가장 고귀한 황금으로 여덟 갈래 교차로를 경계하며, 보배나무가 늘어서고 모든 누대가 다 보배로 되었으며, 보살 대중이 그 가운데 있음을 보게 되리라.

47. 만일 이와 같이 본다면, 이것을 깊이 믿고 이해하는 결과임을 마땅히 알라.

48. 또 여래 멸도 뒤에 만약 이 경을 듣고 비방하지 않고 기뻐하는 마음 일으키면 이미 깊이 믿고 이해한다 하거늘 하물며 읽고 외워 받아 지니는 사람이랴. 이 사람은 여래를 머리에 받드는 것이 되느니라.

49. 아일다여, 이 선남자 선여인은 나를 위하여 다시 탑과 절을 세우거나 승방을 짓거나 네 가지 일로써 승가에 공양하지 않아도 되느니라.

50. 왜냐하면 이 선남자 선여인이 이 경전을 받아 지니고 읽고 외우는 것은, 이미 탑을 일으키고 승방을 짓고 승가에 공양함이 되기 때문이니,

51. 이는 곧 부처님 사리로 칠보탑을 세우되, 높고 넓게 치솟아 점점 작아져서 범천에 이르고 온갖 번개와 보배 방울을 달아 꽃·향·영락·말향·도향·소향과 여러 가지 북·기악·통소·피리·공후와 갖가지 춤을 추며 아름다운 소리로 노래 불러 찬탄함이 되니, 헤아릴 수 없는 천만억 겁에 이와 같이 공양함과 같노라.

52. 아일다여, 내가 멸도한 뒤에 이 경전을 듣고 받아 지니며 스스로 쓰거나 남을 시켜 쓰게 한다면, 이 공덕은 승방을 지어 붉은 전단으로 서른두 채 전당을 지으니, 높이는 팔 다라수요 높고 넓어 장엄하고 아름다우며 백천 비구가 그 안에 살고 원림과 목욕하는 못과 산책하는 길과 참선하는 동굴과 의복·음식·침구·탕약 등 온갖 생활도구가 그 안에 충만하며, 이와 같은 승방 전각이 수없는 백천만억이라. 그 수를 헤아릴 수 없으니 이것으로 내 앞에서 나와 비구들을 공양함이 되노라.

53. 그러므로 내가 말하기를,

'여래가 멸도한 뒤에 누가 이 경전을 받아 지니고 읽고 외우며 남을 위해 설하거나 혹은 자기가 쓰고 남을 시켜 쓰게 하며 경전에 공양하면, 다시 탑과 절을 세우고 승방을 짓고 승가에 공양할 것이 없다.' 하였느니라.

54. 하물며 어떤 사람이 이 경을 받아 지니면서 겸하여 보시·지계·인욕·정진·선정·지혜를 모두 행하면,

55. 그 덕은 가장 수승하여 헤아릴 수 없고 가이없 노라. 마치 허공이 동서남북과 네 간방과 상·하방이 헤아릴 수 없고 가이없음과 같이 이 사람의 공덕도 또한 이 같이 헤아릴 수 없고 가이없어 속히 일체종 지에 이르게 되느니라.

56. 만일 어떤 사람이 이 경을 독송하며 받아 지니 고 남을 위해 설하며, 자신이 쓰고 남을 시켜 쓰게 하 며 다시 탑을 세우고 승방을 지으며, 성문 대중에게 공양하고 찬탄하며 또한 백천만억의 찬탄하는 법으 로 보살의 공덕을 찬탄하며,

57. 또 남을 위해 갖가지 인연으로 뜻을 따라《법화 경》을 해설하며, 또 청정하게 계를 지켜 화합하는 이 와 함께 살며, 인욕을 잘해 성냄이 없고, 뜻과 생각이 견고하며, 항상 좌선을 귀하게 여겨 모든 선정을 얻 고 용맹정진하여, 여러 선법을 잘 거두어 현명한 지 혜로 어려운 질문에 잘 대답하느니라.

58. 아일다여, 내가 멸도한 뒤에 여러 선남자 선여 인이 이 경전을 받아 지니고 읽고 외우는 이는, 다시 이와 같은 모든 훌륭한 공덕이 있어 도량에 나가 위

없이 높고 바른 깨달음에 가까워져 보리수 아래에 앉음과 같느니라.

59. 아일다여, 이 선남자 선여인이 앉거나 서거나 거니는 곳이면 여기에 탑을 세워 모든 하늘과 사람이 다 공양하되 부처님의 탑과 같이 하여라."

60. 그때, 세존께서 이 뜻을 펴시려고 게송으로 말씀하셨다.

61. 　내가 만일 멸도한 뒤　《법화경》을 지니면
　　　이런 사람 받는 복은　위에 말함과 같으며
　　　일체의 여러 공양　모두 다 갖춤이니라.

62. 　사리로 탑 세우고　칠보로써 장엄하여
　　　높고 넓은 그 표찰이　범천까지 이르고서
　　　천만억의 보배 방울　바람에 묘한 소리 내

63. 　셀 수 없이 오랜 겁을　이 탑에 다 공양하되
　　　꽃과 향과 영락들과　하늘옷과 기악으로
　　　향유등과 소등으로　두루 밝게 비치네.

64. 미래 오는 악한 세상　이 경전을 지니면
　　　 위의 여러 가지 공양　모두 다 갖추니라.

65. 만일《법화경》지니면　부처님 계시올 때
　　　 우두전단향 나무로　승방 지어 공양하니
　　　 그 당각은 서른두 채　높이는 팔 다라수며
　　　 좋은 음식 좋은 의복　침구들을 다 갖추며
　　　 거처하는 백천 중생　꽃동산과 연못들과
　　　 경행 선실 장엄하여　공양함과 같느니라.

66. 믿고 아는 마음으로　받아 지녀 읽고 외며
　　　 남을 시켜 쓰게 하고　《법화경》을 공양하며
　　　 꽃과 향을 뿌리거나　수만 첨복 아제목다
　　　 기름으로 불을 밝혀　이런 공양 하는 이는
　　　 셀 수 없이 얻는 공덕　빈 허공과 같으며
　　　 가이없이 많은 복덕　이런 줄을 알지니라.

67. 또한《법화경》을 지녀　보시 지계 인욕 등과
　　　 선정력을 기르면　악한 성질 전혀 없네.

68. 탑과 절을 공경하고　　비구들께 겸손하며
    자만심을 멀리하고　　　지혜로써 항상 생각
    비난하며 질문해도　　　순수하게 대답하는

69. 이런 행을 닦는 사람　　그 공덕이 한 없으니
    이런 공덕 성취하신　　　큰 법사님 뵙거든
    하늘꽃을 뿌려주며　　　하늘옷을 입혀주고
    부처님을 뵈온 듯이　　　머리 숙여 예배하라.

70. 이와 같이 생각하며　　　불도량에 빨리 나가
    무루 무위 법을 얻어　　하늘 사람 이익 주리.

71. 그 법사가 머무는 곳　　거닐거나 앉고 누워
    한 게송만 설하여도　　　그곳에 탑 세우고
    미묘하고 장엄하게　　　갖가지로 공양하라.

72. 이런 경지 머문 불자　　부처님을 수용하니
    거닐고 앉고 누울 때　　부처님이 머무시네.

18. 수희공덕품(隨喜功德品)

1. 이때, 미륵보살마하살이 부처님께 여쭈었다.
2. "세존이시여, 선남자 선여인이 이《법화경》을 듣고 따라서 기뻐하는 이는 얼마만한 복을 얻습니까?"
3. 다시 게송으로 말하였다.

4.   세존께서 열반한 뒤   《법화경》을 받아 들고
       이를 기뻐하면은   얻을 복 얼마입니까.

5. 이때, 부처님께서 미륵보살마하살에게 말씀하셨다.
6. "아일다여, 여래께서 멸도하신 뒤에 비구·비구니와 우바새·우바이와 그리고 지혜 있는 이로서 어른이나 어린이가 이 경을 듣고 따라서 기뻐하며 법회에서나 다른 곳의 승방이나, 한적한 곳에서 혹은 성읍에서나 거리에서, 크고 작은 마을을 들르면서, 부모·친척·좋은 친구·친지를 위하여 능력 따라 설하여,

7. 여러 사람들이 듣고 나서, 따라 설법하며 또 다른 사람에게 전하여 이와 같이 전하고 또 전하여 오십여 명째에 이르면,

8. 아일다여, 그 오십 명째의 선남자 선여인이 따라 기뻐하는 공덕을 내가 이제 말하노니, 그대는 잘 들어라.

9. 만일 사백만억 아승지 세계의 사생 육도 중생으로서 탯줄에서 태어난 것·알에서 태어난 것·젖은 곳에서 태어난 것·의탁 없이 홀연히 생겨난 것과 또는 유형·무형과 유상·무상과 비유상·비무상과 무족·이족·사족·다족 이러한 많은 중생들에게,

10. 어떤 사람이 복을 구하려고 그들이 원하는 대로 즐길 물건을 다 나누어주되, 하나하나의 중생들마다 염부제에 가득한 금·은·유리·자거·마노·산호·호박 등 묘하고 진귀한 온갖 보배와 코끼리·말·수레와 칠보로 된 궁전·누각 등을 주었노라.

11. 이 큰 시주자가 이 같이 보시하기를 팔십 년을 채우고 나서 생각하기를,

12. '내가 중생들에게 즐길 물건을 보시하되 바라는

대로 해주었으나, 이 중생들이 다 늙어서 나이 팔십이 지나고 백발에 주름져서 죽을 날이 멀지 않았으니, 내가 그들을 부처님 법으로 가르쳐서 인도하리라.' 하고,

13. 곧 그 중생들을 모아 놓고 선포하여 부처님 법으로 교화하며 보이고 가르쳐서 이익 얻고 기쁘게 하여, 깨달음에 첫발을 들여 놓은 경지인 수다원도와, 죽어서 한 번만 이 세상에 다시 태어나는 경지인 사다함도와, 욕계에 다시는 태어나지 않는 경지인 아나함도와, 성문 사과의 가장 윗자리인 아라한도를 얻어 온갖 번뇌를 털어버리고 깊은 선정에서 다 자재함을 얻어 여덟 가지 해탈을 갖추게 한다면,

14. 그대는 어떻게 생각하는가. 이 큰 시주의 얻은 공덕이 많겠느냐, 많지 않겠느냐?"

15. 미륵이 부처님께 말하였다.

16. "세존이시여, 이 사람의 공덕은 매우 많아서 헤아릴 수 없고 가이없습니다. 만약 이 시주가 중생에게 온갖 좋은 물질만 보시하였을지라도 공덕이 끝이 없거늘, 하물며 아라한과를 얻게 되었으니 이루 말할 수 없습니다."

17. 부처님께서 미륵에게 말씀하셨다.

18. "내 이제 분명히 그대에게 말하니, 이 사람이 온갖 좋은 물질로 사백만억 아승지 세계의 육도 중생에게 보시하고 또 아라한과를 얻게 한다 해도,

19. 얻은 바 공덕은 이 오십 번째의 사람이 《법화경》의 한 게송을 듣고 기뻐하는 공덕만 못하며 백 분·천 분·백천만억 분의 하나에도 미치지 못하니, 산수와 비유로는 알지 못하노라.

20. 아일다여, 이와 같이 쉰 번째의 사람이 차츰 전해진 《법화경》을 듣고 기뻐한 공덕도 끝이 없고 가이없는 아승지거늘, 맨 처음 법회 중에서 듣고 따라 기뻐한 사람은 어떻겠느냐.

21. 그 사람의 복은 더욱 많아 헤아릴 수 없고 가이없는 아승지로도 비유하지 못하노라.

22. 아일다여, 어떤 사람이 《법화경》을 위하여 승방에 가서 앉거나 혹은 서서 잠깐이라도 듣고 지니면, 이 공덕으로 말미암아 다시 태어날 적에는 좋고 으뜸가는 묘한 코끼리와 말과 수레와 진귀한 보배로 된 가마를 얻고 또 천궁에 오르게 되느니라.

23. 어떤 사람이 《법화경》을 강의하는 곳에 앉아 있다가 또 사람이 오거든 권하여 앉아 듣게 하고 자리를 나누어 앉게 하면, 이 사람의 공덕은 다시 태어날 적에 제석천의 자리나 범천왕의 자리나 전륜성왕의 자리를 얻게 되느니라.

24. 아일다여, 어떤 사람이 다른 이에게 말하기를 '법화라는 경이 있으니 함께 가서 듣자.' 하여 그 말을 따라 잠깐이라도 듣게 되면, 이 사람의 공덕은 다시 태어날 적에 다라니보살과 함께 한 곳에 나게 되니,

25. 근기가 예리하고 지혜가 있으며 백천만 번 태어나도 벙어리가 안 되고 입에 냄새 나지 않으며, 혀에 병이 없고 입에도 또한 병이 없으며,

26. 치아는 때 끼어 검지 않고 누렇지도 않으며, 성글지도 않고 빠지지도 않으며, 어긋나지도 않고 굽지도 않으며,

27. 입술은 아래로 처지지 않고 위로 말려지지도 않으며, 거칠지도 않고 부스럼도 나지 않으며, 언청이도 안 되고 비뚤어지지도 않으며, 두텁지도 않고 크지도 않으며, 또한 검푸르지 않아서 미운 데가 전

혀 없고 코는 납작하지 않으며, 또한 굽고 비뚤어지지도 않노라.

28. 얼굴은 검지도 않고 좁고 길지도 아니하며, 오목하거나 비뚤어지지 않아 불쾌한 모습은 하나도 없노라.

29. 입술과 혀와 치아가 모두 보기 좋고, 코는 길고 높고 곧으며, 면모는 원만하여 눈썹은 높고 길며, 이마는 넓고 평정하여 인상이 다 갖추어졌으며,

30. 세세생생에 나는 곳마다 부처님 친견하여 법을 듣고 가르침을 받으리라.

31. 아일다여, 그대는 잠시 이를 생각해 보라. 한 사람을 권하여 법을 듣게 할 때도 공덕이 이와 같거늘 하물며 한마음으로 듣고 설하며 읽고 외워서, 대중 가운데서 남을 위해 분별해 설하며, 위와 같이 수행하는 자의 공덕은 얼마나 크겠느냐."

32. 이때, 세존께서 이 뜻을 펴시려고 게송으로 말씀하셨다.

33. 어떤 사람 법회에서　　이 경전을 듣고 얻어

| | 그 한 게송만이라도 | 남을 위해 설해주며 |

34. 이와 같이 점차 전해   오십 번째 교화 받은
      그 사람의 얻는 복을   이제 내가 분별하리.

35. 어떤 큰 시주자가   헤아릴 수 없이 보시하되
      팔십 년의 긴 세월을   뜻에 따라 나눠주고

36. 그 중생들 노쇠하여   백발 되고 주름 잡혀
      이빨 빠진 모양 보고   죽으리라 생각하여
      이제 그들 가르쳐서   도과를 얻게 하리.

37. 《법화경》의 방편으로   열반세계 진실한 법
      세상은 모두 물거품   연기같이 허망하니
      그대들은 모두 다들   싫은 생각 빨리 내라.

38. 이 법 들은 여러 사람   아라한을 모두 얻고
      여섯 신통 삼명 얻고   팔 해탈을 갖추어도

39. 오십 번째 그 사람이　　한 게송을 기뻐해도
　　　얻은 복덕 셀 수 없어　　비유할 수 없느니라.

40. 이와 같이 전하여도　　헤아릴 수 없는 복이거늘
　　　법회 듣고 기뻐하면　　그 공덕은 더욱 크네.

41. 만일에 어떤 사람　　한 사람을 권하면서
　　　이 경전은 깊고 묘해　　천만억 겁 지내어도
　　　만나 보기 어렵다고　　잠깐만 듣게 해도
　　　이런 사람 얻는 복을　　내가 이제 말하리라.

42. 세세에 입병 없고　　이빨 단정 아름다워
　　　입술 두껍지 않으니　　아름답고 깨끗하며
　　　혀는 검고 짧지 않고　　코는 높고 곧 바르며
　　　이마 모양 평정하고　　얼굴 모양 단정하여
　　　사람들이 즐겨 보고　　추한 냄새 없는 입은
　　　우담발화 좋은 향기　　그 몸에서 항상 나네.

43. 누가 승방에 나가서　　《법화경》의 설법함을

　　　　잠깐 듣고 기뻐하면　　그 복덕을 말하리라.

44. 내세 하늘사람 중에　　코끼리와 말과 수레
　　귀한 보배 가마 얻어　　하늘 궁전에 오르며
　　법 설하는 곳에 나가　　사람 권해 듣게 하면
　　이런 복의 인연으로　　제석 범천 전륜왕 되며

45. 한마음으로 듣고　　　그 뜻을 풀어주며
　　설한 대로 수행하면　　받는 복이 끝이 없네.

19. 법사공덕품(法師功德品)

1. 그때, 부처님께서 상정진보살마하살에게 말씀하셨다.

2. "만일 선남자 선여인이《법화경》을 받아 지니고 읽거나 외우며 풀이하거나 옮겨 쓰면 이런 사람은 팔백 눈의 공덕과 천이백 귀의 공덕과 팔백 코의 공덕과 천이백 혀의 공덕과 팔백 몸의 공덕과 천이백 뜻의 공덕을 얻으리니, 눈·귀·코·혀·몸·뜻의 육근을 장엄하여 모든 것이 맑고 깨끗하게 되리라.

3. 이 선남자 선여인은 부모로부터 받은 맑고 깨끗한 몸의 눈으로 삼천대천세계의 안팎에 있는 산과 숲과 강과 바다를 보게 되며 아래로는 아비지옥에서 위로는 유정천에 이르기까지 다 보게 되리라. 또한 그 가운데 있는 모든 중생을 보며 업의 인연과 과보로 나는 곳을 다 보고 다 알리라."

4. 이때, 세존께서 이 뜻을 펴시려고 게송으로 말씀

하셨다.

5. 만일 대중 가운데서　　두려움 없는 마음으로
　　이《법화경》설하면　　그 공덕을 들어보라.

6. 이 사람은 팔백 공덕　　빼어난 눈을 얻으니
　　《법화경》장엄 공덕　　눈이 매우 청정하리.

7. 부모님께 받은 눈이　　삼천대천 무량세계
　　안팎으로 미루산과　　수미산과 철위산과
　　그 밖의 모든 산과 들　큰 바다와 큰 강물들
　　아래로는 아비지옥　　위로는 유정천까지
　　그 가운데 여러 중생　모든 중생 다 보나니,

8. 천안 얻지 못했어도　　육안의 힘 이러니라.

9. "또 상정진이여, 만일 선남자 선여인이 이 경을 받아 지녀 읽거나 외우며 풀이하고 옮겨 쓰면 일천이백 귀의 공덕을 얻느니라.

10. 이 맑고 깨끗한 귀로 삼천대천세계의 아래로는 아비지옥, 위로는 유정천에 이르기까지 그 가운데 갖가지 말과 소리를 들으며,

11. 코끼리·말·소·수레의 소리와 우는 소리·탄식 소리·북·종·방울 소리와 웃음 소리·말소리와,

12. 남자·여자·사내아이·계집아이 소리와 법의 소리·법 아닌 소리와 괴로운 소리·즐거운 소리와 범부의 소리·성인의 소리와 기쁜 소리·기쁘지 않은 소리와,

13. 하늘 소리·용·야차·건달바·아수라·가루라·긴나라·마후라가 소리와,

14. 불 소리·물 소리·바람 소리와

15. 지옥·축생·아귀 소리와

16. 비구·비구니 소리와

17. 성문·벽지불·보살·부처님의 소리를 들으리라.

18. 줄여서 말할진대 삼천대천세계 가운데의 모든 안팎의 소리를 하늘 귀가 없이도 부모 소생의 맑고 깨끗한 귀로 다 들으니,

19. 이렇게 갖가지 소리를 분별하여 들어도 귀가

파괴되지 않느니라."

20. 그때 세존께서 이 뜻을 펴시려고 게송으로 말씀하셨다.

21.　부모님께 받은 그 귀　　　청정하고 흐리지 않아

22.　이런 귀로 삼천세계　　　나는 소리 다 들으니
　　　코끼리 말 소 수레　　　종과 방울 북 소리며
　　　가야금과 비파 퉁소　　　피리 부는 소리들과
　　　청정한 노랫소리　　　　듣고 집착 아니하며
　　　수없는 사람 소리　　　　다 듣고서 알아내네.

23.　여러 하늘 모든 소리　　　그 소리도 다 들으며
　　　남자 소리 여자 소리　　동자와 동녀 소리
　　　산천의 깊은 계곡　　　　가릉빈가 소리와
　　　여러 가지 새의 울음　　그 소리를 모두 듣고
　　　지옥에서 받는 고통　　그 소리도 다 들으며
　　　배가 고픈 아귀들이　　먹을 것을 찾는 소리
　　　많고 많은 아수라들　　바닷가에 모여 가서

	서로 주고 받는 말들	그 큰 소리 들으면서
	《법화경》 설하는 이	여기 편히 머물면서
	그런 소리 다 들어도	귀가 파괴 아니 되네.
24.	시방 세계 가운데서	짐승들이 우는 소리
	설법하는 그 사람은	여기에서 모두 듣고
	그 여러 범천세계	광음천과 변정천과
	유정천서 하는 말들	여러 가지 소리들을
	《법화경》 설한 법사	모두 얻어 듣고 있네.
25.	모든 비구 대중들과	많고 많은 비구니들
	경전 읽고 외우면서	남을 위해 설하는 말
	법사 여기 머물면서	그런 소리 다 듣노라.
26.	또 다시 여러 보살들	경법 읽고 외우며
	남을 위해 설하고	깊은 뜻을 해석하는
	이와 같은 여러 음성	그 모두 잘 들으며
27.	부처님 대성존께서	중생 교화 하시느라

|많은 대중 가운데서|묘한 법을 연설하니|
이 경을 가진 이는|그 말씀을 다 들으며|

28. 삼천대천 큰 세계에|안과 밖의 모든 음성
아래로는 아비지옥|위로는 유정천까지
그 소리를 다 들어도|귀에 아무 장애 없어
그 귀는 총명하여|모든 소리 분별하네.

29. 이 경을 가진 이는|하늘 귀를 못 얻고도
타고 나온 이 귀로써|그 공덕이 이렇노라.

30. "다시 상정진이여, 만일 선남자 선여인이 이 경을 받아 지녀 읽고 외우며 풀이하고 베껴 쓰면 팔백 코의 공덕을 얻느니라.

31. 이 청정한 후각으로 삼천대천세계 안과 밖의 갖가지 내음을 맡으니,

32. 수만나꽃 향기 · 사제꽃 향기 · 말리꽃 · 첨복꽃 · 바라라꽃 향기와 붉은 연꽃 향기 · 푸른 연꽃 · 흰 연꽃 향기와,

33. 꽃나무 향기·과일나무 향기와 전단향·침수향·다마라발향·다가라향과 천만 가지로 조화한 향, 혹은 가루향과 환으로 된 향과 바르는 향을, 경 받아 지니는 이는 여기에 있으면서 분별하리라.

34. 또 중생들의 냄새를 분별하니 코끼리 냄새, 말·소·양 등의 온갖 냄새와 남자 냄새, 여자·동자·동녀 냄새와 나무와 숲의 냄새들, 가깝거나 멀리 있는 모든 냄새를 다 맡아 가려내어 그릇됨이 없느니라.

35. 이 경을 받아 지니는 이는 여기 있으면서도 천상의 온갖 하늘 냄새를 맡으니,

36. 바리질다라·구비다라나무 향기와 만다라꽃·마하만다라꽃·만수사꽃·마하만수사꽃·전단향·침수향·갖가지 말향과 온갖 꽃의 향기 등 이와 같은 하늘 향기 뒤섞여 나는 향기를 맡아서 식별하며,

37. 또 모든 하늘사람의 향기를 맡으니 석제환인이 훌륭한 궁전에서 오욕락을 즐기면서 희롱할 때의 향기, 묘법 단상에서 도리제천을 위하여 설법할 때의 향기, 모든 동산에서 노닐 때의 향기와 다른 하늘들

의 남녀 몸에서 나는 향기를 멀리서 맡아서 차츰 범천에 이르고, 위로는 유정천에 이르기까지 모든 하늘 사람의 몸 향기를 맡으며 모든 하늘에서 사르는 향기를 맡느니라.

38. 또 성문의 향기·벽지불·모든 부처님 몸의 향기를 멀리서 맡아 그 있는 곳을 아느니라.

39. 비록 이런 향기를 맡으나 후각은 파괴되지 않고 그릇됨이 없으며, 이를 분별하여 다른 이에게 말해주려 할 때도 기억이 분명하여 그릇됨이 없느니라.

40. 이때, 세존께서 이 뜻을 펴시려고 게송으로 말씀하셨다.

41. 이런 사람 청정한 코   여러 세계 가운데의
      향기나 물건 냄새   갖가지로 다 맡으며

42. 수만나향 사제꽃향   다마라향 전단향과
      침수향과 계향들과   과일 향기 다 맡으며
      남자 여자 중생들의   온갖 향기 또한 맡고
      법사는 멀리서도   그 계신 곳 알아내며

43. 대전륜왕 소전륜왕　　그 아들과 여러 군신
　　궁인들이 있는 곳을　　향기 맡고 알아내며
　　몸에 지닌 귀한 보배　　땅 속에 든 보물이나
　　전륜왕의 궁녀들을　　향기 맡고 알아내며
　　여러 사람 장신구와　　의복이나 영락이며
　　갖가지로 바른 향을　　향기 맡고 알아내며

44. 천인들 나고 앉고　　신통변화 하는 이들
　　《법화경》을 가진 이　　냄새로써 알아내고
　　여러 나무 꽃과 과일　　모든 기름 냄새들을
　　경 가진 자 여기에서　　그들 있는 곳을 알며

45. 깊은 산 험한 계곡　　전단향의 꽃이 피면
　　그 가운데 있는 중생　　냄새 맡고 알아내며
　　철위산과 큰 바다와　　땅 속 여러 중생들
　　경 가진 자 냄새 맡고　　그들 있는 곳을 알며

46. 아수라의 남자들과　　여러 여자 권속들이
　　투쟁하고 유희함을　　냄새 맡고 알아내며

거칠고 넓은 광야	사자 코끼리 호랑이
이리 들소 물소들	있는 곳을 맡아 알고

47. 임신한 여인 몸속 　　사내앤가 계집앤가
　　중성인지 비인인지 　　냄새 맡아 알아내며
　　냄새 맡는 이런 힘은 　　처음에 잉태한 몸
　　성취 또는 불성취와 　　복된 아들 알아내며

48. 냄새 맡는 이런 힘은 　　남녀들이 생각하는
　　속되고 성내는 일과 　　닦는 선을 알아내며
　　땅 속에 감추어진 　　금과 은과 많은 보배
　　구리로 만든 물건 　　향기 맡아 알아내며

49. 갖가지 많은 영락 　　그 값 모르더라도
　　귀하고 천한 것들 　　냄새 맡고 있는 곳 알며

50. 하늘의 그 많은 꽃들 　　만다라꽃 만수사꽃
　　바리질다나무 등을 　　냄새 맡아 알아내며
　　하늘의 여러 궁전 　　상 중 하의 여러 차별

　　　　보배꽃의 장엄함을　　향기 맡아 알아내며
　　　　하늘 동산 좋은 궁전　　미묘한 법당에서
　　　　노래하고 유희함을　　냄새 맡아 알아내며

51. 여러 하늘 법을 듣고　　혹은 오욕 받을 때에
　　　오며 가며 노는 일을　　냄새로써 모두 알고
　　　처녀들이 입은 옷에　　꽃과 향을 장엄하고
　　　두루 돌며 즐겨 놀 때　　향기 맡고 모두 알며

52. 이와 같이 점차 하여　　범천 세계 올라가서
　　　선정에 들고 나옴　　향기 맡아 알아내며
　　　광음천과 변정천과　　유정천 등 여러 하늘
　　　처음 나고 없어짐을　　맡아서 알아내며

53. 많은 비구 대중 있어　　법에 항상 정진하며
　　　앉고 서고 경행하고　　경전 읽고 외우면서
　　　혹은 숲 속 나무 아래　　정진하며 좌선함을
　　　경 가진 이 냄새 맡아　　있는 곳을 알아내고

54. 보살들 뜻이 굳어　　　좌선하고 읽고 외며
　　　남을 위해 설법함을　　냄새 맡아 알아내며
　　　방방곡곡 계신 세존　　모든 공경 받으면서
　　　중생 위해 설법함을　　향기 맡아 알아내며
　　　부처 앞에 있는 중생　　이 경 듣고 기뻐하며
　　　법 따라서 수행함을　　향기 맡아 알아내고

55. 무루법을 얻지 못한　　보살의 코일지라도
　　　이 경전 갖는 이의　　코 공덕은 이렇노라.

56. "또 상정진이여, 선남자 선여인이 이 경을 받아지녀 읽고 외우며 풀이하거나 베껴 쓰면 천이백 혀의 공덕을 얻으리니,

57. 좋거나 나쁘거나 맛있고, 맛없고, 온갖 쓰고 떫은 것도 그 혀에 닿으면 모두 좋은 맛으로 변하여 하늘의 감로수 같아서 달고 맛있게 되느니라.

58. 만일 이 혀로 대중에게 법을 연설하면 깊고 묘한 음성이 나와 듣는 이의 마음을 기쁘게 하고 쾌락하게 하느니라.

59. 또 여러 천자·천녀와 제석·범천 여러 하늘이 깊고 묘한 음성으로 차례대로 설법함을 모두 와서 들으며,

60. 또 여러 용·용녀와 야차·야차녀와 건달바·건달바녀와 아수라·아수라녀와 가루라·가루라녀와 긴나라·긴나라녀와 마후라가·마후라가녀들이 법을 듣기 위해 와서 친근하고 공경하며 공양하느니라.

61. 또 비구·비구니와 우바새·우바이와 국왕·왕자와 군신·권속이며 소전륜왕·대전륜왕·칠보·천자 내외 권속들이 궁전을 타고 와서 법을 청하리라.

62. 이 보살이 법을 잘 설하므로 바라문과 거사와 나라 안의 백성들이 목숨을 다하도록 모시며 공양하리라.

63. 또 여러 성문·벽지불과 보살과 여러 부처님이 항상 즐겨 보며,

64. 이 사람 있는 곳에는 여러 부처님이 다 그곳을 향해 법을 설하시니, 이 사람은 모든 부처님의 법을 받아 지니며, 능히 깊고 묘한 법을 설하리라."

65. 이때, 세존께서 이 뜻을 펴시려고 게송으로 말씀하셨다.

66. 이런 사람 청정한 혀 　나쁜 맛을 보지 않고
　　　먹고 씹는 모든 음식 　감로 맛이 되느니라.

67. 깊고 묘한 음성으로 　대중 위해 설법하며
　　　여러 가지 인연 비유 　중생 마음 인도하네.
　　　모두 듣고 기뻐하며 　좋은 공양 올리네.

68. 여러 하늘 용과 야차 　아수라의 여러 중생
　　　공경하는 마음으로 　함께 와서 법을 듣네.
　　　이런 설법 하는 이가 　미묘한 그 음성으로
　　　삼천 세계 채우려면 　그 뜻이 곧 이뤄지며
　　　크고 작은 전륜성왕 　일천 아들 권속들이
　　　공경한 맘 손 모으며 　항상 와서 법을 듣네.

69. 모든 하늘 용과 야차 　나찰이나 비사사도
　　　마음들이 기뻐하여 　항상 즐겨 공양하며

범천왕과 마왕들과	자재천과 대자재천
이와 같은 하늘 중생	항상 그곳 찾아오네.
여러 부처님과 제자	그 설법 들으면서
생각하고 수호하며	때로는 몸 나투네.

70. "또 상정진이여, 만일 선남자 선여인이 이 경을 받아 지녀 읽고 외우며 풀이하고 베껴 쓰면 팔백 몸의 공덕을 얻으리라.

71. 맑고 깨끗한 몸을 얻되, 맑은 유리와 같아서 중생이 보기를 좋아하며,

72. 그 몸이 맑고 깨끗하므로 삼천대천세계 중생이 날 때, 성품의 높고 낮음, 모양의 좋고 나쁨, 좋은 곳에 나고 나쁜 곳에 나는 것이 모두 그 몸 가운데 나타나니라.

73. 또 철위산·대철위산과 미루산·대미루산 등 여러 산에 있는 중생들이 그 몸에 나타나며 아래로 아비지옥, 위로는 유정천에 이르기까지 중생들이 다 그 몸 가운데 나타나며,

74. 또 성문·벽지불과 보살과 여러 부처님의 설법

이 다 그 몸 가운데 빛깔로 나타나니라."

75. 이때, 세존께서 이 뜻을 펴시려고 게송으로 말씀하셨다.

76. 이 경을 지니는 이   그 몸 매우 청정하여
    유리 같이 맑고 맑아   중생 보고 기뻐하네.

77. 또 맑고 밝은 거울   여러 빛깔 비치듯이
    청정한 보살 몸에서   세상 모든 것 다 보며
    혼자서만 밝게 알 뿐   다른 사람 못 보느니라.

78. 삼천 세계 가운데서   모든 중생들의 형상
    하늘 인간 아수라와   지옥 아귀 축생들의
    이러한 여러 형상   그 몸에서 나타나며

79. 모든 하늘 여러 궁전   유정천의 여러 권속
    철위산과 미루산과   마하미루산과 여러 산
    큰 바다와 작은 강이   그 몸 안에 나타나며,

80. 여러 부처 성문들과   불자들과 보살이
홀로 혹은 대중에서   설법함이 나타나며

81. 무루법성 미묘한 몸   비록 얻지 못했으나
청정한 그 몸 안에   모든 것 나타나네.

82. "다시 상정진이여, 만일 선남자 선여인이 여래가 멸도한 뒤에 이 경을 받아 지녀 읽고 외우며 풀이하고 베껴 쓰면 천이백 뜻의 공덕을 얻노라.

83. 이 맑고 깨끗한 뜻으로 한 게송이나 한 구절만 들어도 헤아릴 수 없고 가이없는 뜻을 통달하니,

84. 이 뜻을 알고 한 구절 한 게송을 설하되, 한 달·넉 달에서 일 년이 되어도 설하는 모든 법이 그 뜻을 따라서 참모습과 서로 어긋나지 아니하며,

85. 만일 세간의 경서나 세상을 다스리는 말과 생활하는 사업을 말하더라도 다 바른 법에 따르며,

86. 삼천대천세계 여섯 가지 갈래에 있는 중생이 마음으로 행하는 바와 마음으로 논하는 바를 모두 아니,

87. 비록 참모습을 있는 그대로 보는 지혜는 얻지 못했어도 그 뜻이 맑고 깨끗하여, 이 사람이 생각하며 헤아리고 말하는 바는 다 부처님의 가르침과 똑같이 진실하지 않음이 없으니, 이는 과거 부처님이 경전 가운데에 설하신 바와 똑같느니라."

88. 이때, 세존께서 이 뜻을 펴시려고 게송으로 말씀하셨다.

89. 이 사람의 청정한 뜻　　영리하고 지혜로워
　　　미묘한 의근으로　　　상 중 하의 법을 알고
　　　한 게송만 듣더라도　　무량한 뜻 통달하며
　　　법과 같이 설법하되　　한 달, 넉 달, 일 년 세월

90. 이 세계의 안과 밖의　　여러 모든 중생들과
　　　하늘 용과 인간들과　　야차와 여러 귀신 등
　　　육취 중에 있는 것들　　마음으로 생각함을
　　　이 경 지닌 공덕으로　　일시에 모두 아느니라.

91. 시방 계신 많은 부처　백복으로 장엄하며

중생 위해 설법하면	듣고 받아 지니면서
무량한 뜻 생각하고	끝없이 법 전해도
시종 착오 없는 것은	《법화경》을 지닌 공덕

92. 법의 모양 모두 알고　　뜻에 따라 차례 알며
　　명자 언어 통달하여　　아는 바를 연설하며
　　이런 사람 하는 설법　　그 모두가 불법이니
　　이 경 연설함으로써　　두려움이 없느니라.

93. 《법화경》 지닌 이는　　뜻의 청정 이와 같아
　　비록 무루 못 얻어도　　이런 모양 갖추니라.

94. 이 사람 이 경 지녀　　희유한 경지 머물러서
　　모든 중생 위하니　　기뻐하고 공경하며
　　천만 가지 방편으로　　좋은 법문 분별하여
　　중생 위해 설법함은　　《법화경》을 지닌 공덕.

20. 상불경보살품(常不輕菩薩品)

1. 그때, 부처님께서 득대세보살마하살에게 말씀하셨다.

2. "만일 비구·비구니와 우바새·우바이로서《법화경》을 지닌 이를,

3. 어떤 이가 악한 말로 꾸짖고 비방하면 큰 죄보를 받는 것이 앞에 말한 바와 같고, 그 얻는 공덕은 이제 말한 바와 같아서, 눈·귀·코·혀·몸·뜻이 맑고 깨끗하리라.

4. 득대세여, 헤아릴 수 없고 가이없고 생각조차 할 수 없는 아승지겁을 지난 오랜 옛날에 부처님이 계셨으니,

5. 이름은 위음왕 여래·응공·정변지·명행족·선서·세간해·무상사·조어장부·천인사·불세존이시라. 그 시절의 이름은 이쇠요, 나라 이름은 대성이라.

6. 그 위음왕 부처님께서 그 세상에 하늘·사람·아수라를 위하여 가르침을 말씀하시되,

7. 성문의 경지를 구하는 이들을 위하여는 사제법을 설하여 생·노·병·사에서 벗어나 열반에 이르게 하시며, 벽지불 구하는 이들을 위하여는 십이인연법을 설하시며, 보살들을 위하여는 위 없이 높고 바른 깨달음인 육바라밀을 설하여 부처님 지혜를 성취케 하시니라.

8. 득대세여, 이 위음왕불의 수명은 사십만억 나유타 항하의 모래 수와 같은 겁이요, 바른 법이 세상에 머무는 겁의 수는 일염부제의 가는 티끌과 같고, 상법이 세상에 머무는 겁수는 네 천하의 가는 티끌과 같느니라.

9. 그 부처님께서 중생을 이롭게 하신 뒤에 멸도하시고 정법과 상법이 다한 뒤, 이 국토에 다시 부처님께서 출현하시니 이름이 위음왕여래·응공·정변지·명행족·선서·세간해·무상사·조어장부·천인사·불세존이시라. 이와 같이 차례로 이만억 부처님께서 나타나시니 다 같은 이름이었노라.

10. 최초의 위음왕여래가 멸도하시고 정법이 멸한 뒤, 상법이 세상에 행하여지고 있을 무렵, 깨달음을 얻은 체하는 증상만의 비구들이 큰 세력을 가졌으니, 그때 한 비구가 있어 이름이 남을 업신여기지 않는 사람이라는 뜻의 상불경이라.

11. 득대세여, 무슨 인연으로 이름을 상불경이라 하는가. 이 비구가 보이는 대로 비구·비구니거나 우바새·우바이거나 다 그들을 예배하고 찬탄하며 이렇게 말하였느니라.

12. '내가 그대들을 존경하며 업신여기지 아니하나니, 이유는 그대들은 모두 보살도를 행하여 부처님이 되실 분들이기 때문이라.'

13. 이 비구는 경전을 읽지도 외우지도 아니하고, 다만 예배만을 행하며 사부대중이 멀리서 보이면 짐짓 가서 예배 찬탄하였느니라.

14. '내 그대들을 업신여기지 않는 것은 그대들 모두 부처님이 되실 분들이기 때문이라.'

15. 사부대중 가운데 성내는 마음을 잘 내며 마음이 부정한 자가 악한 말로,

16. '이 무식한 비구야, 어디서 와서 나는 그대들을 업신여기지 않노라고 하면서 우리에게 수기를 주되 마땅히 부처님이 될 것이라고 하느냐. 우리들에겐 이러한 그릇된 수기는 소용없다.' 하였노라.

17. 이 같이 여러 해를 두고 항상 욕설을 당하여도 성내는 마음 일으키지 아니하고 항상 이렇게 말하니,
 '그대들은 부처님이 되실 분들이라.'

18. 이 말을 할 때, 여러 사람이 몽둥이와 기와와 돌로 때리고 던지면, 상불경은 피해 달아나면서 더 큰 소리로 외쳐 말하였느니라.

19. '내 그대들을 업신여기지 아니하노라. 그대들은 부처님이 되실 분들이기 때문이라.'

20. 그가 항상 이런 말을 하는 고로 증상만의 비구·비구니와 우바새·우바이들은 이 비구를 상불경이라 하였느니라.

21. 이 비구가 임종하려 할 때, 허공에서 위음왕 부처님께서 앞서 설하셨던, 《법화경》의 이십천만억 게송이 들려와 상불경이 모두 듣고 다 받아 지녀 곧 위에서 설한 바와 같은 눈의 맑고 깨끗함과 귀·코·

혀·몸·뜻 등이 맑고 깨끗함을 얻었느니라.

22. 이 여섯 가지 감각기관의 맑고 깨끗함을 얻어 다시 목숨이 늘어나 이백만억 나유타의 세월 동안 남을 위하여 이《법화경》을 설했느니라.

23. 이때, 증상만의 사부대중인 비구·비구니·우바새·우바이들과 이 사람을 경멸하여 상불경이라 별명을 지은 자들이, 그가 큰 신통력·요설변력·큰 선적력 얻음을 보고 그 설하는 법을 듣고 따르니,

24. 상불경보살이 다시 천만억 중생을 교화하여 위없이 높고 바른 깨달음에 머물게 하였노라.

25. 보살이 임종한 뒤에 이천억 부처님을 만나 뵈니, 이름이 다 일월등명이시라. 그 법 가운데서 이《법화경》을 설했으며 이 인연으로 다시 이천억 부처님을 만나 뵈니 이름이 다 같이 운자재등왕 부처님이시라. 상불경은 이 모든 부처님들이 말씀하신《법화경》의 진리를 받아 지녀 읽고 외우며 모든 사부대중을 위하여 이 경전을 설하므로, 눈이 맑고 깨끗해지며 귀·코·혀·몸·뜻 등 모든 기관이 맑고 깨끗함을 얻어 사부대중에게 법을 설하되 마음에 두려움이

없었느니라.

26. 득대세여, 이 상불경보살마하살은 이와 같이 여러 부처님을 공양·공경하고 존중·찬탄하며 온갖 선근을 심고 그 뒤에 다시 천만억 부처님을 만나 여러 부처님 법 가운데서 이 경전을 설하여 공덕을 성취하고 성불하게 되었노라.

27. 득대세여, 그대의 생각은 어떠하냐. 그때 상불경보살이 바로 내 몸이었노라. 만일 내가 과거세에 이 경을 받아 지니고 읽고 외우며 남을 위해 설하지 아니하였더라면 위 없이 높고 바른 깨달음을 빨리 얻지 못하였으리라.

28. 나는 앞서 계셨던 많은 부처님이 계신 곳에서 이 경을 받아 지녀 읽고 외우며 남을 위해 설했기 때문에 빨리 위 없이 높고 바른 깨달음을 얻었노라.

29. 득대세여, 그때 사부대중인 비구·비구니·우바새·우바이는 성내는 마음으로 나를 경멸하였으므로, 이백억 겁 동안이나 부처님을 만나 뵙지 못하고 부처님의 가르침을 듣지 못하며 스님을 보지 못하였으므로 천겁 동안을 아비지옥에서 큰 고통을 받았으며,

이 죄보를 다 마치고 다시 상불경보살이 위 없이 높고 바른 깨달음으로 인도하여 교화함을 만났느니라.

30. 득대세여, 그대의 생각은 어떠하냐. 그때 사부대중으로 항상 이 보살을 경멸한 자들은 다른 사람이 아니라, 이 법회에 동참한 발타바라 등 오백 보살과 사자월 등 오백 비구와 니사불 등 오백 우바새들이니, 모두가 위 없이 높고 바른 깨달음에서 물러나지 않는 이들이라.

31. 득대세여, 이《법화경》은 모든 보살마하살을 크게 이익케 하여 위 없이 높고 바른 깨달음에 이르게 하나니라.

32. 그러므로 여러 보살마하살은 내가 멸도한 뒤에 항상 이 경을 받아 지니고 읽고 외우며 해설하고 베껴 쓸지니라."

33. 이때, 세존께서 이 뜻을 펴시려고 게송으로 말씀하셨다.

34. 옛날의 한 부처님　　　그 이름은 위음왕불
　　　신통지혜 헤아릴 수 없어 모든 중생 인도할 새

35. 하늘 인간 용 귀신　　정성스런 공양 받고
　　위음왕불 멸도하여　　법이 다하려 할 때에
　　보살 한 분 계셨으니　　그 이름 상불경보살.

36. 그때 사부대중들은　　법에 매우 얽매이어
　　상불경 자비 보살이　　곳곳마다 찾아가서
　　대중들께 하는 말은　　그대 경멸 아니하니
　　그대들도 도를 닦아　　모두 성불하리라고.

37. 이 말 들은 여러 대중　　비방하고 욕을 해도
　　상불경 자비보살은　　능히 받아 다 참으며
　　속세의 죄 다한 뒤　　임종할 때 이르러서
　　이 경전을 얻어 듣고　　육근이 청정하므로
　　신통력을 나투어서　　목숨을 더 연장하여

38. 다시 중생 위하여서　　이 경전 널리 설하니
　　법에 걸린 중생들이　　상불경보살 교화로
　　보살도를 성취하여　　부처님 도에 머무네.

39. 상불경 보살 임종 뒤　많은 부처 만나 뵙고
《법화경》 설한 인연　헤아릴 수 없는 복 받아서
공덕 점점 갖추어서　성불 빨리 했느니라.

40. 그때 상불경보살은　바로 나의 몸이었고
경멸하던 사부대중　법에 얽매인 이들
그대들 성불하리라　상불경 보살 말 듣고
이러한 인연으로써　헤아릴 수 없고 가이없는
부처님을 친히 뵈니　이 가운데 오백 보살
사부중 비구 비구니　청신사와 청신녀 등
지금 내 앞에 와서　법을 듣는 이들이라.

41. 나는 지난 세상에서　많은 사람 권하여서
제일 되는 이 가르침　듣고 받게 하였으며
사람에게 열어 보며　열반에 잘 머물면서
세세생생 이 경전을　지니도록 하였으며

42. 억만 겁 오랜 세월　불가사의 얻게 하려
항상 이 경 듣게 하고　열어 뵈고 가르치며

억만겁 오랜 세월 　　불가사의 이르도록
여러 부처 세존께서 　　《법화경》을 설하시네.

43. 그러므로 수행자는 　　부처님 멸하신 뒤
　　이 《법화경》을 듣고 　　의혹심을 내지 말며
　　한결같은 마음으로 　　《법화경》을 설법하면
　　세세에 부처님 만나 　　부처 됨도 빠르리라.

21. 여래신력품(如來神力品)

1. 이때, 하늘 세계의 작은 티끌과 같은 보살마하살 등이 땅으로부터 솟아나와 부처님 앞에서 한마음으로 손 모으고 존안을 우러러보며 부처님께 여쭈었다.

2. "세존이시여, 저희들이 부처님 멸도하신 뒤에 세존의 분신들이 계시다가 멸도하신 국토에서 《법화경》을 설하겠습니다. 이는 저희들이 이 진실하고 맑고 깨끗한 큰 법을 얻어 받아 읽고 외우며 풀이하고 베껴 써서 《법화경》을 공양하고자 하기 때문입니다.

3. 이때, 세존께서 문수사리 등 본래 사바세계에 머물렀던 헤아릴 수 없는 백천만억 보살마하살과 여러 비구·비구니와 우바새·우바이와 하늘·용·야차·건달바·아수라·가루라·긴나라·마후라가·사람인 듯 아닌 듯한 무리들의 여러 대중 앞에서 큰 신통력을 나투시며,

4. 길고 넓은 혀를 내시니 위로는 범천에 이르며 온

갖 털구멍에서는 헤아릴 수 없고 셀 수 없는 밝은 빛이 시방세계를 비추시니,

5. 많은 보리수 아래 사자좌 위에 계시는 여러 부처님도 위와 같이 길고 넓은 혀를 내시며 더할 나위 없는 밝은 빛을 놓으셨다.

6. 석가모니 부처님과 보배나무 아래의 부처님들께서 백천 년 동안 신통력을 나투신 뒤에야 다시 혀를 거두시고,

7. 큰 기침하시며 함께 손가락을 튕기시니 이 두 가지 소리가 시방 여러 부처님 세계에 이르러서 땅이 여섯 번 떨리어 움직였다.

8. 그 가운데 있는 중생들 하늘·용·야차·건달바·아수라·가루라·긴나라·마후라가·사람인 듯 아닌 듯한 것들이 부처님의 신통력으로 인하여 모두가 이 사바세계의 끝이 없고 가이없는 백천만억의 여러 보배나무 아래 사자좌 위에 앉으신 여러 부처님을 뵈오며,

9. 또 석가모니불께서 다보여래와 함께 보탑 안의 사자좌에 앉으심을 보며,

10. 또 끝이 없고 가이없는 백천만억의 보살마하살과 모든 사부대중이 석가모니불을 공경하며 에워싸고 있음을 보고, 모두 크게 기뻐하며 일찍이 없던 것을 얻었다. 그때 마침 모든 하늘의 허공에서 큰 소리가 들려왔다.

"끝이 없고 가이없는 백천만억 아승지 세계를 지나면 사바세계가 있으니, 여기에 계신 부처님의 이름은 석가모니 부처님이시라.

11. 지금 모든 보살마하살을 위하여 대승경을 설하시니 이름이《묘법연화경》이라.

12. 보살을 가르치는 법이며 부처님께서 생각하시는 경이니, 그대들은 마음 깊이 따라 기뻐할 것이며 석가모니 부처님께 예배 공양하라."

13. 그때, 중생들은 허공에서 나는 소리를 들으며 합장하고 사바세계를 향하여,

'나무석가모니불, 나무석가모니불'을 불렀고, 갖가지 꽃·향·영락·번개와 온갖 장신구와 진귀한 보배, 묘한 물건들이 사바세계에 뿌려지니,

14. 뿌려지는 물건들이 시방으로부터 오되, 마치

구름 모이듯 하여 변하고 보배 휘장이 되어 여러 부처님 위를 덮으니, 이때 시방세계는 툭 트여 걸림이 없어서 하나의 불국토와 같이 되었다.

15. 이때, 부처님께서 상행 등 보살 대중에게 말씀하셨다.

"모든 부처님의 신통력은 이와 같이 끝이 없고 가이없어 불가사의하니, 내가 이 신통력으로 끝이 없고 가이없는 백천만억 아승지겁 동안을 다른 사람에게 위촉하기 위하여 이 경의 공덕을 설할지라도 다 설하지는 못한다.

16. 요약해 말하건대, 여래의 모든 법과 여래의 온갖 자재한 신통력과 여래의 모든 중요한 비밀스러운 법장과 여래의 온갖 깊은 일을 이 경에서 펴 보이고 설했느니라.

17. 그러므로 그대들은 여래가 멸도한 뒤에 한마음으로 받아 읽고 풀이하며 베껴 써서 설한 그대로 수행하여라.

18. 이 국토에서 받아 지니고 읽고 풀이하며 베껴 써서 설한 대로 수행하거나, 이 경전이 있는 곳이거

든 동산이거나 숲속이거나 혹은 나무 아래거나 승방·신자의 집·전당·산골짜기·넓은 들일지라도 그 자리에 탑을 일으켜 공양하여라.

19. 왜냐하면 이곳은 모두 도량이니, 여러 부처님께서 이곳에서 위 없이 높고 바른 깨달음을 얻으셨고, 이곳에서 진리의 바퀴를 굴리셨으며, 이곳에서 모든 부처님께서 열반에 드셨기 때문이니라."

20. 이때, 세존께서 이 뜻을 펴시려고 게송으로 말씀하셨다.

21. 여러 부처 중생 구제　　큰 신통력 방편으로
　　중생을 기쁘게 하려　　무량 신통 나타내니
　　혀는 길어 범천까지　　몸에 놓은 밝은 큰 빛
　　부처님 도 구하는 이　　그를 위해 나타내며
　　그때 나는 기침 소리　　손가락 튕기는 소리
　　시방의 모든 세계　　여섯 번 진동하네.

22. 부처님 멸하신 뒤　　《법화경》을 지니므로
　　여러 부처 기뻐하여　　무량 신통 나타내며

| 이 경 부촉 위하므로 | 경 가진 이 찬탄하되 |
| 무량한 겁 다하여도 | 능히 찬탄 다 못 하리. |

23. 이런 사람 공덕은 　　가이없이 무궁하여
　　시방세계 허공 같아 　　끝간 데를 모르리라.

24. 이 경을 가진 이는 　　나의 몸을 보게 되며
　　다보불과 여러 분신 　　또한 친히 뵙게 되며
　　내가 오늘 교화하는 　　많은 보살 보게 되네.

25. 이 경을 가진 이는 　　모두가 내 분신들
　　멸도하신 다보불과 　　모두를 기쁘게 하며
　　시방에 계신 부처님 　　과거 미래 부처님께
　　친근하고 공양하며 　　기뻐하게 만드네.

26. 부처님의 도량에서 　　얻으신 비밀한 법보
　　이 경을 갖는 이는 　　머지 않아 성불하리.

27. 이 경을 가진 이는 　　여러 법의 묘한 뜻과

명자들과 언사들을　　무궁하게 설하기를
　　　허공 중에 바람 같이　　걸림 하나 없느니라.

28.　부처님 멸하신 뒤　　부처님 설하신 경전
　　　인과 연의 차례 알아　뜻을 따라 설법하되
　　　해와 달의 밝은 큰 빛　온갖 어둠 걷어내듯
　　　이런 사람 행하는 일　중생 번뇌 멸해주며
　　　무량보살 가르쳐서　　일승에 머물게 하네.

29.　까닭에 지혜로운 이　　공덕과 이익 보고
　　　내가 멸도한 뒤에　　　이 경 받아 지녀라.
　　　이런 이는 불도에　　　의심 없이 들리라.

22. 촉루품(囑累品)

1. 그때, 석가모니 부처님께서 법상에서 일어나 큰 신통력을 나투시어 오른손으로 헤아릴 수 없는 보살 마하살의 이마를 어루만지시며 이렇게 말씀하셨다.

2. "내가 헤아릴 수 없는 백천만억 아승지겁 동안 길을 닦아 얻기 어려운 위 없이 높고 바른 깨달음을 얻어 이제 그대들에게 부촉하니, 그대들은 한마음으로 이 법을 유포하되 널리 펴서 이로움을 더하도록 하여라."

3. 이와 같이 세 번을 보살마하살의 이마를 어루만지시며 이렇게 말씀하셨다.

4. "내가 헤아릴 수 없는 백천만억 아승지겁 동안 얻기 어려운 위 없이 높고 바른 깨달음의 길을 닦아 이제 그대들에게 부탁하노라.

5. 그대들은 받아 지녀 읽고 외우며 널리 이 법을 펴서 모든 중생으로 하여금 잘 듣고 알도록 하라.

6. 여래는 큰 자비의 마음을 지니고 있어 아끼는 마음이 없고, 두려운 바가 없어서 중생들에게 부처님의 지혜와 여래의 지혜와 자연의 지혜를 주나니, 여래는 온갖 중생의 큰 시주이시느니라. 그대들도 여래의 법을 따라 배우되 아끼거나 인색한 마음을 보이지 말아라.

7. 미래세에 선남자 선여인이 있어 여래의 지혜를 믿는 이에게는 이《법화경》을 설하여 듣고 알게 할지니, 그 사람으로 하여금 부처님의 지혜를 얻게 하기 위함이니라.

8. 만약 믿지 아니하는 중생이 있으면 여래의 다른 깊은 가르침 가운데에서 보이고 가르쳐서 이롭게 하고 기쁘게 하여라.

9. 그대들이 이와 같이 행하면 곧 여러 부처님의 은혜에 보답하는 것이 되느니라."

10. 이때, 보살마하살들이 부처님께서 이렇게 말씀하심을 듣고, 모두 큰 기쁨에 넘쳐 더욱 더 공경하며 머리를 숙여 합장하고 부처님을 향하여 함께 소리를 내며 말하였다.

"세존의 분부대로 다 갖추어 받들어 행하려 하오니 세존이시여, 원컨대 염려하지 마옵소서."

11. 여러 보살마하살이 이 같이 세 번 반복하여 함께 말하였다.

12. "세존의 분부대로 다 갖추고 받들어 행하려 하오니 세존께서는 염려하지 마옵소서."

13. 이때, 석가모니 부처님께서 시방에서 오신 여러 분신 부처님으로 하여금 각기 본토로 돌아가게 하시려고 이렇게 말씀하셨다.

14. "여러 부처님들은 각각 편안히 돌아가시고, 다보불탑도 돌아가시어 예전과 같이 하옵소서."

15. 이렇게 말씀하실 때, 시방의 헤아릴 수 없는 여러 분신 부처님, 보배나무 아래 사자좌에 앉으신 분신불과 다보불과 아울러 상행 등 헤아릴 수 없는 아승지 보살 대중과, 사리불 등 성문·사부대중과 모든 세간의 하늘·사람·아수라 등이 부처님의 설하신 바를 듣고 모두 크게 기뻐하였다.

23. 약왕보살본사품(藥王菩薩本事品)

1. 이때, 수왕화보살이 부처님께 여쭈었다.

2. "세존이시여, 약왕보살은 어찌하여 사바세계에 있습니까. 세존이시여, 이 약왕보살은 얼마만큼의 백천만억 나유타의 어려운 고행을 하였습니까.

3. 거룩하신 세존이시여, 바라옵건대 간략히 해설하여 주소서. 모든 하늘·용·야차와 건달바·아수라와 가루라·긴나라·마후라가·사람인 듯 아닌 듯한 것들과 다른 국토에서 온 보살들과 여기 있는 성문들이 들으면 다 기뻐할 것입니다."

4. 이때, 부처님께서 수왕화보살에게 말씀하셨다.

5. "지난 옛적 헤아릴 수 없는 항하의 모래 수와 같은 겁에 부처님이 계셨으니 이름은 일월정명덕여래·응공·정변지·명행족·선서·세간해·무상사·조어장부·천인사·불세존이시라.

6. 그 부처님에게 팔십억 큰 보살마하살과 칠십이

항하의 모래 수와 같은 성문 대중이 있었노라.

7. 부처님 목숨은 사만이천 겁이요, 보살들의 목숨도 이와 같으며 그 국토에는 여인·지옥·아귀·축생·아수라 등 여러 가지 고난이 없었느니라.

8. 땅은 손바닥같이 평평하고 유리로 되었으며 보배나무로 장엄하고 보배 휘장을 덮었으며, 보배꽃 번기를 드리우고 보배병과 향로가 나라 안에 가득하고 칠보로 대를 만들어 한 나무 아래 한 보대라, 보배나무와의 간격이 화살 한 개 거리이니라.

9. 이 모든 보배나무 아래는 보살과 성문들이 앉았으며, 모든 보배의 좌대 위에서는 각각 백억의 모든 하늘이 있어 하늘 기악이 울리고 노래 불러 부처님을 찬탄하며 공양하니라.

10. 이때, 그 부처님께서 일체중생희견보살과 여러 보살과 성문들을 위하여 《법화경》을 설하시니,

11. 이 일체중생희견보살이 즐겨 고행을 닦고 일월정명덕불의 법 가운데서 정진하며 닦아 한마음으로 부처님 되기를 원하여 만이천 년을 지나 온갖 중생의 모습을 뜻대로 나타낼 수 있는 색신삼매를 얻었느니라.

12. 이 삼매를 얻고 크게 기뻐 생각하였느니라.

'내가 온갖 중생의 모습을 뜻대로 나타낼 수 있는 색신삼매를 얻게 됨은 이《법화경》을 들은 힘이라. 내가 이제 일월정명덕불과《법화경》에 공양하리라.'

13. 즉시 이 삼매에 드니 허공에서 만다라꽃·마하만다라꽃, 고운 가루로 된 검은 전단향을 비 뿌리듯 하여 허공 가운데에 가득 차서 구름같이 내려오며, 해차안 전단향을 비 내리듯 하니 이 향은 저울로 여섯 눈금의 값이 되는데 그 값은 사바세계와 맞먹느니라.

14. 이 공양을 올리고 삼매로부터 일어나 스스로 생각하기를 '내가 비록 신통력으로 부처님께 공양하였으나 몸으로써 공양하는 것만 같지 못하다.' 하고 곧 전단·훈육·도루바·필력가·침수·교향 등을 먹고 첨복 등 모든 꽃의 향유를 먹고, 또 첨복의 여러 가지 꽃으로 짠 향유 마시기를 일천이백 년을 채우고 향유를 몸에 바르며, 일월정명덕불 앞에서 하늘의 보배옷으로 몸을 감고 모든 향유를 몸에 붓고 신통력의 발원으로 몸을 태우니, 그 밝은 빛이 팔십억 항하의

모래 수와 같은 세계를 두루 비추었느니라.

15. 그 가운데 여러 부처님이 동시에 찬탄하며 말씀하셨으니,

'장하고 장하다, 선남자여. 이것이 참 정진이며 이것이 참다운 방법으로 여래께 드리는 공양이라.

16. 만일 꽃·향·영락·소향·말향·도향과 하늘의 비단·번개와 해차안의 전단향 등 이와 같은 모든 물품으로 공양한다 해도 미치지 못하며 가령 국토와 처자를 보시한다 해도 또한 미치지 못하느니라.

17. 선남자여, 이것이 제일가는 보시라. 모든 보시 가운데에 가장 으뜸이니 이는 법으로써 여래에게 공양하는 인연이기 때문이니라.'

이렇게 말씀하시니 대중은 잠자코 있었다.

18. 그의 몸은 일천이백 년 동안 불타고 난 뒤에 없어졌느니라.

19. 일체중생희견보살은 이와 같이 법공양을 마치고 목숨이 다한 뒤, 다시 일월정명덕불국토의 정덕왕 집에 가부좌를 하고 부모의 인연을 받지 않은 채 홀연히 태어났으니,

20. 그가 아버지에게 게송으로 말하였느니라.

21. 대왕이신 아버지여 　나는 오래 경행하여
　　현일체색신삼매 얻고 　그 지혜에 들었습니다.
　　부지런히 정진하며 　　아끼던 몸 던져서
　　세존께 공양 올려 　　위 없는 도 이뤘나이다.

22. 이 게송을 설하고는 부왕에게 말하였느니라.

23. '일월정명덕불께서는 지금도 계시니, 제가 먼저 이 부처님께 공양 올려 모든 중생의 말을 이해하는 다라니를 얻었으며, 다시 이 《법화경》의 팔백천만억 나유타 견가라·빈바라·아촉바 등의 게송을 들으려 하오니,

24. 대왕이시여, 제가 이제 돌아가서 이 부처님께 공양하려 하나이다.'

25. 이렇게 말한 뒤에 칠보대에 앉아 허공으로 오르니 높이가 칠 다라수라. 부처님 계신 곳에 이르러 발에 예배하고 열 손가락을 모아 게송으로 부처님을 찬탄하였느니라.

26. 세존 옥안 거룩하사　　시방에 큰 빛 비추시니
　　제가 옛날 공양하고　　지금 다시 친히 뵙네.

27. 이때, 일체중생희견보살은 이 게송을 마치고 부처님께 여쭈었느니라.
"세존이시여, 세존께서는 아직도 세상에 계시나이까."

28. 이때, 일월정명덕 부처님께서 일체중생희견보살에게 말씀하시되,
"선남자여, 내가 열반할 때가 왔으니 그대는 자리를 편하게 펴라. 내가 오늘밤에 열반에 들리라."

29. 또 일체중생희견보살에게 분부하시되,
"선남자여, 내가 부처님 법으로 그대에게 부촉하며 모든 보살 큰 제자들과 아울러 위 없이 높고 바른 깨달음과 삼천대천 칠보세계의 모든 보배나무 아래의 거룩한 도량과 시중드는 모든 하늘을 그대에게 부촉하며,

30. 내가 멸도한 뒤에 있을 사리도 그대에게 부촉하니, 이것을 널리 나누어 공양을 베풀도록 하고 몇

천 개의 탑을 세워라." 하셨느니라.

31. 일월정명덕 부처님께서는 이와 같이 일체중생희견보살에게 분부하시고 그날 밤에 열반에 드셨느니라.

32. 이때, 일체중생희견보살이 부처님께서 멸도하심을 보고 슬퍼하고 괴로워하며 부처님을 연모하여 곧 해차안의 전단향나무로 섶을 쌓아 그 위에 부처님 몸을 모시어 공양하고 다비하였으며,

33. 불이 다 꺼진 뒤에 사리를 거두어 팔만사천 보배병을 만들어 팔만사천 탑을 세우니, 높이는 삼계보다 높고 표찰로 장식하며 번개를 드리우고 여러 가지 보배 방울을 달았느니라.

34. 이때, 일체중생희견보살이 생각하기를 '내가 이 같이 공양을 했으나 마음에 흡족하지 않으니 내 이제 다시 사리에 공양하리라.' 하고,

35. 여러 보살과 큰 제자와 하늘·용·야차 등 여러 대중에게 말하였느니라.

"그대들은 한마음으로 보아라. 내가 일월정명덕불의 사리에 공양하리라."

36. 이 말을 하고 나서 팔만사천 탑 안에서 백 가지 복으로 장엄한 자신의 팔을 칠만이천 년 동안 태워서 공양하며, 성문을 구하는 수없는 대중과 헤아릴 수 없는 아승지 사람들로 하여금 위 없이 높고 바른 깨달음의 마음을 일으키어 모두 일체색신삼매에 머무르게 하였노라.

37. 이때, 여러 보살과 하늘·사람·아수라 등이 보살의 팔이 없음을 보고 근심하고 슬퍼하며 말하길,

"이 일체중생희견보살은 우리들의 스승으로서 우리들을 교화하실 분인데 이제 팔을 태웠으니 몸을 다 갖추지 못했다." 했느니라.

38. 이때, 일체중생희견보살이 대중 가운데서 서원하되,

"내가 두 팔을 공양하였으니 반드시 부처님의 금빛 몸을 얻으리라. 만일 진실하여 헛되지 않을진대 나의 두 팔이 다시 원래대로 되리라." 했느니라.

39. 이 서원을 마치자 저절로 예전과 같아졌으니, 이는 보살의 복덕과 지혜가 두터운 인연이니라.

40. 이때를 당하여 삼천대천세계는 여섯 번 떨리어

움직이고 하늘에서는 보배꽃을 비 내리듯 하니 모든 하늘·사람이 일찍이 없던 것을 얻었노라.

41. 부처님께서 수왕화보살에게 말씀하셨다.

"그대의 생각은 어떠하냐. 일체중생희견보살은 다른 사람이 아니라 지금의 약왕보살이다. 그는 이렇게 몸을 보시하기를 이와 같이 헤아릴 수 없는 백천만억 나유타 수만큼 행하였노라.

42. 수왕화여, 만일 마음을 일으켜 위 없이 높고 바른 깨달음을 얻고자 하는 이는 손가락이나 발가락 하나라도 태워서 부처님 탑에 공양하면, 국성이나 처자 삼천대천 국토의 산이나 숲·강·연못·모든 진귀한 보물로 공양하는 것보다 더 수승하니라.

43. 만일 어떤 사람이 칠보를 삼천대천세계에 가득 채워 부처님과 큰 보살과 벽지불과 아라한에게 공양할지라도 이 사람이 얻는 공덕은 이《법화경》의 네 구절, 한 게송을 받아 지니는 것만 못하니라.

44. 수왕화여, 비유하면 냇물·강물 모든 물 가운데 바다가 제일 크듯이《법화경》도 또한 여러 여래가 설하신 경 가운데에서 가장 깊고 크니라.

45. 또 토산·흑산·소철위산·대철위산·칠보산 등 여러 산 가운데 수미산이 제일이듯, 이《법화경》도 또한 모든 경 가운데에 가장 으뜸이니라.

46. 또 모든 별 가운데에서 달이 제일 크듯이《법화경》도 또한 천만억 종류의 경법 가운데서 가장 밝게 비추느니라.

47. 또 해가 모든 어둠을 없애듯이 이 경도 또한 온갖 좋지 못한 번뇌를 없애느니라.

48. 또 모든 소왕 가운데에 전륜성왕이 가장 으뜸이듯이 이 경도 또한 여러 경 가운데에서 가장 귀하느니라.

49. 또 제석천왕이 삼십삼천 가운데의 왕이듯이 이 경도 또한 모든 경 가운데의 왕이니라.

50. 또 대범천왕이 온갖 중생의 아버지이듯이 이 경 또한 모든 어진 이, 배우는 이와 다 배운 이, 보살의 마음을 일으킨 이의 아버지니라.

51. 또 모든 범부들 중에서 수다원·사다함·아나함·아라한·벽지불이 제일이듯이 이 경도 또한 모든 여래가 설하시고, 혹은 보살 성문이 설한 모든 경

법 가운데에 가장 으뜸이 되느니라. 이 경을 받아 지니는 이도 또한 온갖 중생 가운데 으뜸이 되느니라.

52. 모든 성문·벽지불 가운데에 보살이 제일이듯이 이 경도 또한 온갖 경법 가운데에 제일이니라.

53. 부처님께서 모든 법의 왕이 되듯이 이 경도 또한 모든 경 가운데의 왕이니라.

54. 수왕화여, 이 경은 모든 중생을 구원하는 경이며, 이 경은 모든 중생의 온갖 고뇌를 여의게 하고, 이 경은 온갖 중생을 크게 이익되게 하니 그 바람을 가득차게 하니라.

55. 맑고 시원한 못이 모든 목마른 이의 갈증을 풀어주듯이, 추운 이가 불을 얻은 듯이, 벗은 이가 옷을 얻은 듯이, 물건 파는 사람이 물건의 주인을 얻은 듯이, 아들이 어머니를 만난 듯이, 나루에서 배를 얻은 듯이, 병든 사람이 의원을 만난 듯이, 어둠에서 등불을 얻은 듯이, 가난한 이가 보배를 얻은 듯이, 백성이 임금을 만난 듯이, 장사치가 바다를 만난 듯이, 횃불이 어둠을 몰아내듯이,

56. 이《법화경》도 또한 중생들 모두의 괴로움과

모두의 병을 여의게 하며 모든 삶과 죽음의 속박을 풀어주느니라.

57. 어떤 사람이 이《법화경》을 듣고 스스로 쓰거나 남에게 쓰게 하면 얻는 공덕은 부처님의 지혜로 헤아릴지라도 그 끝을 모르느니라.

58. 만일 이 경전을 쓰고 꽃·향·영락과 소향·말향·도향과 번개와 의복과 갖가지 소등·유등·향유등·첨포유등·수만나유·바라라유·바리사가유·나바마리유 등으로 공양하면 얻는 공덕은 또한 헤아릴 수 없느니라.

59. 수왕화여, 만일 어떤 사람이 이〈약왕보살본사품〉을 들으면 또한 끝이 없고 가이없는 공덕을 얻으리라. 만일 여인이 이〈약왕보살본사품〉을 듣고 받아 지니면 여인의 몸을 마친 뒤에 다시 여인의 몸을 받지 않으리라.

60. 만일 여래가 멸도한 뒤, 오백 년이 되어 어떤 여인이 이 경전을 듣고 설한 그대로 수행하고 명을 마치면, 곧 극락세계로 가 아미타불께서 대보살들에게 둘러싸인 곳의 연꽃 속 보좌 위에 태어나게 되리라.

61. 다시는 탐욕의 괴로움을 받지 않으며 성냄과 어리석음의 괴로움을 받지 않으니, 다시는 교만과 질투와 온갖 번뇌의 괴로움을 받지 않고,

62. 보살의 신통력과 세상의 모든 것은 나지도 않고 멸하지도 않는다는 진리인 무생법인을 얻으니, 이 법인을 얻고 나면 눈이 맑고 깨끗하고 이 맑고 깨끗한 눈으로 칠백만이천억 나유타 항하의 모래 수와 같은 여러 부처님을 뵙게 되느니라."

63. 이때, 여러 부처님께서 칭찬하셨다.

"착하고 착하다, 선남자여. 그대가 석가모니 부처님의 법 가운데에서 이 경을 받아 읽고 외워 생각하고 남을 위해 설하면, 얻는 복덕이 끝이 없고 가이없어 불로도 태우지 못하고 물에도 빠뜨리지 못하니, 그대의 공덕은 일천 부처님이 함께 설할지라도 능히 다하지 못하느니라.

64. 그대는 이제 모든 마군을 물리쳤으며, 생사를 벗어나 모든 원수와 적을 다 멸했노라.

65. 선남자여, 백천의 여러 부처님이 신통력으로 그대를 수호하니, 온갖 세간·하늘·사람 가운데에

그대와 같은 이는 없노라.

66. 오직 여래를 제외하고는 여러 성문·벽지불과 보살의 지혜·선정으로도 그대와 같은 이는 없느니라."

67. 수왕화여, 이 보살은 이와 같은 공덕과 지혜의 힘을 성취하였으니, 찬탄하여 좋다 하면, 현세에 입 안에서 항상 푸른 연꽃의 향기가 나고 몸의 털구멍에서는 항상 우두전단의 향기가 나며 얻는 공덕은 위에 말한 것과 같으리라.

68. 그러므로 수왕화여, 이 〈약왕보살본사품〉을 그대에게 맡기노니 내가 멸도한 뒤, 오백 년에 이르도록 널리 펴고 가르치며 염부제에서 끊어지지 않게 하고, 악마와 그 권속들과 모든 하늘·용·야차·구반다 등이 이 경을 이용하지 못하게 하라.

69. 수왕화여, 그대는 신통력으로 이 경을 수호하라. 이 경은 염부제 사람들의 병에 좋은 약이 되기 때문이니, 만일 병이 있는 사람이 이 경을 들으면 병이 없어지고 늙지도 않고 죽지도 않으리라.

70. 수왕화여, 그대가 만일 이 경을 받아 지니는 이

를 보거든 푸른 연꽃과 말향을 가득 담아 공양하고 그 위에 뿌리고 이와 같이 생각하라.

71. '이 사람은 오래지 않아 반드시 풀을 깔고 도량에 앉아서 모든 마군을 파하고, 법소라를 불며 큰 법의 북을 쳐서 모든 중생을 나고 늙고 병들어 죽는 괴로움의 바다에서 건져 해탈하게 하리라.'

72. 그러므로 부처님 도를 구하는 이는 이 경을 받아지니는 사람을 보거든 위와 같이 공경하는 마음을 내야 하느니라."

73. 이 〈약왕보살본사품〉을 설할 때에 팔만사천 보살이 온갖 중생의 말을 알 수 있는 다라니를 얻었다.

74. 이때 다보여래는 보탑 안에서 수왕화보살을 이렇게 칭찬하셨다.

"장하고 장하다, 수왕화여. 그대는 불가사의한 공덕을 성취하여 석가모니 부처님께 이러한 일을 물어서 헤아릴 수 없이 많은 중생을 이익 되게 하였노라."

24. 묘음보살품(妙音菩薩品)

1. 그때, 석가모니 부처님께서는 아름다운 몸매인 육계에서 큰 빛을 놓으시고, 눈썹 사이의 흰 터럭 끝에서 밝은 빛을 놓으시며 동방 백팔만억 나유타 항하의 모래 수와 같은 여러 부처님 세계를 두루 비추시었다.

2. 이 많은 세계를 지나서 한 세계가 있으니, 이름이 정광장엄이요, 그 나라 부처님의 이름은 정화수왕지여래 · 응공 · 정변지 · 명행족 · 선서 · 세간해 · 무상사 · 조어장부 · 천인사 · 불세존이시라.

3. 헤아릴 수 없고 그지없는 보살 대중들이 공경하며 둘러싸고 부처님께서 그들을 위하여 법을 설하시니, 석가모니 부처님의 눈썹 사이의 흰 터럭으로부터 큰 빛이 그 국토를 비추셨다.

4. 이때, 일체정광장엄 국토 가운데에 한 보살이 있으니 이름이 묘음이라. 오랜 옛날부터 많은 덕을 심

어서 헤아릴 수 없는 백천만억 부처님을 공양하고 친근하며 매우 깊은 지혜를 성취하고,

5. 묘당상삼매·법화삼매·정덕삼매·수왕희삼매·무연삼매·지인삼매·해일체중생어언삼매·집일체공덕삼매·청정삼매·신통유희삼매·혜거삼매·장엄왕삼매·정광명삼매·정장삼매·불공삼매·일선삼매를 얻어서, 이와 같은 백천만억 항하의 모래 수와 같은 여러 큰 삼매를 얻었다.

6. 석가모니 부처님의 밝은 빛이 그 몸을 비추시니 묘음보살은 곧 정화수왕지 부처님께 여쭈었다.

7. "세존이시여, 저는 사바세계에 가서 석가모니 부처님께 예배·친견·공양하옵고 문수사리법왕자보살, 약왕보살, 용시보살, 수왕화보살, 상행의보살, 장엄왕보살, 약상보살을 만나 보려 합니다."

8. 이때, 정화수왕지 부처님께서 묘음보살에게 말씀하셨다.

"그대는 저 국토를 업신여기는 가벼운 생각을 내지 말라.

9. 선남자여, 저 사바세계는 높고 낮고 하여 평탄하

지 못하고, 흙과 돌과 여러 산이 있어 더러운 것이 가득 찼으며, 부처님 몸은 작고 모든 보살들도 그 형상이 또한 작으니라.

10. 그대의 몸은 사만이천 유순이요, 나의 몸은 육백팔십만 유순이라. 그대의 몸은 가장 단정하며 백천만의 복이 있어 밝은 빛이 특수하고 묘하니, 그대가 가서 저 나라를 가벼이 여기거나, 그 나라의 부처님과 보살들을 업신여기는 생각을 내지 말라."

11. 묘음보살이 그 부처님께 여쭈었다.

"세존이시여, 제가 이제 사바세계에 가는 것은 다 여래의 힘이요, 여래의 신통력의 유희이며 여래의 공덕과 지혜와 장엄 때문입니다."

묘음보살은 자리에서 일어나지 않고 몸을 움직이지도 않은 채 삼매에 들어 삼매의 힘으로,

12. 기사굴산의 부처님 법좌에서 멀지 않은 곳에 팔만사천의 보배로 된 연꽃을 신통으로 만드니 염부단금으로 줄기가 되며 백은으로 꽃잎이 되고 금강으로 꽃술이 되고, 견숙가보배로 좌대가 되었다.

13. 이때, 문수사리 법왕자는 이 연꽃을 보고 부처

님께 여쭈었다.

"세존이시여, 무슨 인연으로 이러한 상서가 나타납니까? 수천만의 연꽃이 나타나 염부단금 줄기가 되고 백은으로 꽃잎 되며 금강으로 꽃술이 되고 견숙가보배로 좌대가 되었습니까."

14. 이때, 석가모니 부처님께서 문수사리에게 말씀하셨다.

"묘음보살마하살이 정화수왕지 부처님 국토에서 팔만사천 보살에게 둘러싸여 이 사바세계에 와서 나에게 공양하며 친견·예배하고 또한 《법화경》을 공양하며 듣고자 함이니라."

15. 문수사리가 부처님께 여쭈었다.

"세존이시여, 이 보살은 무슨 선근을 심었으며 무슨 공덕을 닦았기에 이런 큰 신통력이 있으며, 어떤 삼매를 행합니까? 원하옵건대 저희들에게 이 삼매의 이름을 말씀해주소서.

16. 저희들도 부지런히 수행하고자 하나이다. 이 삼매를 행하여 이 보살 모습의 크고 작음과 몸가짐과 나가고 머묾을 보려 하나이다.

17. 오직 원하옵건대, 세존이시여, 신통력으로 저 보살을 오게 하사 저희들로 하여금 볼 수 있게 하소서."

18. 이때, 석가모니 부처님께서 문수사리에게 말씀하셨다.

"여기 오래 전에 멸도하신 다보여래께서 그대들을 위하여 묘음보살의 모습을 나타나게 하시리라."

19. 이때 다보 부처님께서 저 묘음보살에게 말씀하셨다.

"선남자여, 오너라. 문수사리법왕자가 그대의 몸을 보고자 하노라."

20. 이때, 묘음보살이 자기 국토를 떠나 팔만사천 보살과 함께 오니,

21. 지나오는 국토들이 여섯 번 떨리어 움직이고 칠보로 된 연꽃이 비 오듯 내리며 백천 가지 하늘 풍악이 저절로 울리었다.

22. 이 보살의 눈은 넓고, 크기가 푸른 연꽃잎과 같으니 백천만 개의 달을 모아 놓은 것보다 그 얼굴이 더 단정하며,

23. 몸은 진금색이라, 헤아릴 수 없는 백천의 공덕

으로 아름답게 빛나고, 위덕이 훌륭하고 큰 빛이 밝게 비치며, 모든 모습을 다 갖추어 하늘의 장사인 나라연처럼 견고한 몸을 하고 있었다.

24. 칠보 좌대에 앉아 허공에 오르니 땅에서 높이가 칠 다라수라. 여러 보살들에게 둘러싸여 이 사바세계의 기사굴산에 와서 칠보 좌대에서 내려와 백천만 냥이나 되는 영락을 가지고 석가모니 부처님이 계신 곳에 이르러 발에 예하고 영락을 받들어 올리며 부처님께 여쭈었다.

25. "세존이시여, 정화수왕지 부처님께서 세존께 문안하시기를 '병도 없으시고 고뇌도 없으시며 기거가 편안하사 안락하게 지내십니까. 흙·물·불·바람의 사대는 잘 조화되며, 세상 일은 참을 만하고 중생은 제도하기 쉽습니까. 탐욕과 성냄과 어리석음과 질투와 아낌과 오만함은 어떠하며 부모에게 불효하고 사문을 업신여기는 삿된 소견은 없습니까. 마음은 착하며 오욕을 거두어 들입니까.

26. 세존이시여, 중생들이 모든 마군과 원적을 항복시킵니까.

27. 오래 전에 멸도하신 다보여래께서 칠보탑 중에 계시며 오셔서 법을 들으십니까.' 하셨으며,

28. 또 다보여래께 여쭈어 문안하되, '안온하시며 고뇌가 없으시고 인욕으로 오래 머무십니까.' 하시었습니다.

29. 세존이시여, 제가 이제 다보 부처님의 몸을 뵙고자 하오니 원하건대, 세존께서는 저로 하여금 친히 뵙도록 하옵소서."

30. 이때. 석가모니 부처님께서 다보 부처님께 말씀하셨다.

"이 묘음보살이 만나 뵙고자 합니다."

31. 이때 다보 부처님께서 묘음보살에게 말씀하셨다.

"착하고 착하다. 그대가 석가모니 부처님께 공양하며,《법화경》을 듣고, 문수보살을 보기 위하여 여기에 왔구나."

32. 이때 화덕보살이 부처님께 여쭈었다.

"세존이시여, 이 묘음보살은 무슨 선근을 심었으며 무슨 공덕을 닦았기에 이런 신력이 있습니까?"

33. 부처님께서 화덕보살에게 말씀하셨다.

"과거에 부처님이 계셨으니 이름이 운뇌음왕 다타아가도 아라하 삼먁삼불타이셨으며, 나라 이름은 현일체세간이요, 겁의 이름은 희견이라.

34. 묘음보살이 만이천 년을 십만 가지 기악으로 운뇌음왕 부처님께 공양하며 아울러 팔만사천 칠보로 된 발우를 바쳤노라. 이 인연의 과보로 지금 정화수왕지 부처님 국토에 나서 이런 신통력을 가졌노라.

35. 화덕이여, 그대는 어떻게 생각하느냐. 그때, 운뇌음왕 부처님이 계신 곳에서 묘음보살로서 기악으로 공양하고 보배발우를 받들어 올린 이가 지금의 묘음보살마하살이니라.

36. 화덕이여, 이 묘음보살이 헤아릴 수 없는 여러 부처님을 친히 뵙고 오래도록 선행을 심었으며, 항하의 모래 수와 같은 백천만억 나유타 부처님을 만나 뵈었느니라.

37. 화덕이여, 그대는 묘음보살의 몸이 여기에만 있다고 보지만, 이 보살은 갖가지 몸을 곳곳에 나투어서 여러 중생을 위하여 《법화경》을 설하노라.

38. 혹은 범왕의 몸을 나투고, 혹은 제석의 몸을 나투며, 자재천·대자재천·천대장군·비사문천왕의 몸을 나투며,

39. 혹은 전륜성왕의 몸을 나투고, 모든 소왕·장자·거사·제관 혹은 바라문의 몸을 나투며,

40. 혹은 비구·비구니·우바새·우바이의 몸을 나투고,

41. 혹은 장자·거사 부인의 몸을 나투며, 혹은 제관 부인의 몸을 나투고, 혹은 바라문의 부인의 몸을 나투며, 혹은 동남·동녀의 몸을 나투고,

42. 혹은 하늘·용·야차·건달바·아수라·가루라·긴나라·마후라가·사람인 듯 아닌 듯한 것들 등의 몸을 나투어 이 경을 설하노라.

43. 지옥·아귀·축생과 온갖 어려운 곳에 있는 모든 것을 다 구제하며,

44. 왕의 후궁에서는 여인의 몸으로 변화하여 이 경을 설하노라.

45. 화덕이여, 이 묘음보살은 사바세계의 모든 중생을 구호하는 보살이라.

46. 이 묘음보살이 갖가지의 변화된 몸을 나투어 이 사바국토의 모든 중생을 위하여 이 경전을 설하되, 그 신통·변화·지혜는 조금도 더하거나 덜함이 없노라.

47. 이 보살이 지혜로 사바세계를 밝게 비추어 온갖 중생이 각기 알 바를 알게 하며 시방 항하의 모래 수와 같은 세계에서도 또한 이와 같노라.

48. 만일 성문의 몸으로 제도할 이에게는 성문의 몸을 나투어 법을 설하고, 벽지불의 몸으로 제도할 이에게는 벽지불의 몸을 나투어 법을 설하며, 보살의 몸으로 제도할 이에게는 보살의 몸을 나투어 법을 설하고, 부처님 몸으로 제도할 이에게는 부처님의 몸을 나투어 법을 설하노라.

49. 이와 같이 제도할 바를 따라서 모습을 나타내며 멸도로 구제할 이에게는 멸도를 나타내 보이노라.

50. 화덕이여, 묘음보살마하살이 큰 신통과 지혜의 힘을 성취하니, 그 일이 이와 같노라."

51. 이때, 화덕보살이 부처님께 여쭈었다.

"세존이시여, 묘음보살은 선근을 깊이 심었습니다.

세존이시여, 이 보살이 무슨 삼매에 머물러서 이와 같이 여러 곳에서 몸을 바꾸어 중생을 제도합니까?"

52. 부처님께서 화덕보살에게 말씀하셨다.

"선남자여, 그 삼매의 이름은 현일체색신이라. 묘음보살이 이 삼매에 머물면서 헤아릴 수 없는 중생을 이익 되게 하노라."

53. 이 〈묘음보살품〉을 설할 때에, 묘음보살과 함께 왔던 팔만사천 보살이 다 현일체색신삼매를 얻고 사바세계의 헤아릴 수 없는 보살도 이 삼매와 다라니를 얻었다.

54. 이때, 묘음보살마하살이 석가모니 부처님과 다보 부처님 탑에 공양을 마치고 본래의 땅으로 돌아가니, 지나가는 모든 나라가 여섯 번 떨리어 움직이며 보배 연꽃을 비 뿌리듯 하고 백천만억의 갖가지 기악이 울렸다.

55. 본국에 돌아가서 팔만사천 보살과 함께 정화수왕지 부처님이 계신 곳에 이르러 여쭈었다.

56. "세존이시여, 제가 사바세계에 가서 중생을 이익 되게 하여 석가모니 부처님을 친히 뵙고 또 다보

불탑을 친히 뵈어 예배·공양하였습니다.

　57. 또 문수사리법왕자 보살도 만나 보고 약왕보살과 득근정진력보살과 용시보살들을 보았으며,

　58. 또 팔만사천 보살들로 하여금 현일체색신삼매를 얻게 하였습니다."

　59. 이 〈묘음보살내왕품〉을 설할 때 사만이천 천자들은 무생법인을 얻고 화덕보살은 법화삼매를 얻었다.

25. 관세음보살보문품(觀世音菩薩普門品)

1. 이때, 무진의보살이 자리에서 일어나 오른 어깨를 드러내고 합장하며 부처님을 향하여 이렇게 여쭈었다.

2. "세존이시여, 관세음보살은 어떤 인연으로 이름을 관세음보살이라고 하나이까?"

3. 부처님께서 무진의보살에게 말씀하셨다.

4. "선남자여, 만일 헤아릴 수 없는 백천만억 중생이 온갖 고뇌를 받는다 해도 이 관세음보살의 이름을 듣고 한마음으로 이름을 부르면 관세음보살이 즉시 그 소리를 관하여 듣고 모두 해탈을 얻게 하느니라.

5. 만일 관세음보살의 이름을 지니는 이는 큰 불 속에 들어가도 불이 태우지 못하니, 이는 보살의 위신의 힘 때문이라.

6. 만일 큰 물에 떠내려갈지라도 그 이름을 부르면 곧 얕은 곳에 닿게 되리라. 또 백천만억 중생이 있어

서 금·은·유리·자거·마노·산호·호박·진주 등의 보배를 구하기 위하여 큰 바다에 들어갔을 때, 만일 그 배에 폭풍이 불어 닥쳐 악귀인 나찰들의 나라에 떠내려가 닿게 되더라도, 그 가운데 한 사람이라도 관세음보살의 이름을 부르면 모든 사람들이 나찰의 난을 벗어나게 되니 이러한 인연으로 이름을 관세음이라 하느니라.

7. 만일 어떤 사람이 피해를 당하게 되었을 때 관세음보살 이름을 부르면 그들이 가진 칼과 몽둥이가 조각조각 부서져서 벗어날 수 있게 되며, 삼천대천 국토에 가득한 야차와 나찰이 와서 사람을 괴롭히려 해도 관세음보살의 이름 부르는 소리를 들으면 모든 악귀가 악한 눈으로 보지도 못하거늘, 하물며 어찌 해치려 하겠느냐.

8. 가령 어떤 사람이 죄가 있거나 없거나 고랑을 채우고 칼을 씌우고 쇠줄이 그 몸을 얽어매었을지라도 관세음보살의 이름을 부르면 다 끊어지고 부서져서 벗어나게 되리라.

9. 만일 삼천대천 국토 가운데에 흉악한 도적떼가

있는 곳을 한 상인이 많은 상인들을 인솔하여 값진 보배를 가지고 험한 길을 지나갈 때, 그 가운데에 한 사람이 말하기를,

'선남자들이여, 두려워하지 말라.

10. 그대들은 한마음으로 관세음보살의 이름을 부르라. 그리하면 이 도적들을 무사히 벗어나게 되리라.' 하니,

11. 상인들이 듣고 함께 소리를 내어 '나무관세음보살' 하면 그 이름을 부른 인연으로 곧 액난을 벗어나게 되느니라.

12. 무진의여, 이 관세음보살마하살의 위신의 힘이 높고 높아 이와 같느니라.

13. 만일 어떤 중생이 음욕이 많아 번민할지라도 항상 관세음보살을 생각하고 공경하면 음욕을 여의게 되며,

14. 만일 성내는 마음이 많더라도 항상 관세음보살을 생각하고 공경하면 성내는 마음을 여의게 되며,

15. 만일 어리석음이 많더라도 항상 관세음보살을 생각하고 공경하면 어리석음을 여의게 되느니라.

16. 무진의여, 관세음보살은 이와 같은 큰 위신력이 있어서 이익 되게 함이 많으니 중생들은 항상 마음으로 관세음보살을 생각하라.

17. 만일 한 여인이 있어 아들을 얻기 위하여 관세음보살님께 예배하고 공양하면, 곧 복덕과 지혜를 갖춘 아들을 낳으며, 만일 딸을 얻고자 하면 곧 단정하고 잘 생긴 딸을 낳으니 이는 전생에 덕을 심었으므로 많은 사람이 사랑하고 공경함이니라.

무진의여, 관세음보살은 이와 같은 힘이 있노라.

18. 만일 중생이 관세음보살을 공경하고 예배하면 복이 헛되지 아니하니 중생은 모두 관세음보살의 이름을 받아 지닐지니라.

19. 무진의여, 만일 어떤 사람이 육십이억 항하의 모래 수와 같은 보살의 이름을 받아 지니고 다시 목숨이 다하도록 음식과 의복과 침구와 의약을 공양한다면 그대는 어떻게 생각하느냐. 이 선남자 선여인의 공덕이 많지 않겠느냐."

20. 무진의보살이 말하였다.

"매우 많겠습니다, 세존이시여."

21. 부처님께서 말씀하셨다.

"만일 어떤 사람이 관세음보살의 이름을 받아 지니고 한때라도 예배·공양하면, 이 두 사람의 복이 같으리니 백천만억 겁에도 다 헤아리지 못하느니라.

22. 무진의여, 관세음보살의 이름을 받아 지니면 이와 같이 끝이 없고 가이없는 복덕과 이익을 얻으리라."

23. 무진의보살이 부처님께 여쭈었다.

"세존이시여, 관세음보살은 어떻게 이 사바세계에 노니시며 어떻게 중생을 위하여 설법하며, 방편의 힘으로 하시는 그 일은 어떠하나이까?"

24. 부처님께서 무진의보살에게 말씀하셨다.

"선남자여, 만일 어떤 국토의 중생을 부처님 몸으로 제도할 이에게는 관세음보살이 부처님의 몸을 나투어 법을 설하며, 벽지불의 몸으로 제도할 이에게는 벽지불의 몸을 나투어 법을 설하며, 성문의 몸으로 제도할 이에게는 성문의 몸을 나투어 법을 설하며,

25. 범왕의 몸으로 제도할 이에게는 범왕의 몸을 나투어 법을 설하며, 제석의 몸으로 제도할 이에게는

제석의 몸을 나투어 법을 설하며, 자재천의 몸으로 제도할 이에게는 자재천의 몸을 나투어 법을 설하며, 대자재천의 몸으로 제도할 이에게는 대자재천의 몸을 나투어 법을 설하며,

26. 천대장군의 몸으로 제도할 이에게는 천대장군의 몸을 나투어 법을 설하며, 비사문의 몸으로 제도할 이에게는 비사문의 몸을 나투어 법을 설하며,

27. 소왕의 몸으로 제도할 이에게는 소왕의 몸을 나투어 법을 설하며, 장자의 몸으로 제도할 이에게는 장자의 몸을 나투어 법을 설하며, 거사의 몸으로 제도할 이에게는 곧 거사의 몸을 나투어 법을 설하며, 제관의 몸으로 제도할 이에게는 곧 제관의 몸을 나투어 법을 설하며, 바라문의 몸으로 제도할 이에게는 곧 바라문의 몸을 나투어 법을 설하며,

28. 비구·비구니·우바새·우바이의 몸으로 제도할 이에게는 비구·비구니·우바새·우바이의 몸을 나투어 법을 설하며,

29. 장자·거사·제관·바라문의 부인의 몸으로 제도할 이에게는 곧 부인의 몸을 나투어 법을 설하

며, 사내아이·계집아이의 몸으로 제도할 이에게는 사내아이·계집아이의 몸을 나투어 법을 설하며,

30. 하늘·용·야차·건달바·아수라·가루라·긴나라·마후라가·사람인 듯 아닌 듯한 것들의 몸으로 제도할 이에게는 모두 그 몸을 나투어서 법을 설하며,

31. 집금강신의 몸으로 제도할 이에게는 집금강신의 몸을 나투어 법을 설하느니라.

32. 무진의여, 이 관세음보살은 이와 같은 공덕을 성취하고 갖가지 형상으로 모든 국토에 노닐면서 중생을 제도하여 해탈케 하니,

33. 그대들은 한마음으로 관세음보살에게 공양하라. 이 관세음보살마하살은 두렵고 위급한 환난 가운데에도 두려움을 없애주나니 이 사바세계에서 그를 일러 두려움이 없는 것을 베푸는 이라고 하느니라."

34. 무진의보살이 부처님께 여쭈었다.

"세존이시여, 제가 이제 관세음보살께 공양하겠습니다." 하고 그 가치가 백천냥금이나 되는 많은 보배 영락의 목걸이를 풀어 드리며 여쭈었다.

35. "어지신 분이시여, 법에 대한 보시로써 드리는

이 진귀한 보배 영락을 받으소서."

이때, 관세음보살이 즐겨 받지 않거늘 무진의가 다시 관세음보살에게 말하였다.

"어지신 분이시여, 저희들을 어여삐 여기시어 이 영락을 받으소서."

36. 이때 부처님께서 관세음보살에게 말씀하셨다.

"이 무진의보살과 사부대중과 하늘·용·야차·건달바·아수라·가루라·긴나라·마후라가·사람인 듯 아닌 듯한 것들을 어여삐 여겨 이 영락을 받으라."

37. 즉시 관세음보살이 많은 사부대중과 하늘·용·사람인 듯 아닌 듯한 것들을 어여삐 여겨 그 영락을 받아서 둘로 나누어, 하나는 석가모니 부처님께 받들어 올리고 하나는 다보 부처님 탑에 받들어 올리었다.

38. "무진의여, 관세음보살은 이와 같은 자재한 신통력으로 사바세계를 보살피느니라."

39. 이때, 무진의보살이 게송으로 여쭈었다.

40. 미묘상 갖추신 세존께   다시 저 일을 묻자오니
　　　불자 무슨 인연으로   관세음이라 부릅니까.

41. 미묘상 갖춘 세존께서 　무진의에게 대답하사
　　　곳곳마다 나타나는 　관음의 행을 들으라.
　　　큰 서원 바다 같아 　헤아릴 수 없는 겁에
　　　천억 부처님 모시고 　청정한 원 세웠나니
　　　그대 위해 설하노니 　만일 이름 듣거나
　　　마음으로 생각하면 　모든 고통 멸하리라.

42. 해치려고 밀어 넣어 　불구덩에 떨어져도
　　　관음 부른 공덕으로 　불구덩이 연못 되고
　　　바다에 표류되어 　용 고기 악귀 만나도
　　　관음 부른 공덕으로 　파도가 못 삼키네.

43. 수미산 봉우리에서 　밀려서 떨어진 대도
　　　관음 부른 공덕으로 　허공에 머묾 같도다.
　　　악인에게 쫓기어서 　금강산에 떨어져도
　　　관음 부른 공덕으로 　털 끝 하나 안 다치며

44. 원한의 도적 만나 　칼 들고 해치려 해도
　　　관음 부른 공덕으로 　도적 마음 자비로 돌려

45. 나라 법에 잘못 걸려 형벌 받아 죽게 되어도
    관음 부른 공덕으로 창과 칼이 끊어지며

46. 감옥 속에 갇혀 있어 손발 형틀에 묶여도
    관음 부른 공덕으로 풀려날 것이며

47. 저주와 독약으로 해치려고 할 때에도
    관음 부른 공덕으로 본인에게 화가 돌아가며

48. 악한 나찰 독룡들과 귀신을 만날지라도
    관음 부른 공덕으로 감히 해치지 못하며,

49. 사나운 짐승 와서 이빨 발톱 무서워도
    관음 부른 공덕으로 사방으로 달아나며,
    여러 가지 독사들이 독기가 불꽃 같아도
    관음 부른 공덕으로 제 스스로 물러가며

50. 구름 천둥 번개 치고 비와 우박 쏟아져도
    관음 부른 공덕으로 흩어져서 없어지며

51. 중생이 곤액 만나 　　무량 고통 받더라도
　　관음 미묘 지혜 힘이 　자상 고통 구하느니라.

52. 신통력을 다 갖추고 　　지혜 방편 널리 닦아
　　시방의 여러 국토에 　　자유로이 몸 나투어
　　여러 가지 악한 길에 　　지옥 아귀 축생들의
　　생로병사 모든 고통 　　점차로 멸해주며

53. 진관과 청정한 관 　　　넓고 큰 지혜 관이며
　　비관과 자관이니 　　　항상 우러러 보고

54. 때 없어 맑고 큰 빛 　　지혜 태양 어둠 없애
　　재앙 풍화 이기고 　　　널리 세상 비추니라.

55. 대비는 체, 계행은 우뢰 　자비심은 미묘구름이라,
　　감로의 법비 내려 　　　번뇌 불길 멸해주며

56. 소송으로 관청에서 　　두려움 있을지라도
　　관음 부른 공덕으로 　　모든 원수 흩어지네.

57. 세상 관한 묘한 소리　　마음 울린 범음 소리

세간에서 수승하니　　관음 항상 생각하며

의심일랑 하지 말라.　　관세음 청정한 성인

58. 고통 번뇌 생사 액난　　성인 믿고 벗어나니

공덕 두루 갖추어서　　자비로써 중생 보는

관음 공덕 끝없으니　　그러므로 공경하라.

59. 이때, 지지보살이 자리에서 일어나 부처님께 여쭈었다.

"세존이시여, 만일 중생이 〈관세음보살품〉의 자재하신 행과 넓은 문으로 나투시는 신통력을 듣는다면, 그 사람의 공덕은 적지 않겠습니다."

60. 부처님께서 이 〈보문품〉을 설하실 때 듣고 있던 대중 가운데 팔만사천 중생이 모두 비할 수 없이 위 없이 높고 바른 깨달음을 얻고자 하는 마음을 일으켰다.

26. 다라니품(陀羅尼品)

1. 그때, 약왕보살이 자리에서 일어나 오른쪽 어깨를 벗어 드러내며 합장하고 부처님을 향하여 여쭈었다.

2. "세존이시여, 만일 선남자 선여인이 《법화경》을 받아 읽고 외우고 이해하며 경을 베껴 쓰면 얼마만한 복을 받겠습니까?"

3. 부처님께서 약왕에게 말씀하셨다.

4. "만일 선남자 선여인이 팔백만억 나유타 항하의 모래 수와 같이 많은 부처님께 공양한다면 그대는 어떻게 생각하는가. 그가 얻는 복이 많겠는가, 적겠는가."

5. "매우 많겠습니다, 세존이시여."

6. 부처님께서 말씀하셨다.

"만약 선남자 선여인이 이 경의 네 구절로 된 게송 하나라도 받아 지니고 읽고 외우고 뜻을 알며 설한 대로 닦는다면, 그 공덕은 더욱 많으리라."

7. 이때, 약왕보살이 부처님께 말씀했다.

8. "세존이시여, 저는 지금 설법하는 이에게 다라니 주를 주어 수호하겠습니다."

9. 하고 곧 주문을 말하였다.

10. "안니 만니 마네 마마네 지례 자리제 샤먀 샤리 다위 선제 목제 목다리 사리 아위사리 상리 사리 사예 아사예 아기니 선제 샤리 다라니 아로가바사파자 비사니 네비데 아변다라네리데 아단다바례수디 구구례 모구례 아라례 바라례 수가차 아삼마삼리 붓다비기리질데 달마바리차데 싱가열구사네 바사바사수지 만다라 만다라사야다 우루다 우루다교사락 악사라 악사야사야 아바로 아마야나다야."

11. "세존이시여, 이 다라니 신주는 육십이억 항하의 모래 수와 같은 여러 부처님께서 설하셨던 주문이니, 만일 이 가르침을 전하는 법사를 침해하거나 비방하는 자가 있다면 이는 곧 많은 부처님을 침해하고

비방함이 될 것입니다."

12. 이때, 석가모니불께서 약왕보살을 칭찬하며 말씀하셨다.

"착하고 착하다, 약왕이여, 그대가 이《법화경》의 가르침을 전하는 법사를 공경하고 옹호하는 마음으로 이 다라니를 설하였으니 많은 중생들이 이익을 얻으리라."

13. 이때, 용시보살이 부처님께 말하였다.

"세존이시여 저도《법화경》을 읽고 외우며 받아 지니는 이를 보호하기 위하여 다라니를 설하겠습니다. 만일 법사가 이 다라니를 얻으면 야차거나 나찰, 부단나, 길자, 구반다, 아귀 등이 법사의 약점을 찾아내려 하더라도 약점을 찾지 못할 것입니다."

14. 곧 부처님 앞에서 주문을 설하였다.

"자례 마하자례 욱기 목기 아례 아라바제 네례제 네례다바제 니지니 위지니 지지니 널례지니 널례지바지."

15. 세존이시여, 이 다라니 신주는 항하의 모래 수와 같은 여러 부처님께서 설하셨으며 또한 기뻐하셨으니, 만일 이《법화경》의 가르침을 전하는 법사를 침해하고 비방하는 것은 곧 여러 부처님을 침해하고 비방함이 될 것입니다."

16. 이때, 세상을 수호하는 비사문천왕도 부처님께 말하였다.

"세존이시여, 저도 중생을 어여삐 여겨 이《법화경》의 가르침을 전하는 법사를 옹호하기 위하여 다라니를 설하겠습니다."

17. 하고 곧 주문을 설하였다.

"아리 나리 노나리 아나로 나리 구나리"

18. "세존이시여, 이 신주로써《법화경》의 가르침을 전하는 법사를 옹호하고 저도 이 경을 받아 지니는 이를 옹호하여 백 유순 안에 모든 재앙이 없게 하겠습니다."

19. 이때, 지국천왕도 이 회중에 있어 천만억 나유

타 건달바들의 공경과 보호를 받으면서 부처님이 계신 곳에 나아가 합장하고 부처님께 말하였다.

"세존이시여, 저도 다라니 신주로《법화경》지니는 자를 옹호하겠습니다."

20. 곧 주문을 설하였다.

"아가네 가네 구리 건다리 전다리 마등기상구리 부루사니 알디."

21. "세존이시여, 이 다라니 신주는 사십이억 여러 부처님께서 설하셨으니 만일 이《법화경》의 가르침을 전하는 법사를 침해하고 비방하는 것은 곧 부처님을 침해함이 될 것입니다."

22. 이때, 나찰녀들이 있었으니 첫째 이름은 남바요, 둘째는 비남바요, 셋째는 곡치요, 넷째는 화치요, 다섯째는 흑치요, 여섯째는 다발이요, 일곱째는 무염족이요, 여덟째는 지영락이요, 아홉째는 고제요, 열째는 탈일체중생정기라. 이 열 명의 나찰녀는 아이들을 잡아먹는 귀자모와 그 아들의 권속과 함께 부처님이

계신 곳에서 소리를 함께 하여 부처님께 말하였다.

23. "세존이시여, 저희들도 《법화경》을 읽고 외우고 받아 지니는 이를 옹호하여 그 재앙을 제거해주며 만일 법사의 약점을 찾아내려 하여도 그로 하여금 찾아내지 못하게 하겠습니다."

24. 곧 부처님 앞에서 주문을 설하였다.

"이제리 이제미 이제리 아제리 이제리 니리 니리 니리 니리 니리 루혜 루혜 루혜 루혜 다혜 다혜 다혜 도혜 로혜."

25. "차라리 내 머리 위에는 오르게 할지언정 법사를 괴롭히지 못하게 하며, 야차거나 나찰·아귀·부단나·길자·비타라·건타·오마륵가·아발마라·야차길자·인길자거나,

26. 열병이 하루, 이틀, 사흘, 나흘 또는 이레에 이르는 것이나,

27. 고질이 된 열병이거나 남자의 모습, 여자의 모습, 사내아이의 모습, 계집아이의 모습들이 꿈속에서

라도 괴롭히지 못하게 하겠습니다."

28. 곧 부처님 앞에서 게송으로 말하였다.

29. 나의 주문 따르지 않고 설법자를 괴롭히면
　　　큰 나무의 가지처럼　머리를 일곱 쪽 내어
　　　부모 죽인 원수 같이　기름 짜듯 주리 틀며
　　　되와 저울 속인 죄와　승가 깨뜨린 죄와 같이
　　　법사를 해치는 이　　이런 재앙 얻으리라.

30. 모든 나찰녀가 이 게송을 설하고, 부처님께 말하였다.

"세존이시여, 저희들도 이 경을 받아 지녀 읽고 외우며, 수행하는 이를 옹호하여 여러 가지 재앙을 물리치며, 독약들을 없애겠습니다."

31. 부처님께서 여러 나찰녀에게 말씀하셨다.

"착하고 착하도다. 너희들이 《법화경》의 이름만 받아 가지는 이를 옹호할지라도 그 복이 헤아릴 수 없거늘,

32. 《법화경》을 갖추어 받아 지니고 경전에 공양하

기를 꽃과 향·영락과 말향·도향·소향·번개와 기악이며, 갖가지 등불을 켜되 소등·유등과 여러 가지 향유등인 소마나화유등·첨복화유등·바사가화유등·우발라화유등 같은 백천 가지로 공양하는 이의 공덕을 말할 것이 있겠느냐.

33. 고제야, 너희 나찰녀들과 너희 권속들은 법사를 위와 같이 옹호하라."

34. 이 〈다라니품〉을 설할 때에 육만팔천의 사람들은 모두 모든 법이 평등한 진리를 갖고 있어 생겨나지도 없어지지도 않는다는 진리인 무생법인을 얻었다.

27. 묘장엄왕본사품(妙莊嚴王本事品)

1. 그때 부처님께서 대중들에게 말씀하셨다.

"지난 옛적 헤아릴 수 없고 그지없는 불가사의 아승지겁을 지나서 부처님이 계셨으니, 이름이 운뇌음수왕화지·다타아가도·아라하·삼먁삼보리불타이시고 나라 이름은 광명장엄이며, 겁의 이름은 희견이었느니라.

2. 그 부처님 법 중에 왕이 있었으니, 이름이 묘장엄이라. 왕의 부인은 이름이 정덕이며, 두 아들을 두었으니 장남은 정장이요, 차남은 정안이라 하였느니라.

3. 이 두 아들은 대단한 신통력과 복덕과 지혜가 있었으니, 이는 오래도록 보살도를 닦은 공덕이라.

4. 즉 단바라밀·시라바라밀·찬제바라밀·비리야바라밀·선바라밀·반야바라밀·방편바라밀과 자비희사와 부처님의 깨달음에 도달하는 서른일곱 가지 수행의 길을 모두 깨달아 통달하였느니라.

5. 또 보살의 정삼매와 일성숙삼매·정광삼매·정색삼매·정조명삼매·장장엄삼매·대위덕장삼매를 얻고 모든 삼매에도 또한 다 통달하였느니라.

6. 이때, 정장·정안 두 아들이 어머니 계신 곳에 가서 열 손가락을 모아 합장하며 말하였느니라.

7. '바라옵건대, 어머니시여. 운뇌음수왕화지 부처님 계신 곳에 가시지요. 저희들이 모시고 가서 친히 뵙고 공양·예경하겠습니다. 어머니시여, 부처님은 모든 하늘·사람들에게 《법화경》을 설하고 계시니 마땅히 듣고 받아 지녀야 합니다.'

8. 어머니가 아들에게 대답하되,

'너희 아버지는 외도를 믿어 바라문의 법에 깊이 얽매여 계시니 너희들은 아버님께 말씀드려 함께 가시도록 하라.' 하였노라.

9. 정장·정안이 열 손가락을 모아 합장하고 어머님에게 '저희들은 정법왕의 아들인데 어찌하여 이 잘못된 가르침을 믿는 집에 태어났습니까?' 하니,

10. 어머니가 아들에게 말하였느니라.

'너희들은 너희 아버님을 생각하여 신통변화를 나

투어라. 만일 아버지께서 보시면 마음이 맑고 깨끗해져서 우리들이 부처님 계신 곳으로 가도록 허락하시리라.'

11. 이에 두 아들이 아버님을 생각하며 허공으로 솟아오르니 높이가 칠 다라수라. 갖가지 신통변화를 나투되,

12. 허공에서 가고, 서고, 앉고, 누워 보이며, 몸 위로 물을 뿜고 몸 아래로 불을 뿜으며, 몸 아래로 물을 뿜고, 몸 위로 불을 뿜으며, 혹은 큰 몸을 나투어 허공에 가득 찼다가 다시 작아지며, 작았다가 다시 큰 몸을 나투며, 공중에서 없어졌다가 홀연히 땅에 있으며, 땅 속에 들어가기를 물 속에 들어가는 것과 같고, 물을 밟기를 땅에서와 같이 하여, 이와 같은 갖가지 신통변화를 나투어서 부왕으로 하여금 마음이 밝고 깨끗해져서 믿고 이해하게 하려고 하였느니라.

13. 이때, 아버지는 아들의 신통력을 보고 마음이 크게 기뻐하며 일찍이 없던 것을 얻어 합장하고 아들을 향해 말하였느니라.

'너희들의 스승은 누구이며 누구의 제자인가?'

14. 두 아들이 말하기를,

'대왕이시여, 저 운뇌음수왕화지 부처님께서 지금 칠보로 된 보리수 아래 법좌에서 온갖 세간 하늘·사람 대중을 위하여 《법화경》을 설하시니, 이분이 저희들의 스승이시며 저희는 이분의 제자이옵니다.' 하니,

15. 아버지가 아들에게 말하였느니라.

'내가 너희들의 스승을 뵈옵고자 하니 함께 가자.'

16. 이에 두 아들이 허공에서 내려와 어머니 계신 곳에 이르러 합장하고 어머님께 말하되,

'부왕께서 이제 부처님의 가르침이 위대함을 믿고 위 없이 높고 바른 깨달음을 구하실 마음을 내었습니다.

17. 저희들은 부왕을 위하여 이런 부처님의 일을 하였으니 원컨대, 어머님께서는 저희들이 부처님께 출가하여 수도할 것을 허락하소서.' 하였느니라.

18. 이때, 두 아들은 그 뜻을 펴려고 게송으로 어머님께 말하였느니라.

19. 어머님은 저희들의 　　출가를 허락하소서.

　　　　부처 뵙기 어렵나니　　부처 따라 배우리다.

20. 오랜 겁에 우담발화　　부처 출현 더 어려워
　　해탈하기 어렵나니　　출가 허락하옵소서.

21. 어머니께서 말씀하시되,
'너희들의 출가를 허락하노라. 이는 부처님을 만나 뵙기 어렵기 때문이라.' 하니,

22. 이에 두 아들이 부모님께 말하길,
'장하시옵니다. 부모님이시여. 원컨대, 곧 운뇌음수왕화지 부처님이 계신 곳에 나아가서 친히 뵙고 공양 올리옵소서.

23. 이는 부처님 만나 뵙기 어려움이 우담발화꽃과 같으며, 외눈 가진 거북이가 떠다니는 나무의 구멍을 만나는 것과 같습니다.

24. 저희들은 과거에 지은 복이 깊고 두터워서 이 세상에 태어나 부처님의 법을 만났으니, 부모님께선 저희 청을 들으시어 출가를 허락하소서. 왜냐하면 부처님은 만나 뵙기 어렵기 때문입니다.' 하였느니라.

25. 이때, 묘장엄왕의 후궁 팔만사천 명이 모두 《법화경》을 받아 지닐 만하게 되었고, 정안보살은 《법화경》을 완전히 익혀 그 믿음이 흔들리지 않는 경지인 법화삼매에 오래 머물러 통달하였으며, 정장보살은 무량 백천만억 겁에 모든 악취를 여의는 삼매를 통달하였으니, 모든 중생들로 하여금 모든 악한 갈래에서 벗어나게 하고자 하며, 그 왕의 부인은 모든 부처님의 가르침을 이해하는 경지인 제불집삼매를 얻어 모든 부처님의 마음속에 있는 깊고 오묘한 경지를 알았느니라.

26. 두 아들은 이와 같은 방편력으로 그 아버님을 교화해서 참된 마음으로 믿고 이해하여 부처님 가르침을 좋아하게 하였노라.

27. 이에, 묘장엄왕은 군신 권속과 함께, 정덕부인은 후궁·채녀 권속과 함께, 왕의 두 아들은 사만이천 사람과 함께 다 같이 부처님이 계신 곳에 이르러서 발에 예하고 부처님 둘레를 세 번 돌고 물러나 한편에 머물더라.

28. 이때, 부처님께서 왕을 위하여 법을 설하시어

보여주시고 가르치고 이롭고 기쁘게 하시니, 왕이 크게 기뻐하였느니라.

29. 이때, 묘장엄왕과 정덕부인은, 백천만 냥이나 되는 진주목걸이를 풀어서 부처님을 위하여 뿌리니,

30. 허공 가운데에서 변하여 네 기둥의 보배 좌대가 되고 보배 좌대 가운데에는 큰 보배상자가 있어 백천만의 하늘 옷을 깔았으며, 그 위에 부처님이 가부좌를 하시고 큰 빛을 놓으셨느니라.

31. 이때, 묘장엄왕이 생각하기를, '부처님 몸은 드물고 진귀하시고 단정하시며 장엄하시니, 제일 미묘한 색을 성취하셨도다.' 하였느니라.

32. 이때, 운뇌음수왕화지 부처님께서 사부대중에게 말씀하셨느니라.

'그대들은 묘장엄왕이 내 앞에서 합장하고 서 있는 것을 보느냐.

33. 이 왕이 내 법 가운데서 비구가 되어 부처님의 법을 도우며 법을 부지런히 닦아서 깨달음을 이루리니 이름은 사라수왕 부처님이며, 나라의 이름은 대광이요, 겁의 이름은 대고왕이라.

34. 그 사라수왕 부처님 국토에는 헤아릴 수 없는 보살 대중과 수없는 성문 대중이 있으며, 그 국토는 평평하고 반듯하니, 공덕이 이와 같노라.'

35. 묘장엄왕은 즉시에 나라를 아우에게 넘겨주고 부인과 두 아들 및 모든 권속과 함께 부처님 법에 귀의하여 도를 닦았느니라.

36. 왕이 출가하여 팔만사천 년 동안 부지런히 정진하고 《묘법연화경》을 수행하여 많은 사람들을 구제하고도, 아무런 보답도 바라지 않는 깨끗한 마음이 확고하며 전혀 흔들리지 않는 아름다운 경지인 일체정공덕장엄삼매를 얻고,

37. 즉시 허공 높이 칠 다라수를 올라가서 부처님께 여쭈었느니라.

'세존이시여, 저의 두 아들은 이미 부처님 일을 지어 신통변화로 나의 삿된 마음을 돌려서 부처님의 법 가운데에 편히 머물게 하고 세존을 친히 뵐 수 있게 하였으니 두 아들은 저의 선지식이옵니다. 지난 과거에 선근을 지어 저를 이익되게 하려고 저의 집에 태어난 것입니다.'

38. 이때, 운뇌음수왕화지 부처님께서 묘장엄왕에게 말씀하셨느니라.

'그렇다. 그대의 말과 같으니라,

39. 만일 선남자 선여인이 좋은 씨앗을 심어 놓으면 세세생생에 선지식을 만나게 되며, 그 선지식은 부처님 일을 지어서 보여주고 가르치고 이익케 하며 기쁘게 하여, 위 없이 높고 바른 깨달음에 들어가게 하느니라.

40. 대왕이여, 선지식이란 이렇게 큰 인연이니, 교화하고 인도하여 부처님을 친히 뵙게 하고 위 없이 높고 바른 깨달음을 얻으려는 마음을 일으키게 하느니라.

41. 대왕이여, 그대는 두 아들을 보는가. 두 아들은 일찍이 육십오백천만억 나유타 항하의 모래 수와 같은 여러 부처님을 공양하여 친히 뵙고 공경하며, 여러 부처님 계신 곳에서 《법화경》을 받아 지니고 삿된 중생을 가엾이 여겨 바른 견해에 머물도록 하였노라.'

42. 묘장엄왕이 허공에서 내려와 부처님께 여쭈었느니라.

'세존이시여, 여래께서는 이 세상에서 매우 보기

드문 분이십니다. 공덕과 지혜로써 정수리의 살상투인 육계에서 큰 빛을 밝게 비추며 그 눈은 크고 길어 산뜻한 남색이며, 눈썹 사이의 흰 터럭의 모습은 옥으로 된 달과 같고, 치아는 희고 고르사 항상 맑은 빛이 있으며, 입술 빛은 붉고 고와 빈바수의 열매인 빈바과와 같습니다.'

43. 그때, 묘장엄왕은 부처님의 헤아릴 수 없는 백천만억 공덕을 찬탄하고 여래 앞에서 한마음으로 합장하며 부처님께 말했느니라.

44. '세존이시여, 일찍이 없던 일이옵니다. 여래의 법은 불가사의 미묘한 공덕을 성취하며, 그 가르침의 계율을 행하면 안온하고 쾌락합니다.

45. 저는 이제부터 다시는 마음대로 행하지 아니하며, 사견·교만·성냄 등의 온갖 나쁜 마음을 내지 않겠습니다.'

이렇게 말하고서, 부처님께 예배하고 물러갔느니라."

46. 부처님께서 대중에게 말씀하셨다.

"어떻게 생각하느냐. 묘장엄왕은 다른 사람이 아니

라 지금의 화덕보살이요, 정덕부인은 지금 내 앞의 광조장엄상보살이니, 묘장엄왕과 모든 권속을 가엾이 여겨 그 가문에 태어났으니, 그 두 아들은 지금의 약왕보살과 약상보살이니라.

47. 이 약왕·약상보살은 이 같은 큰 공덕을 성취하고 헤아릴 수 없는 백천만억 여러 부처님이 계신 곳에서 온갖 덕본을 심어 생각할 수 없이 많고 좋은 공덕을 성취하였노라.

48. 만일 어떤 사람이 이 두 보살의 이름만 들어도 온갖 세간의 모든 하늘과 사람이 예경해야 하느니라."

49. 부처님께서 이 〈묘장엄왕본사품〉을 설하실 때, 팔만사천 사람이 번뇌의 티끌을 멀리하고, 죄악의 때를 벗어나 모든 법 가운데서 맑고 깨끗한 법의 눈을 얻었다.

28. 보현보살권발품(普賢菩薩勸發品)

  1. 이때, 보현보살이 자유자재한 신통력과 위덕과 명성을 지녀, 끝이 없고 가이없어 헤아릴 수도 없는 큰 보살과 함께 동방으로부터 오니,

  2. 지나오는 국토마다 두루 떨면서 움직이고 보배 연꽃이 비 오듯 내리며 헤아릴 수 없는 백천만억의 갖가지 기악이 울려퍼졌다.

  3. 또 무수한 하늘·용·야차·건달바·아수라·가루라·긴나라·마후라가·사람인 듯 아닌 듯한 것들 등의 대중에 둘러싸여 각각 위덕과 신통한 힘을 나타내며 사바세계의 기사굴산에 이르러서 석가모니 부처님께 예배하고 오른쪽으로 일곱 바퀴를 돌고,

  4. 부처님께 여쭈었다.

  5. "세존이시여, 저는 보위덕상왕불 국토에 있었으나 이 사바세계에서 《법화경》 설하시는 것을 듣고, 끝이 없고 가이없는 백천만억 많은 보살 대중과 함께

이를 듣고자 왔습니다. 원컨대, 세존께서는 저희들을 위하여 설하여 주소서.

만일 선남자 선여인이 여래께서 멸도하신 뒤에 어떻게 해야 이 《법화경》을 얻을 수 있겠습니까?"

6. 부처님께서 보현보살에게 말씀하셨다.

"만일 선남자 선여인이 네 가지의 법을 성취하면 여래가 멸도한 뒤에도 이 《법화경》을 얻으리라.

7. 첫째는 모든 부처님께서 보호받고 생각하시는 바가 있어야 하고, 둘째는 모든 덕의 근본을 심어야 하고, 셋째는 성불이 결정된 사람들의 모임에 들어야 하며, 넷째는 모든 중생을 건지려는 마음을 일으키는 것이니라.

8. 선남자 선여인이 이 같이 네 가지의 법을 성취하면 여래가 멸도한 뒤에 반드시 이 경을 얻으리라."

9. 이때, 보현보살이 부처님께 여쭈었다.

"세존이시여, 오백세 뒷날에 섞이어 흐리고 악한 세상에서 이 경전을 지니는 이가 있으면, 제가 수호하고 그의 재앙을 덜어주어 안온함을 얻게 하며, 그 법사의 약점을 찾으려는 자가 있다면 그 흠을 찾지 못하게 하리이다.

　10. 마군이거나 마군의 아들·마녀와 마녀의 무리·마군이 들린 사람이나 야차·나찰·구반다·비사사·길자·부란나·위타라 등의 사람을 괴롭히는 무리들도 모두 기회를 얻지 못하도록 하겠습니다.

　11. 경을 지닌 이가 만일 걷거나 서서 이 경을 읽고 외우면, 제가 여섯 개의 이빨을 지닌 큰 코끼리왕을 타고 큰 보살들과 함께 그곳에 가서 몸을 나투어 공양하고 수호하며 그 마음을 위안해 줄 것이니 이는 《법화경》을 공양하려 함입니다.

　12. 경을 지닌 이가 만일 앉아서 이 경을 생각하면, 저는 큰 코끼리왕을 타고 그 사람 앞에 가서 그 사람이 《법화경》의 한 구절 한 게송이라도 읽었으면, 제가 가르쳐서 함께 읽고 외우며 통달하게 하겠습니다.

　13. 그때에 《법화경》을 읽고 외우는 이가 저의 몸을 보게 되면 크게 기뻐하고 더욱 정진하며, 저를 본 인연으로 곧 삼매와 다라니를 얻을 것이니, 이름이 선다라니·백천만억 선다라니·법음방편 다라니 등과 같은 다라니를 얻게 하겠습니다.

14. 세존이시여, 만일 훗날 오백세 뒤의 흐리고 악한 세상에 비구·비구니와 우바새·우바이들로서 《법화경》을 구하여 지니며 이와 읽고 외우며 베껴 쓰는 이가 이 《법화경》을 수행하고자 하면, 스무하루 동안 한마음으로 정진해야 할 것이니,

15. 스무하루를 채우면 제가 여섯 개의 이빨을 지닌 큰 코끼리를 타고 헤아릴 수 없는 보살과 함께 모든 중생이 기쁘게 볼 몸을 그 사람 앞에 나타내어, 법을 설하여 보이고 가르치며 이롭고 기쁘게 하며, 그에게 다라니주를 주겠습니다.

16. 이 다라니를 얻으면 사람 아닌 것들이 감히 파괴하지 못하며, 여인들의 유혹을 받지 아니하고 저도 이 사람을 항상 수호하겠습니다.

17. 바라옵건대, 세존이시여. 저의 이 다라니 주문을 설하도록 허락하소서."

18. 하고 부처님 앞에서 주문을 설하였다.

"아단지 단다바지 단다바르타데 단다구사례 단다수다례 수다례 수다라바지 붓다바선네 살바다라니아

바다니 살바바사아바다니 수아바다니 싱가바리사니 싱가널가다니 아승지 싱가파가지 제레아타싱가도략 아라제바라데 살바싱가디삼마지가란지 살바달마수바리찰데 살바살타루다교사략아루가지 신아비기리지제"

19. "세존이시여, 만일 보살이 있어 이 다라니를 듣게 되면 보현의 신통력임을 알 것입니다. 만일 《법화경》이 사바세계에 퍼져서 받아 지니는 이가 있으면 이는 다 보현의 위신력이라고 생각할 것입니다.

20. 만일 받아 지녀 읽고 외우고 바르게 기억하며 그 뜻을 알고 설한 그대로 수행하면, 그 사람은 보현의 행을 하여 끝이 없고 가이없는 부처님이 계신 곳에서 선근을 심었음을 알며 많은 여래가 손으로 그의 머리를 어루만져 주게 되오리다.

21. 만일 베껴 쓰기만 하여도 이 사람의 목숨이 다하면 도리천에 나니, 그때 팔만사천의 천녀가 온갖 기악을 울리며 와서 영접할 것이며 그 사람은 칠보로 된 관을 쓴 채 아름다운 여인들에게 시중을 받으며

놓고 즐기니, 하물며 받아 지니고 읽고 외우며 바르게 기억하여 그 뜻을 알고 설한 그대로 수행한다면 그 공덕이 얼마나 크겠습니까.

22. 만일 어떤 사람이 이 경을 지니고 읽고 외우며 그 뜻을 알면, 그 사람이 목숨을 마칠 때 수천의 부처님들이 손을 잡아주시어 두려움이 없게 하시며 악한 갈래에 떨어지지 아니하고 도솔천의 미륵보살 계시는 곳으로 가리이다.

23. 서른두 가지의 거룩한 모습을 지닌 미륵보살이 보살들과 함께 백천만억의 천녀, 권속들과 함께 있는 그 가운데 나게 되리이다.

24. 이와 같은 공덕과 이익이 있으므로 지혜로운 이는 한마음으로 기억하여 설한 그대로 수행하여야 할 것입니다.

25. 세존이시여, 제가 신통력으로 이 경을 수호하며 여래께서 멸도하신 뒤에 사바세계에 널리 전하여 끊어지지 않도록 하겠습니다."

26. 이때 석가모니불께서 찬탄하시었다.

"착하고 착하다, 보현이여. 그대가 이 경을 지키고

도와서 많은 중생을 안락하고 이익되게 하니, 그대는 생각할 수 없는 공덕과 깊고 큰 자비를 성취했노라.

27. 오랜 옛적부터 위 없이 높고 바른 깨달음을 얻으려는 뜻을 내어 신통원력을 세워, 이 경을 수호하니 내가 신통력으로 보현보살의 이름을 받아 지니는 이를 수호하겠노라.

28. 보현이여, 만일 이 《법화경》을 받아 지니고 읽고 외우며 바르게 생각하고 베껴 쓰는 이가 있으면, 이 사람은 곧 석가모니 부처님을 친히 뵙고 부처님 입으로부터 이 경전을 듣는 것과 같으며 이 사람은 석가모니 부처님을 공양함이니, 이 사람을 부처님이 장하다고 칭찬하느니라. 이는 이 사람을 석가모니 부처님이 손으로 그의 머리를 어루만지는 것과 같으며 이 사람을 석가모니 부처님의 옷으로 덮어주는 것이 되노라.

29. 이런 사람은 세속의 즐거움을 탐내거나 얽매이지 않으며, 부처님의 가르침이 아닌 경서와 그들이 쓴 글들을 좋아하지 않으며 악한 자, 백정이거나 돼지· 양·닭·개를 키우는 자이거나, 사냥꾼이나 혹은 여

색을 파는 자와 가까이 하기를 좋아하지 않느니라.

30. 또한 이 사람은 마음과 뜻이 정직하며 바른 생각을 지니고 복덕의 힘을 지녀 삼독의 시달림을 받지 않으며, 질투와 아만·삿됨·증상만의 시달림을 받지 아니하니라. 이 사람은 욕심이 적어 족함을 알아서 보현보살과 같이 《법화경》의 가르침을 철저히 닦으리라.

31. 보현이여, 만일 여래가 멸도한 뒤 오백세에 어떤 사람이 《법화경》을 받아 지니고 외우는 이를 보거든, 이 사람은 오래지 않아 깨달음을 구하여 수행하는 도량에 나아가서 마의 무리들을 쳐부수고 위 없이 높고 바른 깨달음을 얻어 진리의 바퀴를 굴리고 법고를 치며, 법소라를 불고, 법의 비를 내려 반드시 하늘과 사람 가운데서 사자법좌에 앉으리라고 생각하라.

32. 보현이여, 만일 뒷날에 이 경전을 받아 지녀 읽고 외우는 이는 의복·침구·음식 등 일용의 물품을 탐내지 않아도 소원이 모두 이루어지며 또한 이 세상에서 복의 과보를 얻느니라.

33. 만일 어떤 사람이 수행자를 가볍게 여기고 비

방하며 '너는 미친 사람이다. 공연한 짓을 하는구나. 마침내는 소득이 없으리라' 하면 이 같은 죄의 과보로 내세에 눈이 없으리라.

34. 만약 수행자를 공양하고 찬탄하는 이가 있으면 이 세상에서 좋은 과보를 얻느니라.

35. 만일 《법화경》을 받아 지니는 이를 보고 그 허물을 들춰내면 그것이 사실이건 사실이 아니건 이 사람은 이 세상에서 백라병을 얻으며, 만일 수행자를 비웃는 자는 세세생생에 이빨이 성글고 빠지고 입술이 추하며, 코가 납작하고 손발이 굽고 뒤틀리며 눈이 비뚤어지고 몸에서 더러운 냄새가 나며, 나쁜 부스럼에 피고름이 나고 물이 배에 차서 숨이 가쁘며, 온갖 나쁜 중병에 걸리느니라.

36. 그러므로 보현이여, 만일 이 경전을 지니는 이를 보거든 일어나서 영접하되 부처님을 공경하듯 하라."

37. 이 〈보현보살권발품〉을 설하실 때에 항하의 모래 수와 같은 끝이 없고 가이없는 보살들은 백천만억 선다라니를 얻고, 삼천대천세계의 티끌과 같은 많

은 보살은 보현보살과 같은 철저한 실행력을 다 갖추게 되었다.

38. 이와 같이 부처님께서 《법화경》을 설하실 때에 보현 등의 많은 보살과, 사리불 등 많은 성문과 하늘·용·사람인 듯 아닌 듯한 것들의 모든 대중이 다 기뻐하며 부처님 말씀을 받아 지니고 부처님께 엎드려 절하며 물러갔다.

무량의경
無量義經

1. 덕행품(德行品)

1. 이와 같이 내가 들었다.

어느 때 부처님께서 왕사성 기사굴산에 계실 때 큰 비구 만이천 명과 함께 하시고, 보살마하살 팔만 명과, 부처님의 법을 지키는 하늘·용·야차·건달바·아수라·가루라·긴나라·마후라가와 비구·비구니·우바새·우바이도 함께 하셨으며,

2. 덕이 가장 큰 전륜왕, 작은 전륜왕, 금바퀴 전륜왕과 은바퀴 전륜왕과 그 밖의 다른 바퀴를 가진 전륜왕 등과 국왕·왕자·대신·백성·선비·여인·큰 장자와 그들의 권속 백천만의 대중이 부처님께 나아가 머리를 숙여 발에 절하고 백천 번을 돌며 향을 사르고 꽃을 뿌려 여러 가지로 공양을 마치고 물러나 한쪽에 앉았다.

3. 그 보살들의 이름은 문수사리 법왕자와 대위덕장 법왕자·무우장 법왕자·대변장 법왕자·미륵보

살·도수보살·약왕보살·약상보살·화당보살·화광당보살·다라니자재보살·관세음보살·대세지보살·상정진보살·보인수보살·보적보살·보장보살·월삼계보살·비마발라보살·향상보살·대향상보살·사자후왕보살·사자유희세보살·사자분신보살·사자정진보살·용예력보살·사자위맹복보살·장엄보살·대장엄보살 등이니 이와 같은 보살마하살 팔만 명이 함께 하였다.

4. 이 모든 보살들은 다 법신대사이니 계·정·혜·해탈과 해탈지견을 성취하신 이들이라, 그 마음이 고요하고 항상 삼매에 있어 편안하고 담박하여 욕심이 없으니 잘못되고 어지러운 생각이 다시 들지 못하며, 고요하고도 맑고 뜻이 깊어 항상 넓고 편안하였다.

5. 억백천 겁을 지키되 움직이지 않고 헤아릴 수 없는 법문이 모두 앞에 나타나니 큰 지혜를 얻어 모든 법을 통달하고 사물이 지니고 있는 본바탕을 잘 살펴서 현상 속에 있는 성질인 성과, 겉에 드러난 모습인 상의 진실을 밝게 분별하되 있고 없는 것과 길고 짧

은 것을 밝게 나타나게 하였다.

6. 또 모든 근기나 성품이나 하고 싶은 것을 잘 알며, 다라니와 걸림 없는 말로써 부처님의 가르침을 따라 교법을 전하니 작은 물방울을 떨어뜨려 욕망의 먼지를 씻어주고, 열반의 문을 열어 해탈의 바람을 일으켜서 세상의 고통을 없애고, 시원한 법에 이르도록 하였다. 다음에는 매우 깊은 십이인연의 법으로 어둡고, 늙고, 병들고, 죽는 등 맹렬히 타는 고통을 햇빛으로 씻어내고,

7. 이에 크고도 넓은 위 없는 대승을 기울여 중생들의 착한 성품의 뿌리를 기름지게 적시어 착한 씨앗을 공덕의 밭에 뿌려 모든 사람들에게 깨달음의 싹을 트게 하였다.

8. 지혜는 해와 달과 같고, 방편은 때를 알아 훌륭히 분별해 사용함으로써, 대승의 사업이 차츰 큰 성과를 거둘 수 있도록 힘을 북돋아서 중생들로 하여금 위 없이 높고 바른 깨달음을 이룩하여 항상 즐겁게 하며, 미묘한 진실과 헤아릴 수 없는 큰 자비로 괴로운 중생들을 구하였다.

9. 이들은 중생들에게 참으로 좋은 지식이며, 모든 중생의 좋은 복을 가꾸는 밭이요, 모든 중생이 청하지 않은 친절한 스승이며, 중생들을 편안하게 하고 즐겁게 하며, 구원하는 곳이며, 보호하는 곳이요, 의지할 곳이라.

10. 곳곳에서 중생을 위하는 크고 어진 도사가 되며 인도하는 큰 스승이 되어 눈먼 중생을 위하여는 눈이 되고, 귀머거리·코머거리·벙어리에게는 귀가 되고 코가 되고 혀가 되며, 육근이 허물어지면 그들로 하여금 다 갖추게 하며, 미쳐서 날뛰더라도 올바른 생각을 가지게 하시니 큰 배의 사공이시라. 중생들을 싣고 삶과 죽음의 바다를 건너 열반의 언덕에 이르게 하였다.

11. 그들은 큰 의왕으로서, 병의 모양을 분별하고 약의 성품을 알아서 병에 따라 약을 주어 중생들이 약을 먹게 하신다. 법왕으로서 큰 법왕이시라. 모든 일에 방탕하며 함부로 행하지 않는다. 마치 코끼리나 말을 길들이는 선생님이 되어 능히 길들여 아니 길드는 것이 없음과 같으며, 용맹한 사자가 위엄으로 짐

승들을 조복시켜 꺾이지 않는 것이 없는 것과 같다.

12. 보살은 깨달음의 길에 이르는 여러 가지 길인 바라밀에 놀면서 여래의 경지에서 견고하여 움직이지 아니하며, 원력에 편안히 머물러 부처님 나라를 깨끗이 하며 머지 않아서 위 없이 높고 바른 깨달음을 이룩하실 분들이라. 이 모든 보살마하살은 이와 같이 헤아릴 수 없는 덕이 있었다.

13. 그 비구들의 이름은 지혜제일의 사리불·신통제일의 목건련·혜명수보리·마하가전연·미다라니의 아들 부루나·아야교진여·천안제일의 아나율·지계제일의 우바리·시봉 잘하는 아난다·부처님 아들 라후라·우바난타·리바다·겁빈나·박구라·아주타·사가타·두타제일의 대가섭·우루빈나가섭·가야가섭·나제가섭 등 이와 같은 비구 일만 이천 명은 다 아라한으로서 모든 번뇌를 다하여 다시 얽매임이 없는, 참으로 해탈한 사람들이었다.

14. 그때 대장엄보살마하살은 대중들이 자리에 앉아 각각 뜻을 정하고 있는 것을 살피고, 대중 가운데 있던 팔만 보살마하살과 함께 자리에서 일어나, 부처

님께 머리를 숙여 발에 절하고 백천 번을 돌며 하늘의 꽃을 뿌리고 하늘의 향을 사르며, 하늘의 옷과 하늘의 영락, 하늘의 보배구슬을 공중에서 돌리면서 내려와 사면에서 구름처럼 모여 부처님께 받들어 올리니, 하늘 부엌, 하늘 그릇에 하늘의 온갖 음식이 가득히 담기므로 빛을 보고 향기를 맡으면 저절로 배가 불렀다.

15. 하늘 깃대에 하늘 깃발인 당과 하늘의 번을 날리고, 하늘의 가리개와 하늘의 묘한 악기로 곳곳에서 하늘의 기악을 지어 부처님을 즐겁게 하여 드리며, 손 모으고 한마음으로 함께 소리 내어 게송으로 기리었다.

16. 장하셔라, 크게 깨친 큰 성주이시여.
　　　더러움에 물 안 들고 얽매임이 없으시네.
　　　하늘 사람 코끼리 말을 길들이는 스승이시여.
　　　도의 바람 덕의 향기 모두 비치시며
　　　지혜 밝고 정은 맑고 생각은 고요하여
　　　뜻과 생각을 없애니 마음 또한 고요히 스러지네.

17. 꿈같은 허망을 영원히 끊으니

　　사대, 오음, 육입, 십팔계가 없으며

　　그 몸이 있지도 없지도 아니하고

　　인도 연도 나와 남도 아니오며

　　모나고 둥글고 짧고 길지도 않으며

　　나고 빠지고 죽지도 아니하고

　　앉고 다니고 서는 것도 아니고

　　움직이고 한가한 것도 아니며

　　편안하고 위태롭지 아니하고

　　옳고 그르고 잃지도 아니하며

　　저것도 이것도 가고 오는 것도

　　푸르고 누르고 빨갛고 희지도

　　붉은 빛도 보라 빛도 또 아니네.

18. 계 정 혜 해탈 해탈지견에서 나며

　　삼명 육통 삼십칠 조도품에서 일어나

　　자비 십력 사무외에서 생기며

　　중생들의 인연에서 나오시네.

19. 열여섯 자 붉은 금빛 빛나는 몸에

곧고 바르고 밝게 빛나 깊이 사무치네.

좋은 상호 달빛 같고 머리 위는 햇빛 같고

머리털은 검푸르고 정수리엔 육계가 높이 돋아

깨끗한 눈 밝게 비쳐 위 아래로 자재하시고

눈썹은 감청이시고 입과 뺨은 바로 펴지셨으며

입술과 혀는 붉어 빨간 과일과 같고

흰 이 사십 개는 흰 구슬과 같네.

이마 넓고 코는 높고 얼굴이 거룩하시고

가슴엔 만자가 나타난 사자의 가슴이며

손과 발은 부드러워 힘줄을 고루 갖추시며

겨드랑이 손바닥이 부드러워 안팎이 잘 잡히며

팔뚝은 길고 손가락은 가느시고

살갗은 곱고 솜털은 오른쪽으로 말려 있으며

복사뼈와 무릎뼈는 드러났으나

음부는 말같이 숨어 보이지 않네.

가는 힘줄 굳은 뼈에 사슴의 어깨같이

안팎이 깨끗하여 더럽지 않으며

맑은 물은 물들이지 못하고 티끌은 붙지도 못하며

이러한 모습이 서른두 가지 되니
　　여든 가지 좋은 모습이 보일 듯하네.
　　그러나 실은 모습이 모습 아니므로 빛도 없으며
　　모든 모습이 있음은 눈이 벗어나지 못함이요,
　　모습이 없는 모습으로서 모습이 있는 몸이요,
　　중생들의 몸 모습도 또한 그러함이네.

20. 중생들로 하여금 기뻐 절하게 하고
　　정성스런 마음으로 귀의 공경하여 모두 받들며
　　스스로 높다 하는 아만을 없애신 인연으로
　　이와 같은 묘한 몸을 이루시었네.

21. 지금 여기 우리들 팔만 대중은
　　모두 함께 머리 숙여 목숨을 들어 돌아가며
　　생각과 생각, 마음과 뜻을 잘 없애어
　　코끼리 말을 모시는 법왕 부처님께
　　머리 숙여 법신 색신 귀의하나이다.
　　계 정 혜 해탈 해탈지견에 귀의하나이다.
　　묘한 상호를 갖추신 님께 귀의하나이다.

22. 맑은 음성은 우뢰같은 여덟 가지로

미묘하고 청정하며 깊고 멀어서

사제와 육도와 십이인연으로

중생의 마음을 따라 설하시면은

듣는 이 모두가 마음과 뜻 열려

헤아릴 수 없이 죽고 사는 매듭이 끊기네.

23. 어떤 이는 듣고 수다원, 사다함

아나함과 아라한과 차제 따라

변함없는 무위의 연각처 등과

나고 죽음 없는 보살지 얻으며

혹은 헤아릴 수 없는 다라니를 얻고

걸림 없는 요설대변재를 얻어

깊고 미묘한 게송을 연설하며

법의 맑은 못에 놀며 목욕을 하네.

뛰고 날아서 신통을 나타내고

물과 불에 들고 나되 자유자재하니

여래의 법륜상은 이와 같아서

청정 무변하여 생각하기 어렵네.

24. 저희들 모두가 다시 머리 숙여

    진리의 바퀴를 굴리는 님께 귀의합니다.

    맑고 맑은 음성에 귀의합니다.

    십이인연 사제 육도법문에 귀의합니다.

25. 세존께서 옛적 헤아릴 수 없는 겁에

    고통을 참고 덕행을 닦아 익히시어

    저희들 사람과 하늘 용 신왕과

    그리고 온갖 중생을 위하시어

    버리기 어려운 것을 모두 버리시며

    재물과 처자와 나라와 성들도

26. 법의 안팎 아끼는 것 없었으며

    머리 눈 골수 모두를 보시했네.

27. 모든 부처 청정한 계를 받들어

    목숨 빼앗겨도 상하지 않으며

    누가 칼과 매로 해롭게 하거나

    나쁜 말을 해도 성내지 않았네.

28. 여러 겁에도 게으르지 않았고
　　　밤낮 마음 잡아 선정에 들었으며
　　　여러 가지 도법을 두루 배워서
　　　지혜는 깊이 중생의 근기에 들어갔네.

29. 이러므로 지금 자재한 힘 얻어서
　　　법에 자재하여 법왕이 되셨다네.
　　　저희들 모두가 머리를 숙여서
　　　어려움 이겨낸 님께 귀의합니다.

2. 설법품(說法品)

1. 이때 대장엄보살마하살이 팔만의 보살마하살과 함께 게송으로 부처님을 찬탄하고 나서 모두 부처님께 말하였다.

2. "세존이시여, 저희들 팔만 보살 대중은 여래의 법에서 묻고자 하는 것이 있습니다. 세존이시여, 불쌍히 여기시어 들어 주시지 않겠습니까."

3. 부처님께서 대장엄보살과 팔만 보살에게 말씀하셨다.

"착하고 착하다, 선남자여. 때를 잘 알았다. 너희들 뜻대로 물어라. 여래는 오래지 않아 열반에 들게 될 것이니, 열반한 뒤에 온갖 의심이 없게 하리라. 무엇을 묻고자 하느냐, 곧 말하라."

4. 이에 대장엄보살이 팔만 보살과 함께 같은 소리로 부처님께 말하였다.

5. "세존이시여, 보살마하살이 위 없이 높고 바른 깨

달음을 속히 이룩하고자 하면 어떠한 법문을 닦고 행하여야 합니까. 어떠한 법문이 보살마하살로 하여금 속히 위 없이 높고 바른 깨달음을 이룩하게 합니까."

6. 부처님께서 대장엄보살과 팔만 보살에게 말씀하셨다.

"선남자야, 한 법문이 있으니 보살들로 하여금 속히 위 없이 높고 바른 깨달음을 이룩하여 얻게 하니, 만일 보살이 이 법문을 배우면 곧 위 없이 높고 바른 깨달음을 얻을 것이니라."

7. "세존이시여, 그 법문의 이름은 무엇이며 그 뜻은 어떠하고 보살이 어떻게 닦아 행하여야 하나이까?"

8. 부처님께서 말씀하셨다.

"선남자여, 이 법문의 이름은 '무량의'라. 보살이 '무량의'를 닦고 배워서 얻고자 하면, 온갖 모든 법이 본래부터 지금까지 성과 상이 공적하여 큰 것도 없고 작은 것도 없으며, 아는 것도 없고 멸하는 것도 없으며, 머무르지도 않고 움직이지도 아니하며, 나아가지도 않고 물러서지도 않으며, 마치 허공과 같이 두 가지의 법이 없다고 관찰하라.

9. 모든 중생이 허망한 마음으로 헤아려 이것이다, 저것이다 하고 얻었다, 잃었다 하며 착하지 못한 생각을 일으킨다면 여러 가지의 악업으로 육취에 윤회하며, 모든 괴로움을 받아서 헤아릴 수 없는 억겁을 스스로 벗어나지 못하느니라.

10. 보살마하살은 이와 같이 보아 불쌍히 여기는 마음과 큰 자비심을 내어 중생을 구해내고자 할 것이며 모든 법에 들게 하라.

11. 법의 모습이 이러하여 이러한 법을 내고,
　　　법의 모습이 이러하여 이러한 법에 머무르며,
　　　법의 모습이 이러하여 이러한 법을 다르게 하고,
　　　법의 모습이 이러하여 이러한 법을 멸하게 하며,
　　　법의 모양이 이러하여 악한 법을 내고,
　　　법의 모양이 이러하여 착한 법을 내나니,
　　　머무르고 다르고 멸하는 것이 이와 같느니라.

12. 보살은 이와 같이 네 가지 모양의 처음과 끝을 보아 살피고 모든 것을 안 다음에, 모든 법이 생각 생

각에 머무르지 않고 항상 새로운 것이 일어나고 멸하나니, 나고 머무르고 달라지고 멸하는 것을 관찰해야 하느니라.

13. 이렇게 관하고 나서는 중생들의 근기와 성품과 욕심에 들어가야 하느니라. 성품과 욕심이 끝이 없는 까닭에 설하는 가르침도 끝이 없고 설하는 가르침이 끝이 없으므로 그 뜻 또한 헤아릴 수 없노라.

14. '무량의'는 하나의 법에서 나며 그 하나의 법은 모습이 없으니, 이렇게 모습이 없는 것은 모습이 없고 모습이 아니니라. 모습이 아니며, 모습이 없으므로 참모습이라 하나니라.

15. 보살마하살이 이와 같은 진실한 모습에 편안히 머물면서 일으키는 자비는 밝고 밝아 헛되지 않으며 중생들의 괴로움을 덜어주고 다시 법을 설하여 모든 중생들로 하여금 쾌락을 받게 하노라.

16. 선남자여, 보살이 만일 이와 같이 '무량의'를 닦는다면 반드시 위 없이 높고 바른 깨달음을 속히 이룩할 것이니라.

17. 선남자여, 이와 같이 매우 깊고 위 없는 대승의

《무량의경》은 글 뜻이 참되고 바르고 높고 귀하여 다시 더할 것이 없어 삼세의 부처님께서 함께 수호하시는 경이며, 마군들이 들어오지 못하며 온갖 삿된 견해와 남과 죽음에서 이를 무너뜨리지 못할 것이니라.

18. 이러므로 선남자여, 보살마하살이 빨리 위 없는 깨달음을 이룩하고자 하면 이와 같이 매우 깊고 위 없는 대승의 《무량의경》을 닦고 배워라."

19. 이때, 대장엄보살이 부처님께 여쭈었다.

"세존이시여, 세존의 설법은 헤아릴 수 없으며 중생의 근기와 성품도 헤아릴 수 없습니다. 또한 법문과 해탈도 헤아릴 수 없습니다. 저희들은 부처님의 설법에 의심이 없으나 모든 중생이 미혹한 마음을 내므로 거듭 세존께 여쭙겠습니다.

20. 여래께서 도를 얻으신 지 사십여 년 동안 항상 중생을 위하여 모든 법의 네 가지인 '모양의 이치와 괴로움의 이치와 덧없는 이치와 내가 없는 이치'를 말씀하시되, 크지도 작지도 않고 나고 멸하지 않아서 한 모습으로 모양이 없고, 법의 성품과 모양이 본래 비고 고요하여 오고 가지 않으며 나고 죽지 않는다

말씀하시니, 만일 듣는 이가 있으면 난법·정법·세간제일법과 수다원·사다함·아나함·아라한과 벽지불의 도를 얻어, 깨달으려는 마음을 일으키어 차례차례로 높은 경지에 올라 제일지·제이지·제삼지에 올라 제십지까지 이르니, 지난날 말씀하신 모든 법의 뜻과 지금 설하시는 것과 다릅니다.

21. 다시 말해 매우 깊고 위 없는 대승의 《무량의경》만을 보살이 닦고 행하면 반드시 위 없는 깨달음을 얻는다 말씀하셨습니다.

22. 이 일이 어떻게 다른지, 바라옵건데 세존께서는 모든 중생을 불쌍히 여기시고 이를 분별하시어 현재와 미래 세상에서 법을 듣는 이들로 하여금 의심이 없게 하여 주시옵소서."

23. 이때 부처님께서 대장엄보살에게 말씀하셨다.

"착하고 착하다, 선남자여. 여래에게 이와 같이 깊고 위 없는 대승의 미묘한 뜻을 묻는구나. 그대는 많은 중생들을 이익 되게 하고 사람과 하늘을 편안하고 즐겁게 하며, 중생의 괴로움을 덜어주는 참으로 큰 자비로 물으니 진실하여 헛되지 아니할 것이니라.

24. 이러한 인연으로 반드시 위 없는 깨달음을 이룩하고 현세에나 후세에 중생들로 하여금 위 없는 깨달음을 이룩하게 할 것이니라.

25. 선남자여, 내가 일찍이 보리수 아래 앉아서 육 년만에 위 없이 높고 바른 깨달음을 얻은 이래 부처님의 눈으로 모든 법을 관하였으되 말하지 아니하였노라. 왜냐하면 모든 중생의 성품과 욕망이 같지 않기 때문이니, 성품과 욕망이 같지 않으므로 여러 가지 법을 설하였느니라. 여러 가지로 설한 법은 방편이라, 사십여 년까지 아직 진실을 나타내지 아니하였노라. 그러므로 중생들이 도를 얻는 데는 차별이 있어 위 없는 깨달음을 속히 이룩하지 못하느니라.

26. 선남자여, 비유하면 물이 더러운 때를 씻는 것과 같으니라. 우물과 못과 강, 냇물, 개울, 큰 바다가 모두 더러운 때를 씻는 것과 같이, 법의 물도 또한 이와 같아서 중생들의 모든 번뇌의 때를 씻느니라.

27 선남자여, 물의 성품은 하나이지만 강과 내, 샘과 못, 시내와 큰 바다가 각각 다른 것과 같이 법의 성품도 또한 이와 같아서 번뇌를 씻어 없애는 데는 차

별이 없지만 세 가지 법과 네 가지 과보와 두 가지 도가 하나가 아니니라.

28. 선남자여, 물이 모든 것을 씻으나 우물은 못이 아니요, 못은 강이 아니며, 개울은 바다가 아니니라. 그러나 여래께서는 법에 자재하여 설하는 법도 이와 같아서 처음, 중간, 끝의 말씀 모두가 중생의 번뇌를 씻어 없애주되 처음은 중간이 아니며, 중간은 끝이 아니니, 처음이나 중간이나 끝에 말한 것이 말은 같아도 내용의 깊이에 있어서는 각각 다르느니라.

29. 선남자여, 내가 보리수에서 떠나 바라나 녹야원으로 가서 아야교진여 등 다섯 사람을 위하여 네 가지 거룩한 진리의 바퀴를 굴릴 때에도, 모든 법이 본래부터 비고 고요하지만 끊임없이 바뀌고 머무르지 아니하며 순간순간에 나고 멸한다고 설하였고, 중간에 영취산과 다른 곳에서도 모든 비구와 보살을 위하여 십이인연과 육바라밀을 연설하되, 모든 법이 본래부터 비고 고요하지만 끊임없이 바뀌어서 머무르지 아니하며 순간순간에 나고 멸한다고 설하였느니라.

30. 지금 여기서 대승의 《무량의경》을 설하면서도

모든 법이 본래부터 비고 고요하지만 끊임없이 바뀌어 머무르지 아니하며 순간순간에 나고 멸한다고 설하느니라.

31. 선남자여, 이러므로 처음 설한 것이나 중간에 설한 것이나 끝에 설한 것이 글은 하나이지만 뜻이 다르니, 뜻이 다른 까닭에 중생의 풀이도 다르고, 풀이가 다른 까닭에 얻는 법과 얻는 과와 얻는 도가 또한 다르느니라.

32. 선남자여, 처음에 네 가지 거룩한 진리를 설하여 성문을 위하였더니, 팔억의 모든 하늘이 내려와서 법을 듣고 깨달으려는 마음을 일으켰으며, 중간에 곳곳에서 깊은 십이인연을 설하여 벽지불을 위하였더니 헤아릴 수 없는 중생이 깨달으려는 마음을 일으키고 혹은 성문에 머물렀느니라.

33. 다음에 열두 가지의 대승인 《방등(方等)》의 가르침과 《대반야바라밀다경(大盤若波羅密多經)》과 바다와 하늘같이 넓은 《화엄경(華嚴經)》을 설하여 보살에게 헤아릴 수 없는 세월에 걸쳐 닦고 행할 것을 설했더니, 백천만의 비구와 만억의 인간과 하늘의 헤아릴

수 없는 중생이 수다원, 사다함과 아나함, 아라한과를 얻거나 벽지불의 인연법 가운데에 머물렀느니라.

34. 선남자여, 이러한 뜻이 있으므로 말은 같아도 뜻이 다른 것을 알라. 뜻이 다르므로 중생의 견해가 다르고, 견해가 다르므로 얻는 법과 얻는 과와 얻는 도가 또한 다르느니라.

35. 그러므로 선남자여, 내가 도를 얻고 처음 법을 설한 때로부터 오늘 대승의 《무량의경》을 설하기까지 거듭하여 괴로움·빔·덧없음·나 아님과 참되지 않고 거짓도 아니며, 크지도 작지도 않고, 본래 나지도 않고 지금도 멸하지 아니하며, 한 모습이나 모양도 없으며, 진리의 모습과 진리의 성품은 오지도 않고 가지도 않으며, 모든 중생들이 네 가지 모양으로 옮겨진다고 말하느니라.

36. 선남자여, 이러하므로 모든 부처님은 두 말씀을 하지 않느니라. 한 소리로써 여러 소리를 따르며, 한 몸으로 백천만억 나유타의 헤아릴 수 없고 수없는 갠지스강의 모래 수와 같은 몸을 보이며, 낱낱의 몸 가운데서 또한 백천만억 나유타 아승지 갠지스강의

모래알 같은 여러 종류의 모양을 나타내며, 낱낱의 모양 가운데서 또한 백천만억 나유타 아승지 갠지스 강의 모래알과 같은 모양을 보이느니라.

37. 선남자여, 이것이 부처님들의 깊고 헤아릴 수 없는 경계라. 성문승, 연각승이 알 바가 아니며 십지보살도 미칠 바가 아니니, 오직 부처님과 부처님들만이 이를 연구해 마치신 것이니라.

38. 선남자여, 이러므로 내가 말하노라. 미묘하고 깊고 위 없는 대승의 《무량의경》은 글의 이치가 참되고 바르며 존귀함이 더 없이 거룩하여 삼세의 모든 부처님께서 함께 지키시고 보호하시니, 모든 마와 외도는 들어오지 못하고 온갖 그릇된 견해와 삶의 변화에 의해 무너지지 않느니라. 보살마하살이 속히 위 없이 바른 깨달음을 이룩하고자 하면 이와 같이 매우 깊고 위 없는 대승의 《무량의경》을 닦고 배워라."

39. 부처님께서 말씀을 마치시니 삼천대천세계는 여섯 번 진동하고, 허공에서는 여러 가지의 하늘꽃, 우발라꽃, 발담마꽃, 구물두꽃, 분다리꽃이 비 오듯이 내리며,

40. 수없는 여러 가지 하늘의 향과 하늘의 옷과 하늘의 영락이며, 하늘의 보배가 허공 위에서 돌며 내려와 부처님과 보살들과 성문 대중들을 공양하였다.

41. 하늘 부엌의 하늘 발우에 하늘의 백 가지 음식을 가득히 담아 하늘의 깃대와 하늘 기와 하늘의 헌 개, 하늘의 묘한 악구를 곳곳마다 놓아 두고 하늘의 기악을 지어서 부처님을 기리며 노래하였다.

42. 또다시 동방의 갠지스강의 모래알과 같은 모든 부처님 세계는 여섯 번 진동하고, 하늘의 꽃, 하늘의 향, 하늘의 옷, 하늘의 영락, 하늘의 보배, 하늘 부엌의 하늘 발우, 하늘의 백 가지 음식, 하늘의 깃대, 하늘의 기, 하늘의 가리개, 하늘의 묘한 악구가 비 오듯이 내리고 하늘의 기악을 지어 부처님과 보살과 성문을 찬탄하여 노래 불렀다.

43. 남서・북방・사유・상하도 또한 이와 같았다.

44. 이때 대중 가운데 삼만이천의 보살마하살은 헤아릴 수 없는 삼매를 얻고, 삼만이천의 보살마하살은 헤아릴 수 없는 진리에 이르는 선정의 경지를 얻어서, 모든 과거・현재・미래에 부처님의 물러나지 않

는 진리의 바퀴를 굴렸다.

45. 그리고 여러 비구·비구니·우바새·우바이·하늘·용·야차·건달바·아수라·가루라·긴나라·마후라가·대전륜왕·소전륜왕·은륜, 철륜의 모든 윤왕·국왕·왕자·국신·국민·국사·국녀·나라의 장자와 모든 권속 백천 대중이 함께 와서 부처님 여래께서 이 경 설하시는 것을 들을 적에 혹은 난법·정법·세간제일법·수다원과·사다함과·아나함과·아라한과·벽지불과를 얻었고,

46. 또는 보살의 무생법인을 얻었으며, 한 가지의 다라니를 얻었고, 두 가지의 다라니를 얻었으며, 세 가지의 다라니를 얻었고 또는 네 가지의 다라니와 오·육·칠·팔·구·십의 다라니를 얻었으며, 백천만억의 다라니를 얻었고, 헤아릴 수 없이 많은 갠지스강의 모래 알과 같은 아승지의 다라니를 얻어서 모두 물러나지 않는 진리의 바퀴를 굴렸으며, 헤아릴 수 없는 중생은 위 없이 높고 바른 깨달음을 얻기 위하여 끊임없이 닦겠다는 마음을 일으켰다.

3. 십공덕품(十功德品)

1. 이때, 대장엄보살마하살이 다시 부처님께 말하였다.

2. "세존이시여, 세존께서는 깊고 미묘한 위 없는 대승의 《무량의경》을 말씀하시니, 진실로 매우 깊고도 깊나이다.

3. 왜냐하면 이 대중 가운데 모든 보살마하살과 사부대중과 하늘, 용, 귀신, 국왕, 신민의 모든 중생들이 이 깊고도 위 없는 대승의 《무량의경》을 듣고 다라니문과 삼법(三法)·사과(四果)와 깨달으려는 마음을 얻었습니다.

4. 참으로 저희들은 이 법의 가르침이 진정하고, 그 존귀함이 헤아릴 수 없으며, 삼세의 부처님께서 지키고 보호하시며 여러 마와 여러 외도가 들어오지 못하니 온갖 그릇된 견해와 남과 죽음에 헐리어 무너지지 않게 됩니다.

5. 왜냐하면 한 번만 들어도 모든 법을 지니게 되기 때문입니다. 만일 중생들이 이 경을 얻어 들으면 큰 이익이 있습니다.

6. 이는 닦고 행하면 반드시 위 없는 깨달음을 이룩하기 때문입니다. 그러나 중생이 얻어 듣지 못하면 큰 이익을 잃게 될 것입니다. 헤아릴 수 없고 가이없어 생각조차 할 수 없는 오랜 세월을 지날지라도 위 없이 바른 깨달음을 이룩하지 못하기 때문입니다. 이는 깨달음으로 향하는 크고도 곧은 길을 알지 못하므로 험한 길을 지나가게 되며 많은 어려움을 겪게 되기 때문입니다.

7. 세존이시여, 이 경전은 생각하기도 어렵습니다. 바라옵건대, 세존께서는 대중을 위하여 사랑과 애민으로 이 경의 매우 깊고 생각조차 할 수 없는 일을 설하옵소서.

8. 세존이시여, 이 경전은 어디로부터 왔으며 어디로 가며 어느 곳에 가서 머물게 됩니까. 이렇게 헤아릴 수 없는 공덕과 헤아릴 수 없는 힘이 있어 중생으로 하여금 위 없이 높고 바른 깨달음을 속히 이룩하

도록 하옵니까."

9. 그때 세존께서 대장엄보살마하살에게 말씀하셨다.

"착하고 착하다, 선남자여. 네가 말하는 것과 같이 그러하니라. 선남자여, 내가 말한 것처럼 이 경은 매우 깊고 진실로 매우 깊으니, 이는 중생으로 하여금 속히 위 없이 바른 깨달음을 이룩하게 하는 까닭이니라. 한 번 들으면 온갖 법을 지니게 하며, 모든 중생을 크게 이익 되게 하고 크고도 곧은 길을 가게 하여 환난에 머무름이 없게 하는 까닭이니라.

10. 선남자여, 네가 이 경이 어디로부터 와서 어디로 가며 어디로 가서 있게 되는지 물었으니 자세히 들어라. 선남자여, 이 경은 본래 부처님들의 집으로부터 와서, 온갖 중생의 깨달으려는 마음을 일으키는 곳으로 가고, 보살들이 행하는 곳에 있게 되느니라.

11. 선남자여, 이 경은 이와 같이 와서, 이와 같이 가고, 이와 같이 있느니라. 이런 까닭으로 이 경은 이와 같은 헤아릴 수 없는 공덕과 생각할 수 없는 힘이 있어 중생으로 하여금 속히 위 없는 깨달음을 이룩하

게 하는 것이니라.

12. 선남자여, 너는 이 경에 의하여 열 가지 생각할 수 없는 공덕과 힘이 있는 것을 듣고자 하느냐."

13. 대장엄보살이 말하였다.

"원컨대 즐겨 듣고자 합니다."

14. 부처님께서 말씀하셨다.

"선남자여, 첫째로 이 경은 마음속으로부터 부처님의 지혜를 얻고자 하는 보살에게 깨달으려는 마음을 일으키게 하며, 인자함이 없는 자에게는 인자한 마음을 일으키게 하고, 살생을 즐기는 자에게는 크게 가련하게 생각하는 마음을 일으키며, 질투하는 자에게는 기뻐하는 마음을 일으키게 하고,

15. 애착이 있는 자에게는 능히 버리는 마음을 일으키게 하며, 모든 것을 아끼고 탐내는 자에게는 보시하는 마음을 일으키게 하며, 교만함이 많은 자에게는 지계하는 마음을 일으키게 하며, 화 잘내는 자에게는 인욕하는 마음을 일으키게 하며, 게으른 자에게는 정진하는 마음을 일으키게 하며, 모든 것에 어지러운 자에게는 선정의 마음을 일으키게 하며, 어리석

음이 많은 자에게는 지혜의 마음을 일으키게 하며,

16. 아직 제도 안 된 자에게는 제도되려는 마음을 일으키게 하며, 열 가지의 악한 행을 한 자에게는 열 가지의 착한 마음을 일으키게 하며, 현상의 행복만을 즐기는 자에게는 함 없는 마음을 내게 하며, 물러서려는 마음이 있는 자에게는 물러서지 않는 마음을 가지게 하며, 타락이 있는 자에게는 타락 없는 마음을 일으키게 하며, 번뇌가 많은 자에게는 번뇌를 없애려는 마음을 일으키게 하느니라. 선남자여, 이것이 이 경의 첫째 공덕이요, 헤아릴 수 없는 힘이니라.

17. 선남자여, 이 경의 헤아릴 수 없는 두 번째의 공덕과 힘이란, 어떤 중생이 이 경을 얻어 듣거나 한 문장, 한 게송 또는 한 구절을 들으면 백천억의 뜻에 통달해서 헤아릴 수 없는 세월을 두고 연설하여도 그가 지닌 법을 다 설하지 못하는 것이니라.

18. 왜냐하면 이 법의 뜻이 끝이 없기 때문이니라. 선남자여, 비유하면 이 경은 하나의 종자에서 백천만 개가 나오며, 백천만 하나하나 가운데서 다시 백천만 개가 나오는 것과 같느니라. 이와 같이 전전해서 헤

아릴 수 없는 것 같이, 이 경전도 또한 이와 같아 한 법에서 백천의 뜻이 나오고 백천의 하나하나 뜻 가운데서 다시 백천만의 뜻을 내니, 이와 같이 전전해서 헤아릴 수 없고 가이없는 뜻이 있게 되느니라.

19. 이러므로 이 경의 이름을 '무량의' 라 하는 것이니 선남자여, 이것이 이 경의 둘째 공덕이요, 헤아릴 수 없는 힘이니라.

20. 선남자여, 이 경의 헤아릴 수 없는 세 번째의 공덕과 힘이란, 어떤 중생이 이 경을 얻어 듣고 단 한번이라도 천만억의 뜻에 통달하면 번뇌가 있을지라도 번뇌가 없어지게 되며, 삶과 죽음에 나고 들고 할지라도 겁나고 두려운 생각이 없게 되니, 모든 중생에게 불쌍한 생각을 내며 모든 법에 용맹한 생각을 얻는 것이니라.

21. 힘센 장사가 무거운 것을 짊어지는 것 같이 이 경을 가지는 사람도 이와 같아서 깨달음의 보배를 짊어지고 무거운 중생을 업고 남과 죽음의 길에서 빠져나오며, 아직 제도되지 못하였을지라도 저들을 제도할 것이니라.

22. 뱃사공이 무거운 병에 걸려 팔과 다리가 자유롭지 못하여 이쪽 언덕에 머물러 있을지라도, 튼튼한 좋은 배와 건너는 도구를 그들에게 주어서 보내는 것과 같이, 이 경을 지니는 이도 이와 같아서, 오욕이 있는 몸이 백팔의 무거운 병에 걸려 항상 서로 얽혀 어둠과 늙고 죽음의 언덕에 머물러 있을지라도 견고한 이 대승의 《무량의경》으로 중생 제도할 것을 설했노라.

23. 설함과 같이 행하는 이는 남과 죽음에서 제도됨을 얻을 것이니라. 선남자여, 이것이 이 경의 셋째의 공덕이요, 헤아릴 수 없는 힘이니라.

24. 선남자여, 이 경의 헤아릴 수 없는 네 번째의 공덕과 힘이란, 어떤 중생이 이 경을 얻어 듣고 한 문장이나 한 게송 또는 한 구절을 들으면, 용감한 생각을 얻고 비록 자신은 제도되지 못하였을지라도 다른 사람을 제도하게 됨이니라.

25. 많은 보살과 권속이 되며 여러 부처님 여래께서 항상 이 사람을 향하여 법을 설하게 되느니라. 이 사람이 듣고 다 받아 지니며, 순수히 받아 거스르지 아니하고 다시 사람을 위하여 널리 설하게 되느니라.

26. 선남자여, 이 사람을 비유하면 국왕과 국모가 낳은 왕자와 같으니, 하루·이틀·이레에 이르거나 한 달·두 달·일곱 달에 이르며, 한 살·두 살·일곱 살이 되면 나라의 일을 맡아서 다스리지는 못하더라도 신하와 백성에게 공경을 받게 되며, 여러 대왕의 아들과 같이 짝을 짓게 되고 왕과 국모는 사랑하는 마음으로 항상 왕자와 같이 말하게 되느니라. 이는 왕자가 어리기 때문이니 선남자여, 이 경을 지니는 이도 이와 같아서 부처님은 국왕이요, 이 경은 국모라. 화합해서 보살이라는 아들을 낳는 것과 같느니라.

27. 만일 보살이 이 경을 얻어 듣고 한 구절, 한 게송, 한 문장, 두 문장을 열 번·백 번·천 번·만 번 혹은 억만 항하의 모래 수와 같아 헤아릴 수 없고, 수없이 읽고도 진리의 궁극을 체득하지 못하고 삼천대천의 국토를 진동하고 우뢰와 같은 범음으로 큰 진리의 바퀴를 굴리지 못할지라도, 모든 사부대중과 팔부신장의 존경을 받으며 큰 보살들의 권속이 되어 모든 부처님의 비밀한 법에 들어가 설하는 것이 어김이 없고 틀림이 없으며, 항상 부처님들의 아낌을 받게 되

며 사랑하여 주실 것이니 이는 새로 배우는 사람이기 때문이니라.

28. 선남자여, 이것이 이 경의 넷째 공덕이며 헤아릴 수 없는 힘이니라.

29. 선남자여, 이 경의 불가사의한 다섯 번째 공덕과 힘이란, 어떤 선남자와 선여인이 부처님이 이 세상에 계시거나 멸도하신 뒤에 이렇게 깊고 위 없는 대승의 《무량의경》을 받아 지녀 읽고 외우고 옮겨 쓰면, 이 사람이 여러 가지 번뇌에 얽혀서 모든 범부의 일을 떠나지 못했을지라도 큰 보살도를 보이고 나타내며 하루를 늘여 백 겁으로 하고 백 겁을 줄여 하루로 하며 중생을 기쁘게 항복받는 것이니라.

30. 선남자여, 이 선남자 선여인을 비유하면 용의 아들이 태어난 지 칠일만 되어도 구름을 일으키고 비를 내리는 것과 같느니라. 선남자여, 이것이 이 경의 다섯째 공덕이요, 헤아릴 수 없는 힘이니라.

31. 선남자여, 이 경의 헤아릴 수 없는 여섯 번째 공덕과 힘이란, 어떤 선남자 선여인이 부처님이 세상에 계시거나 멸도하신 뒤에 이 경전을 받아 읽고 외우면

번뇌를 갖추고 있을지라도 중생을 위하여 법을 설해서 번뇌와 태어남과 죽음을 멀리 떠나게 하며 온갖 괴로움을 끊게 하니, 중생이 듣고 닦아 행하면 법을 얻고 과를 얻고 도를 얻어 부처님들과 차별이 없게 되는 것이니라.

32. 비유하면 왕자가 어리고 작을지라도 왕이 멀리 떠나거나 병이 나게 되면 이 왕자에게 맡겨서 나라 일을 다스리게 하는 것과 같으니, 왕자는 대왕의 명령에 의하여 법대로 백성들을 가르치고 영을 내려 바른 법을 선포하면, 국토의 인민들이 각각 그 법을 따라 대왕이 다스리는 것과 같이 다름이 없느니라. 이 경을 가진 선남자 선여인도 이와 같아서 부처님이 세상에 계시거나 멸도하신 뒤에 선남자가 비록 초부동지에 이르지 못하였을지라도, 부처님께 의지하여 이와 같은 교법을 쓰고 설하여 이를 널리 펴면 중생들이 듣고 한마음으로 닦아 행하면 번뇌를 끊어 없애고 법을 얻으며 과를 얻고 도를 얻게 되느니라.

33. 선남자여, 이것이 이 경의 여섯째 공덕이며, 헤아릴 수 없는 힘이니라.

34. 선남자여, 이 경의 불가사의한 일곱 번째 공덕과 힘이란, 어떤 선남자 선여인이 부처님이 세상에 계시거나 멸도하신 뒤 이 경을 얻어 듣고 기뻐하며, 드물게 진귀한 마음을 내어 받아 읽고 외우며 옮겨 쓰고 그 뜻을 잘 알며, 말한 것과 같이 닦고 행하여 깨달으려는 마음을 일으키고 모든 선근을 내어 큰 자비의 마음을 일으켜서 고뇌하는 모든 중생을 제도하고자 하면, 이는 육바라밀을 닦고 행하지 못하였을지라도 육바라밀이 스스로 앞에 나타나 곧 무생법인을 얻고 생사번뇌를 한번에 끊어, 보살로서의 일곱 번째의 단계인 남과 나 사이에 차별을 느끼지 않는 칠지보살에 이르는 것이니라.

35. 비유하면 힘센 사람이 왕을 위하여 원수를 없애는 바, 원수가 없어지면 왕이 크게 기뻐하며 상을 주되, 나라의 절반을 나누어주는 것과 같으니라. 이 경을 가지는 선남자 선여인도 이와 같아서 수행하는 사람 가운데 가장 용맹하고 굳세니, 육바라밀의 법보를 구하지 아니하여도 스스로 얻게 되니, 나고 죽는 원수가 저절로 흩어지고 무너져 무생인을 증득하며, 부처

님 나라의 반을 얻는 상을 받고 안락할 것이니라.

36. 선남자여, 이것이 이 경의 일곱째 공덕이요, 헤아릴 수 없는 힘이니라.

37. 선남자여, 이 경의 헤아릴 수 없는 여덟 번째 공덕과 힘이란, 어떤 선남자 선여인이 부처님이 세상에 계시거나 멸도하신 뒤에 이 경전을 얻은 이가 있으면, 공경하며 믿기를 부처님을 친히 뵙는 것과 같이 하며 이 경을 사랑하고 받들며 받아 지니고 읽으며 외우고 옮겨 쓰며 머리에 이고 법과 같이 즐겁게 행하며, 계행과 인욕을 견고히 하고 겸하여 보시를 행하며 자비를 일으켜 위 없는 대승의 《무량의경》을 사람들을 위하여 설함이니라.

38. 어떤 사람이 예부터 지금까지 죄와 복이 있음을 믿지 않는 자에게 이 경을 보이고, 여러 가지 방편으로 교화하여 그로 하여금 믿게 하면 이 경이 위력이 있으므로 그 사람이 믿는 마음을 일으키게 되느니라.

39. 이제 믿는 마음을 일으키면 용맹 정진하므로 이 경의 위덕과 세력을 얻어 도를 얻고 과를 얻느니라. 그러므로 선남자와 선여인이 교화를 입는 공덕이

있어 남자거나 여자거나 곧 몸에서 무생법인을 얻어 최상지혜에 이르게 되고, 모든 보살들과 함께 권속이 되어 중생을 속히 성취시켜서 부처님의 국토를 깨끗이 하고 오래지 않아서 부처님의 깨달음을 성취할 것이니라.

40. 선남자여, 이것이 이 경의 여덟째의 공덕이요, 헤아릴 수 없는 힘이다.

41. 선남자여, 이 경의 헤아릴 수 없는 아홉 번째 공덕과 힘이란, 어떤 선남자와 선여인이 부처님이 세상에 계시거나 멸도하신 뒤에 이 경을 얻어 기뻐하고 전에 맛보지 못한 기쁨을 얻어서 받아 지녀 읽고 외우고 옮겨 쓰고 공양하며, 여러 사람들을 위하여 이 경의 뜻을 분별하여 해설하면,

42. 곧 전생의 업장과 죄의 무거운 장애가 한때에 없어지고 곧 맑고 깨끗함을 얻고 큰 변론을 얻어 모든 바라밀로 장엄하고, 불·보살만이 얻을 수 있는 높은 삼매의 경지인 수능엄삼매를 얻어 큰 총지문에 들어서 부지런히 정진력을 얻고, 속히 가장 높은 지혜를 넘어서 몸을 나누어 널리 시방 국토에서 온갖 욕계 십사

유·색계 칠유·무색계 사유 등 이십오유의 매우 괴로운 중생을 구제하여 다 해탈을 얻게 하는 것이니라.

43. 이 경에는 이와 같은 힘이 있나니,

44. 선남자여, 이것이 이 경의 아홉째의 공덕이요, 헤아릴 수 없는 힘이니라.

45. 선남자여, 이 경의 헤아릴 수 없는 열 번째 공덕과 힘이란, 어떤 선남자 선여인이 부처님이 세상에 계시거나 멸도하신 뒤에 이 경을 얻고서 크게 기뻐하는 마음을 일으켜 드물게 진귀한 마음을 내며 받아 읽고 외우며 옮겨 쓰고 공양하며 말씀과 같이 닦고 행하며,

46. 또는 재가거나 출가한 사람들에게 권하여 받아 읽고 외우며 옮겨 쓰고 공양하고 그 뜻을 잘 알며 법과 같이 닦고 행하게 하면,

47. 다른 사람에게 이 경을 닦고 행하도록 한 인연으로 도를 얻고 과를 얻나니, 이 선남자와 선여인이 자비로운 마음으로 부지런히 교화하는 힘 때문이니라. 이 선남자와 선여인은 곧 몸으로 헤아릴 수 없는 다라니문을 속히 얻어, 범부의 경지에서부터 무수히

많은 아승지의 넓고 큰 서원을 일으키고, 온갖 중생을 가련하게 여기는 큰 마음을 갖게 되며 여러 가지 고통을 구원하고 많은 선근을 모아서 온갖 중생을 편안하게 할 것이니라.

48. 더욱 법의 윤택함을 설하여 목마름을 적시며 법의 약으로써 중생들에게 보시하여 모든 것을 편안하고 즐겁게 하고 차례로 올라가서 보살의 열 번째 단계인 법운지에 이르게 되느니라.

49. 은혜를 널리 적시어 자비로써 빠짐없이 감싸고 괴로운 중생을 이끌어 도의 자취를 밟아 들어가게 하므로 이 사람은 오래지 않아 위 없이 높고 바른 깨달음을 얻느니라.

50. 선남자여, 이것이 이 경의 열 번째 공덕이요, 헤아릴 수 없는 힘이니라.

51. 선남자여, 이와 같은 위 없는 대승의 《무량의경》은 큰 위신력이 있고 존귀함이 최상이니 모든 범부로 하여금 다 성인의 과를 이룩해서 영원히 나고 죽음을 여의고 다 자재를 얻게 하므로 이 경의 이름을 '무량의' 라 한 것이니라.

52. 능히 온갖 중생이 범부지에서 보살의 헤아릴 수 없는 도의 싹이 나오도록 하며 공덕의 숲으로 울창하고 무성하게 하여 가지가 뻗어서 더욱 자라나게 하므로 이 경은 헤아릴 수 없는 공덕과 힘이 있다고 한 것이니라.”

53. 이때 대장엄보살마하살과 팔만의 보살마하살이 같은 소리로 부처님께 말하였다.

"세존이시여, 부처님께서 설하심과 같이 매우 깊고 미묘하며 위 없는 대승의 《무량의경》은 그 가운데에 들어있는 도리가 진실하고 바르며 위 없이 거룩한 것입니다.

54. 또한 과거·현재·미래에 걸쳐 모든 부처님께서 수호하시며, 모든 마와 여러 외도가 들어올 수 없고, 온갖 삿된 견해와 나고 죽음에 무너지거나 패하지 않을 것입니다.

55. 그러므로 이 경은 이와 같은 열 가지 공덕과 헤아릴 수 없는 힘이 있습니다. 헤아릴 수 없는 온갖 중생을 널리 이익 되게 하며, 모든 보살마하살로 하여금 각각 헤아릴 수 없는 삼매를 얻게 하고, 백천의 다

라니문을 얻게 하며, 보살의 모든 경지와 모든 인욕을 얻게 하며, 연각 또는 성문의 네 가지 도과를 증득하게 하옵니다.

56. 세존께서 불쌍히 여기시어 이러한 법을 저희들에게 설하시니, 저희들은 큰 법의 이익을 얻게 되었습니다. 매우 기이하고 일찍이 없던 기쁨이오니 세존의 자비와 은혜는 보답하기 어렵습니다."

57. 이렇게 말을 하니 그때 삼천대천세계는 여섯 번 진동하고, 허공 위에서 또다시 여러 가지의 하늘꽃, 하늘의 우발나꽃, 발담마꽃, 구물두꽃, 분다리꽃이 비 오듯이 내리며, 수없는 여러 가지 다리꽃이 비 오듯이 내리며, 수없는 여러 가지 하늘의 향, 하늘의 옷과 하늘의 영락과 하늘의 보배가 비 오듯이 내리되, 허공에서 돌며 내려와 부처님과 보살과 성문 대중을 공양하였다.

58. 하늘 부엌의 하늘 발우에다 하늘의 백 가지 음식을 가득히 담으니 빛을 보고 향기만 맡아도 자연히 배부르고 만족하였다.

59. 하늘의 깃대, 하늘의 기와, 하늘의 헌개, 하늘의

묘한 악구를 곳곳에 두고 하늘의 기악을 쳐서 부처님을 찬탄하며 노래를 불렀다.

60. 또 동방 항하의 모래 수와 같은 여러 부처님의 세계는 여섯 번 진동하고 하늘의 꽃, 하늘의 향, 하늘의 옷과 하늘의 영락, 하늘의 보배를 비 내리듯하며 하늘 부엌의 하늘 발우에 백 가지 음식의 빛을 보고 향기를 맡으면 배가 부르고 만족하며, 하늘의 깃대, 하늘의 기, 하늘의 헌개, 하늘의 악기를 곳곳에 놓아두고 기악을 지어 부처님과 보살과 성문 대중을 찬탄하며 노래 불렀다. 남서·북방과 사유·상하도 이와 같았다.

61. 이때 부처님께서 대장엄보살마하살과 팔만의 보살마하살에게 말씀하셨다.

"너희들은 이 경을 공경하는 마음을 일으키어 법과 같이 닦고 행하여 모두 교화하되 부지런한 마음으로 하라.

62. 항상 은근히 밤낮으로 수호하여 중생으로 하여금 각각 법의 이익을 얻게 하라.

63. 너희들은 진실로 대자대비가 되니 신통력으로

이 경을 수호하며 의심하고 머뭇거리지 않게 하라.

64. 너희들은 반드시 사바세계에서 행하여 온갖 중생으로 하여금 보고 듣고 읽고 외우며 옮겨 쓰고 공양하도록 하라. 이렇게 하면 너희들이 위 없이 높고 바른 깨달음을 속히 얻게 될 것이니라."

65. 이때, 대장엄보살마하살이 팔만의 보살마하살과 함께 자리에서 일어나 부처님 계신 곳에 와서 머리 숙여 발에 절하고 백천 번을 돌아 부처님 앞에서 무릎을 꿇고 같은 소리로 부처님께 말하였다.

66. "세존이시여, 저희들은 즐겁게 세존의 자비하심을 입었습니다. 저희들을 위하여 깊고 미묘한 위 없는 대승의 《무량의경》을 말씀하시니, 공경하는 마음으로 부처님을 받들고 여래께서 멸도하신 뒤에 이 경전을 널리 펴서 온갖 중생이 받아 지녀 읽고 외우고 옮겨 쓰고 공양하게 하겠습니다. 원하옵나니 근심하지 마옵소서.

67. 저희들이 원력으로써 온갖 중생이 이 경을 얻어 보고 듣고 읽고 외우며 옮겨 쓰고 공양하게 하며 이 경의 크고도 높은 복을 얻도록 하겠습니다."

68. 그때 부처님께서 찬탄하며 말씀하셨다.

"착하고 착하도다, 선남자들이여. 너희들은 이제 참된 부처님의 아들이며, 넓고 큰 대자대비로 괴로움을 뽑아내고 괴로운 액난에서 구해내는 자들이니라.

69. 온갖 중생의 좋은 복밭이며, 온갖 중생이 크게 의지할 곳이며, 온갖 중생의 큰 시주이니, 항상 법의 이익으로써 온갖 중생에게 크게 보시할지니라."

70. 그때에 모인 대중들이 모두 크게 기뻐하며 부처님께 예배하고 부처님의 가르침을 받아 지니고 물러갔다.

불설관보현보살행법경
佛說觀普賢菩薩行法經

불설관보현보살행법경(佛說觀普賢菩薩行法經)

1. 이와 같이 내가 들었다.

2. 어느 때 부처님께서 비사리나라 큰 숲속 절의 이층 강당에 계셨을 때 여러 비구에게 말씀하셨다.

"석 달이 지난 뒤에 나는 열반에 들리라."

3. 아난 존자가, 곧 자리에서 일어나 옷깃을 바로잡고 두 손을 합장하며 부처님을 세 번 돌고서 부처님을 향하여 예배하고 꿇어앉아 손을 모은 채로 부처님을 우러러 보되 한때도 눈을 떼지 않았다.

4. 장로 마하가섭과 미륵보살마하살이 자리에서 일어나서 합장하며 예배하고 부처님을 우러러보며 세 분이 입을 모아 부처님께 여쭈었다.

"세존이시여, 여래께서 멸도하신 뒤 어떻게 하여야 중생들이 보살의 마음을 일으키며, 대승의 방대한 경전을 닦고 행하며, 올바른 생각으로 참된 경계를 생각하고, 어떻게 위 없는 부처님의 지혜를 얻겠다는 마음을 잃지 않겠습니까?

또한 어떻게 하면 번뇌 망상으로 가득한 중생이 오욕에서 떠나지 못하였을지라도 모든 근기를 맑게 하고 죄를 멸하여 없앨 수 있으며, 부모에게서 받은 눈으로 오욕을 끊지 못하였더라도 모든 장애가 없이 맑고 깨끗하게 볼 수 있겠습니까?"

5. 부처님께서 아난에게 말씀하셨다.

"자세히 듣고 잘 생각하라. 여래가 옛적에 기사굴산과 다른 곳에서 참된 도를 분별하였으나, 지금 이곳에서는 미래세의 중생들이 대승의 위 없는 법을 행하고자 하는 자와 보현행을 배우고 보현행을 행하고자 하는 자를 위하여 내가 그 법을 말하리라.

6. 보현을 보거나 보지 못한 이나 죄를 소멸하고자 하는 모든 이를 위하여 자세히 분별하겠노라.

7. 아난아, 보현보살은 동방의 정묘국토에서 났으며, 그 국토의 형상은 《법화경》에서 말하였으니 내가 이 경에서 간략히 해설하리라.

8. 아난아, 만일 비구·비구니와 우바새·우바이와, 하늘·용 등 여덟 무리의 인간 이외의 귀신들과

모든 중생 등 대승을 외우는 수행자, 대승을 닦는 수행자, 대승의 뜻을 일으키는 수행자, 보현보살의 몸 모습 보기를 즐겨 원하는 수행자, 다보불탑 보기를 즐겨 원하는 수행자, 석가모니불과 분신의 부처님 보기를 원하는 수행자, 육근의 맑고 깨끗함을 원하는 수행자는 마땅히 이러한 관법을 배울지니라. 이 관법의 공덕은 모든 장애를 없애고 가장 묘한 빛을 보게 하느니라.

9. 삼매에 들지 못하였을지라도 이 경을 외우고 지니고서 마음을 한결같이 닦고 익혀 마음과 마음이 서로 이어져 대승에서 떠나지 않는 것이 하루로부터 이십일 일에 이르면 보현을 보게 될 것이니라.

10. 업장이 무거운 이는 사십구 일이 지난 뒤에야 보게 되며, 더 무거운 이는 한 생에 보게 되며, 더 무거운 이는 두 생에 보게 되며, 더 무거운 이는 세 생에 보게 되나니, 이와 같이 업보가 같지 아니하므로 다르게 말하느니라.

11. 보현보살은 몸의 크기가 헤아릴 수 없고 목소리의 크기도 가이없고 모습도 가이없으나. 이 나라에 와

서는 인간을 구제하려고 몸을 줄여서 작게 나타나느니라.

12. 사바세계의 사람은 세 가지의 장애가 무거우니 지혜의 힘으로 변화해서 흰 코끼리를 타느니라.

13. 그 코끼리는 여섯 개의 어금니가 있고 일곱 개의 굽으로 땅을 받치며 그 일곱 개의 굽 밑에는 일곱 송이의 연꽃이 솟아나느니라.

14. 코끼리의 빛은 아름다운 흰 빛으로 흰 빛 가운데에서도 으뜸이니, 파리의 보배 설산도 비할 것이 못 되느니라.

15. 코끼리 몸의 길이는 사백오십 유순이요, 높이는 사백 유순이며, 여섯 개의 어금니 끝에는 여섯 개의 목욕하는 못이 있고, 낱낱의 목욕하는 못 가운데는 열네 개의 연꽃이 못과 같고, 그 꽃이 활짝 피면 하늘에 피는 수왕의 꽃과 같느니라.

16. 낱낱의 꽃 위에는 한 옥녀가 있으니, 얼굴빛은 다홍과 같고, 천녀보다도 더욱 빛나며, 손에는 다섯 개의 피리가 저절로 변화하여 있고, 낱낱의 피리는 오백 가지 악기로써 권속을 삼았으며, 오백의 나는

새가 있는데 물오리·기러기·원앙새들이라. 모두가 여러 가지 보배의 빛을 하고 꽃잎 사이에 사느니라.

17. 코끼리의 코에 꽃이 있으니 그 줄기는 비유하면 붉은 진주빛과 같고, 그 꽃은 금빛으로 아직 피지 않은 봉오리이니라. 이 일을 보고 또 다시 참회하며 지극한 마음으로 밝게 보고 대승을 생각하되 마음에서 놓지 않고 쉬지 아니하면, 곧 꽃이 피는 것을 보되 금빛으로 빛나리라.

18. 그 연꽃의 틀과 꽃잎은 아름답고 맑은 범천의 구슬 등으로써 꽃바탕이 되며 금강의 보배구슬로써 꽃술이 되었는데, 변화하신 부처님이 연꽃의 중심에 앉아 계시며, 여러 보살은 연꽃 꽃술에 앉은 것이 보이느니라. 변화하신 부처님의 눈썹 사이에서는 금빛 밝은 빛이 나와서 코끼리의 코로 들어가며, 코끼리 코에서 나와 코끼리의 눈으로 들어가고, 코끼리 눈에서 나와서 코끼리의 귀로 들어가고, 코끼리 귀에서 나와 코끼리의 이마 위를 비치고, 변화하여 금의 좌대가 되느니라.

19. 코끼리의 머리 위에는 세 사람이 변화하여 있으

니 한 사람은 금의 바퀴를 휘어잡고, 한 사람은 마니주를 가졌으며, 한 사람은 금강저를 들고 있느니라.

20. 금강저를 들어 코끼리를 인도하면 코끼리는 걸어가되 발로 땅을 밟지 않고 허공을 걸어가되, 땅에서 일곱 자를 떠 있으나 땅에는 발자국이 남아 있느니,

21. 발자국 속에는 일천 가지의 둥근 바퀴 무늬가 다 갖추어졌으며, 낱낱의 바퀴에서는 큰 연꽃이 솟아나와 이 연꽃 위에 한 코끼리가 변화하여 나오되 또한 일곱 개의 발이 되어 있어 큰 코끼리를 따르며,

22. 발을 들고 발을 내림에 칠천 마리의 코끼리가 나와 권속이 되어서 큰 코끼리를 따르느니라. 코끼리의 코는 붉은 연꽃이며, 위에 계신 화신불이 이마 사이로 밝은 빛을 놓으시니 그 밝은 빛은 금빛이니라.

23. 먼저와 같이 코끼리의 코로 들어가고, 코끼리의 코에서 나와 코끼리의 눈으로 들어가며, 코끼리 눈에서 나와 다시 코끼리의 귀로 들어가며, 귀에서 나와 코끼리의 이마 위에 이르러 차례로 코끼리 등 위로 올라가 변화하여 금안장이 되니 일곱 가지 보배로 갖추어 꾸며졌느니라.

24. 안장의 사면에는 칠보로 된 기둥이 서고 여러 가지 보배로 꾸며서 보배의 바탕을 이룩하고 바탕 가운데는 일곱 가지로 된 연꽃을 틀어서 그 틀어올린 연꽃 꽃술은 백 가지 보배로 꾸몄으니, 그 연화대는 큰 마니주이니라.

25. 한 보살이 가부좌를 맺고 계시니 이름이 보현이라. 몸의 빛은 백옥이요, 오십 가지의 밝은 빛을 일으키고 있으며, 오십 가지의 빛으로 이마의 빛이 되며,

26. 몸의 모든 털구멍에서는 금빛이 흘러나오며 그 금빛 끝에는 헤아릴 수 없는 부처님이 계시고 보살들이 권속이 되느니라.

27. 고요하게 서서히 걷고 큰 보배의 꽃을 비 오듯이 내리면서 수행자 앞에 와서 코끼리가 입을 여니 코끼리 어금니 위에 있는 모든 못에서 옥녀가 북과 거문고와 풍악을 잡히고 노래 부르니, 그 소리가 미묘하여 대승의 일승이 도를 찬탄하는 것이니라.

28. 수행자는 이를 친히 뵙고 기뻐해서 공경 예배하여 매우 깊은 경전을 읽고 외우며, 두루 시방의 헤아릴 수 없는 모든 부처님께 예배하고 다보 부처님의

탑과 석가모니불을 예배하며 아울러 보현과 큰 보살들에게 예배하고 서원을 세우되,

29. '만일 제가 전생에 복이 있었으면 보현을 친히 뵙게 될 것입니다. 원하건대 존자께서는 저에게 그 모습을 보이소서.'

30. 이렇게 바람을 일으키고 밤낮 여섯 시에 시방 부처님께 예배하고 참회의 법을 행하며, 대승경을 읽고 대승경을 외우며, 대승의 뜻을 생각하고 대승의 일을 생각하며, 대승 가진 이들을 공양하고 모든 사람을 보되 부처님을 모시는 듯이 하고 모든 중생을 부모님 생각하듯 하느니라.

31. 이렇게 생각하고 나면 보현보살은 곧 두 눈썹 사이에서 대인상의 모습인 백호광명의 밝은 빛을 놓으리라.

이 밝은 빛이 나타날 때 보현보살의 모습은 장엄하기가 보라색을 띤 황금의 산처럼 맑고 단정 미묘하여 서른두 가지 거룩한 모습이 다 갖추어져 몸의 모든 털구멍에서 큰 빛을 놓아 코끼리를 비추시니, 금빛으로 되었고 모든 변화한 코끼리도 또한 금빛으로 되며 모

든 변화한 보살도 또한 금빛으로 되리라.

32. 그 금색 밝은 빛이 동방의 헤아릴 수 없는 세계를 비추니 다 같은 금빛이라. 남서 북방과 사유 상하도 또한 이와 같으니라.

33. 그때 시방 각각 방위마다 한 보살이 있으며 여섯 개의 어금니를 가진 흰 코끼리의 왕을 타니 또한 보현과 다름이 없느니라. 이와 같이 시방의 헤아릴 수 없고 가이없이 가득찬 변화한 코끼리를 보현보살의 신통력으로 이 경을 가진 이는 다 보게 하느니라.

34. 이때 수행자가 보살들을 친히 뵙고 몸과 마음이 기뻐서 예배하고,

'대자대비시여, 저를 불쌍히 여기시어 법을 설하소서.' 하고 말하니,

35. 이렇게 말할 때 보살들은 같은 목소리로 각각 맑고 깨끗한 이 대승경의 법을 설하시고 모든 게송을 지어 수행자를 찬탄하느니라.

'이것이 보현보살을 관한 최초의 경계라.'

36. 이때, 수행자가 이 일을 보고 마음으로 대승을 생각하여 밤낮으로 이 경을 버리지 아니하면, 꿈속에

보현보살이 그에게 법을 설하는 것을 볼 것이니, 깨어 있는 것과 다름이 없을 것이니라.

37. 보현보살이 그의 마음을 편케 하려고 말하되, '네가 외워서 가진 이 구절과 이 게송을 잊었는가.' 하니,

38. 이때 수행자는 보현보살의 말씀을 듣고 그 뜻을 깊이 해석하고 생각하며 잊어버리지 아니하니, 나날이 마음이 지혜로와 지느니라.

39. 보현보살이 그로 하여금 시방의 부처님을 생각하게 하시니,

40. 보현의 가르침을 따라 바른 마음·바른 생각을 하여, 점차 마음의 눈으로 동방의 부처님을 친히 뵙게 되며, 그 부처님께서는 몸이 황금빛이니 단엄하고도 말할 수 없이 아름다운 모습이라. 한 부처님을 친히 뵙고 또 다시 한 부처님을 친히 뵈며 이렇게 하여 차례로 동방 온갖 여러 부처님을 친히 뵈어 마음과 생각이 지혜로워 지므로, 시방의 모든 부처님을 친히 뵙고 기뻐하는 마음으로 이렇게 말하느니라.

41. '대승으로 인해서 큰 보살을 뵙고, 큰 보살의

힘으로 인하여 여러 부처님을 친히 뵐 수 있었고, 많은 부처님을 친히 뵈었으나 아직 밝게 친히 뵙지 못하였으니, 눈을 감으면 보이고 눈을 뜨면 보이지 않습니다.'

42. 이 말을 하고 몸의 다섯 부분을 땅에 던져 널리 시방 부처님께 예배를 마치고 무릎을 꿇어 합장하여 여쭈되,

'여러 부처님 세존이시여, 열 가지의 아는 지혜의 힘인 십력과, 네 가지의 두려움 없음인 사무외와, 열여덟 가지의 특질인 십팔불공법과, 대자대비와 부처님께서 중생을 대하시는 세 가지 태도인 삼념처에 계시되 항상 세간의 빛깔 가운데에서 으뜸이십니다. 저는 무슨 죄가 있어 친히 뵙지 못합니까.' 하느니라.

43. 또 다시 참회하여, 마음이 맑고 더 깨끗해지면 보현보살이 다시 앞에 나타나되 가고 머물며 앉고 누움에 그 곁을 떠나지 아니하며, 꿈 가운데서도 항상 법을 설하니, 그 사람이 깨닫고 법회의 기쁨을 얻으리라.

44. 이렇게 밤낮 스무하루가 지난 뒤에 선다라니를

얻을 것이니, 다라니를 얻은 인연으로 여러 부처님과 보살들이 설한 묘법을 기억하며, 항상 꿈에 과거의 일곱 부처님을 친히 뵙되 석가모니 부처님만이 그를 위하여 법을 설하시고, 다른 여러 세존께서는 대승경전을 칭찬하시리라.

45. 이때, 수행자는 다시 참회하고 시방 부처님께 예배하나니, 시방의 부처님께 예배하면 보현보살이 그 수행자 앞에서 숙세의 온갖 업연을 가르쳐주시고 어둡고 악한 온갖 죄업을 말로 하게 하시어, 여러 세존을 향하여 입으로 참회케 하시니, 참회가 끝나면 여러 부처님의 현전삼매를 얻을 것이니라.

46. 이 삼매를 얻으면 동방의 모든 사물의 참모습을 거울과 같이 비춰 내는 아축불과 묘희국을 환하고 밝게 보되, 이렇게 시방의 여러 부처님과 묘한 국토를 보되 분명할 것이니라.

47. 시방의 부처님을 친히 뵙고 나면 꿈을 꾸되 코끼리 머리 위에 한 사람의 금강의 사람이 있어 금강 젓가락으로 눈·귀·코·혀·살갗·뇌를 인도하여 마치면, 보현보살이 수행자를 눈·귀·코·혀·살

갖·뇌의 청정 참회법을 설할 것이니라.

48. 이렇게 참회하되 하루로부터 스무하루에 이르면 여러 부처님의 현전삼매의 힘과 보현보살의 설법이 장엄한 까닭으로, 귀는 점차 업장 이외의 소리를 들으며, 눈은 점차 업장 이외의 일을 보고, 코는 점차 업장 이외의 향기를 맡으며 널리 설하는 일이 《묘법연화경》과 같을 것이니라.

49. 이 육근의 맑고 깨끗함을 얻으면 몸과 마음이 기뻐하며 악한 생각이 없어지느니라.

50. 마음이 이 법으로 맑아져서 법을 서로 따르며, 다시 백천만억의 선다라니를 얻고 널리 백천만억의 헤아릴 수 없는 여러 부처님을 친히 뵙게 되니, 여러 세존께서는 각각 오른손을 내밀어 수행자의 머리를 어루만지시며 이런 말씀을 하시리라.

51. '착하고 착하다. 대승을 행하는 자여, 대장엄의 마음을 일으키는 자여, 대승을 생각하는 자여. 우리들이 지난날에 깨달으려는 마음을 일으켰을 때도 이와 같았노라. 너는 부지런히 수행하여 게으르지 말라.

52. 우리들도 전생에서 대승을 행한 인연으로 지금

맑고 깨끗한 정변지의 몸을 이룩하였느니, 너도 부지런히 닦되 게으르지 말라.

53. 이 대승경전은 여러 부처님의 보배 창고요, 시방 삼세 부처님의 눈이며, 삼세의 여래가 출행하는 씨앗이니라. 이 경을 가지는 이는 곧 부처님의 몸을 가지고 부처님의 일을 행함이니라.

54. 마땅히 알라, 이 사람은 모든 부처님의 사자이며, 모든 부처님 세존의 옷을 입을 것이며, 부처님의 진실한 법의 아들이니,

너희들은 대승을 행하여 법의 씨앗이 끊어지지 않게 하라.

너희들은 지금 동방의 여러 부처님을 관하여 잘 살펴 받들어라.'

55. 이 말씀을 설하실 때, 수행자가 동방의 온갖 헤아릴 수 없는 세계를 보니 땅이 손바닥같이 평정하고 모든 구렁과 언덕과 가시덤불이 없으며, 유리로 땅이 되고 황금으로 경계가 되었으니 시방 세계도 또한 이와 같으니라.

56. 이 땅을 보고 보배나무를 보니 보배나무는 묘

하고 높이가 오천 유순이라, 나무에서는 항상 황금과 백은이 나오며 칠보로 장엄되어 있느니라.

57. 나무 아래 자연히 보배의 사자좌가 있되, 그 사자좌는 높이가 이십 유순이며, 그 자리에 또한 일백의 보배 광명이라. 이렇게 모든 나무와 다른 보배의 자리 등 낱낱 보배의 자리에는 다 자연으로 오백 마리 흰 코끼리가 있으며 코끼리 위에는 보현보살이 계시니라.

58. 그때, 수행자가 여러 보현보살에게 예배하고 이렇게 말하느니라.

'저는 무슨 죄가 있어 보배로 된 땅과 보배의 자리와 보배나무만이 보이고 부처님을 뵈옵지 못하나이까?'

59. 이 말을 하고 나면, 그 하나하나의 자리에 세존이 계시되, 단엄하시고 미묘하신 모습으로 보배자리에 앉아 계시니라. 많은 부처님을 친히 뵙고 마음이 크게 기쁘며, 또 다시 대승경전을 외우고 익히니, 대승의 힘으로 허공에서 찬탄하는 소리가 들리되,

60. '착하고 착하다, 선남자야. 네가 대승을 행한 공덕의 인연으로 모든 부처님을 바로 뵙게 되리라.

이제 비록 모든 부처님 세존을 친히 뵈었으나, 석가모니불과 몸을 나누신 여러 부처님과 다보부처님탑은 아직 뵈옵지 못하느니라.'

61. 허공에서 나는 소리를 듣고, 부지런히 대승 경전을 외우고 익히나니, 대승의《방등경》을 외우고 익히는 인연으로 꿈 가운데 석가모니 부처님께서 대중과 함께 기사굴산에 계시면서《법화경》을 설하시어 일승의 뜻을 설하시는 것을 보느니라.

62. 가르치심이 끝나시면 참회하는 마음으로 친히 뵙고자 하여 기사굴산을 향하여 무릎을 꿇고 합장하며 이렇게 말하되,

63. '여래 세웅께서는 항상 세간에 계시오니, 저를 불쌍히 생각하시어 몸을 나타내 주십시오.' 하니라.

64. 이 말을 마치고 기사굴산을 보니, 칠보로 장엄되었으며 수없는 비구와 대중이 있고 보배나무가 열을 지었으며, 보배로 땅이 되어 평정하니라.

65. 또 묘한 보배의 사자좌를 깔고 석가모니 부처님께서 눈썹 사이에서 밝은 빛을 놓으시니 그 밝은 빛이 시방세계를 두루 비추시고 다시 시방의 헤아릴

수 없는 세계를 지나가는데, 이 밝은 빛이 이르는 곳에 시방 분신의 석가모니 부처님이 구름처럼 모이시어 《묘법연화경》을 설하시니라.

66. 모든 분신불의 여러 부처님은 몸이 붉은 금빛이요, 크기는 헤아릴 수 없고 가이없음이라. 사자좌에 앉으셨으니 백억의 헤아릴 수 없는 큰 보살들로 권속을 삼으시고, 각각 보살의 행하심이 보현과 같으니라. 이렇게 시방의 헤아릴 수 없는 여러 부처님과 보살 권속도 또한 이와 같으니라.

67. 대중이 구름같이 모여, 석가모니 부처님을 친히 뵈면 몸의 털구멍으로부터 금빛 밝은 빛을 내시니, 각각의 밝은 빛 가운데 백억의 화신 부처님이 계심을 볼 수 있느니라.

68. 여러 분신 부처님께서 눈썹 사이의 흰 터럭에서 대인상의 모습의 밝은 빛을 내시니 그 밝은 빛이 석가모니 부처님 이마로 들어가느니라. 이 모습을 볼 때에 분신 부처님께서 모든 털구멍으로부터 금빛 밝은 빛을 내시니, 각각의 모습 가운데 항하의 모래 수와 같은 작은 티끌 수처럼 많은 수의 화신불이 계시느니라.

69. 이때 보현보살이 눈썹 사이에서 대인상의 밝은 빛을 놓으사 수행자의 마음에 넣어주면, 수행자는 스스로 과거 수없는 백천 부처님 계신 곳에서 대승경전을 받아 지녀 읽고 외운 것을 기억하며, 스스로 지나간 몸을 보되 분명히 하니 숙명통과 다름이 없고, 크게 깨쳐서 선다라니와 백천만억의 모든 다라니문을 얻게 되느니라.

70. 삼매로부터 일어나 보니 눈앞에 온갖 분신 부처님께서 모든 보배나무 아래의 사자좌에 앉아 계시며, 유리로 된 땅에서 연꽃 덩어리가 아래쪽 공중으로부터 솟아나느니라.

71. 여러 꽃 사이에 티끌만큼이나 많은 보살이 가부좌를 하고 앉아 있으되 또한 보현의 분신보살이 대중 가운데서 대승을 찬탄하는 것을 보리니,

72. 이때, 여러 보살이 같은 소리로 행자를 가르쳐서 여섯 가지 감각기관을 맑고 깨끗하게 하리라.

73. '혹은 말씀하시기를 너는 부처님을 생각하라.

74. 혹은 말씀하시기를 너는 가르침을 생각하라

75. 혹은 말씀하시기를 너는 스님들을 생각하라.

76. 혹은 말씀하시기를 너는 계율을 생각하라.

77. 혹은 말씀하시기를 너는 보시를 생각하라.

78. 혹은 말씀하시기를 너는 하늘을 생각하라.

이와 같은 여섯 가지 법이 깨달으려는 마음이며 보살을 낳는 법이니, 너는 지금 많은 부처님 앞에서 지난날 죄를 나타내어 말하고 지성으로 참회하라' 고 하느니라.

79. 헤아릴 수 없는 세상에서 눈의 인연으로 모든 색을 탐내어 얽매이고, 색에 얽매인 인연으로써 모든 티끌을 탐내고 사랑하며, 티끌을 사랑하는 인연으로 여인의 몸을 받아 세상에 나는 곳에서 모든 색에 현혹되고 얽매이며, 색이 너의 눈을 깨뜨려서 은혜와 사랑의 노예가 되니, 색이 너를 부려서 삼계를 두루 돌게 하고 번뇌의 종이 되어 삼명의 눈이 어두워져 보이는 것이 없느니라.

80. 이제 대승의 방등경전을 읽어라. 이 경에서 말씀하시기를 시방의 많은 부처님 몸은 멸하지 아니한다 하였으니, 너는 이제 듣고 보았으니 진실을 잘 살폈느냐. 안근이 착하지 못하여 너를 많이 해쳤도다.

81. 나의 말을 순수히 따라 여러 부처님과 석가모니 부처님께 귀의하고, 나아가 너의 안근이 가진 죄를 말하라.

'여러 부처님과 보살들께서는 밝은 지혜와 법의 물로 저의 업장을 씻어내어 맑고 깨끗하게 하소서.'

82. 이렇게 하며 시방 부처님께 예배하고 석가모니 부처님과 대승경전을 향해서 이렇게 말하라.

'제가 지금 참회하는 이 눈으로 지은 죄는 장애와 더러움과 흐림으로 삼명의 눈이 멀어 보이는 것이 없으니, 원컨대 부처님께서는 대자비로 불쌍히 여기시어 보호하여 주시옵소서. 보현보살께서 큰 법의 배를 타고 모든 시방의 헤아릴 수 없는 보살들을 함께 하여 중생을 건너도록 하시니, 원컨대 불쌍히 여기시어 저의 눈의 착하지 못함과 악한 업장의 참회를 들어 주시옵소서.'

83. 이렇게 세 번 말하며 온몸을 땅에 대고 대승을 생각하며 마음에서 잊어버리지 않게 하니 이것이 눈으로 지은 죄를 참회하는 법이니라.

84. 여러 부처님의 이름을 부르며 향을 피우고, 꽃

을 뿌리며 대승의 뜻을 일으키고, 비단의 번개를 달아 눈의 허물과 근심을 말하며 죄를 참회하면, 이 사람은 현세에서 석가모니 부처님을 친히 뵈며 헤아릴 수 없는 많은 분신 부처님을 친히 뵙고 아승지겁을 악도에 떨어지지 않게 하니, 대승의 힘이라. 대승을 원하므로 항상 온갖 다라니보살과 함께 권속이 되느니라.

85. 이렇게 생각하는 것을 바로 생각하는 것이라 하며, 달리 생각하는 것을 삿되게 생각한다고 하니, 이것을 이름하여 눈의 첫 번째 경계라 하느니라.

86. 눈을 맑게 하고 대승경을 읽으며 외우고 밤낮 여섯 시에 무릎을 꿇고 참회하며 이와 같이 말하라.

87. '저는 어찌하여 석가모니 부처님과 분신의 여러 부처님을 친히 뵈면서 다보불탑과 사리를 친히 뵙지 못하나이까. 다보불탑은 항상 계시며 멸하지 아니하건만, 저의 눈이 흐리고 악한 이유로 친히 뵙지 못하는 모양입니다.'

88. 이렇게 말하고 다시 참회하라. 일주일을 지나면 다보 부처님의 탑이 땅에서 솟아나오며 석가모니

부처님께서 오른손으로 다보탑의 문을 여시면 다보 부처님께서 보현색신삼매에 계시는 것을 친히 보리라. 다보 부처님의 각각 털구멍에서는 항하의 모래알과 같은 티끌만큼 많은 밝은 빛이 흘러나오고, 낱낱의 밝은 빛에는 백천만억의 화신 부처님이 계시리라.

89. 이러한 형상이 나타났을 때 수행자는 기뻐하여 찬탄의 게송을 부르며 탑을 일곱 번 돌면, 다보 여래께서 큰 음성으로 찬탄하여 말씀하시되,

90. '법의 아들이여, 너는 지금 진실로 대승을 행하고 보현을 순수히 따라 눈을 참회하는 구나. 이 인연으로써 내가 너를 위하여 증명하리라.' 하시리라.

91. 이렇게 말씀을 하시고 다시 찬탄하시되,

'참으로 장하시어라. 석가모니 부처님이 큰 법을 설하고 큰 법의 비를 내려 흐리고 악한 모든 중생들을 성취하시는 도다.' 하시리라.

92. 이때, 수행자가 다보 부처님 탑을 친히 뵙고 보현보살 계신 곳에 이르러 합장·예배하면서 말하되,

'큰 스승이시여, 저에게 허물의 뉘우침을 주옵소서.' 하니,

93. 이에 보현보살이 또 말씀하시느니라.

'너는 많은 겁을 두고 귀의 인연으로 바깥 소리에 이끌리어 묘음을 들을 때는 마음이 미혹하여 얽매이고 악한 소리를 들을 때는 백팔번뇌의 해독을 일으켰느니라. 이렇게 악한 귀의 과보로 악한 일을 얻고 항상 악한 소리를 듣고 모든 인연을 만들어서 잘못 들은 인연으로 악도와 사견이 가득 차서 법을 들을 수 없는 변두리 땅에 떨어지느니라

94. 너는 오늘 대승의 바다와 같은 공덕장을 외워서 가졌으니, 이 인연으로 시방의 부처님을 친히 뵙고 다보 부처님의 탑이 나타나서 너를 증명할 것이니라. 너는 스스로 허물을 말하여 모든 죄를 참회하라.'

95. 이때 행자는 이 말씀을 듣고 합장하며 온몸을 땅에 대고 이렇게 말하느니라.

'정변지 세존이시여, 나타나시어 증명하시옵소서. 방등경전은 자비의 주인이라. 원하건대 저를 굽어보시고 제가 말하는 것을 들어주옵소서. 저는 옛날 옛적부터 이 몸에 이르기까지 귀의 인연으로 소리를 듣고, 미혹에 빠진 것이 풀잎이 아교에 붙은 것과 같이,

모든 악한 소리를 들을 때는 번뇌의 독을 일으키고 곳곳마다 미혹에 빠져서 잠시도 쉬지 아니하여, 이 번거로운 소리가 저의 영혼을 괴롭히고 마침내 삼악도에 떨어지게 하였으니, 지금 비로소 깨달아 많은 세존을 향하여 털어놓고 참회합니다.'

96. 참회를 마치면 다보 부처님이 밝은 빛 놓는 것을 친히 뵙는데, 그 밝은 빛이 금빛으로 동방과 시방 세계의 헤아릴 수 없는 부처님을 두루 비추니 부처님 몸도 금빛이라. 이때 동방 허공에서 다음과 같은 말소리가 들려오느니라.

97. '이곳의 부처님 세존의 이름은 선덕이라. 또한 수없는 분신의 부처님이 계시되 보배나무 아래 사자좌 위에 가부좌를 맺고 앉아 계시느니라.'

이 많은 세존께서는 보현색신삼매에 드시어 이와 같은 말씀으로 찬탄하시리라.

98. '착하고 착하다, 선남자야. 네가 지금 대승경전을 읽고 외우느냐. 네가 외우는 것은 부처님의 경계니라.'

99. 이 말씀이 끝나면 보현보살이 다시 참회의 법

을 말할 것이니라.

　'너는 전생에 헤아릴 수 없는 겁 동안 감각의 즐거움만을 탐낸 인연으로, 모든 사물을 분별해 보는 능력이 떨어져, 수시로 나타나는 현상에 탐내어 남과 죽음에 떨어졌느니라. 너는 지금 대승의 인연을 뚜렷이 보아라. 대승의 인연이란 모든 법의 참모습이니라.'

　100. 이 말씀을 들으면 온 몸을 땅에 대며 다시 참회하라. 참회가 끝나면 이렇게 말하라.

　'나무 석가모니불, 나무 다보불탑, 나무 시방 석가모니불, 분신제불.'

　101. 이 말을 하고 시방 부처님께 예배하며,

　'나무동방선덕불 분신제불' 이라 하라.

　눈으로 본 것 같이 마음으로 예배하고 향과 꽃을 공양올리며 공양이 끝나면 무릎 꿇어 합장하고 게송으로 부처님을 찬탄하라. 찬탄이 끝나면 열 가지 악업을 말하여 모든 죄를 참회하고 참회가 끝나면 이렇게 말하라.

　102. '저는 전생의 헤아릴 수 없는 겁을 두고 향기와 맛과 촉감을 탐내어 여러 가지 악을 지었습니다.

이 인연으로 헤아릴 수 없는 내세에 항상 지옥과 아귀와 축생 등 변두리 땅에서 삿된 견해의 좋지 못한 몸을 받을 것입니다. 이와 같은 악업을 오늘 모두 말하고 정법의 왕이신 부처님께 귀의하며 죄를 털어놓고 참회합니다.'

103. 참회를 마치고 몸과 마음을 게을리하지 말며 대승경전을 읽고 외우라. 대승의 힘이 있으므로 허공에서 소리가 나리라.

104. '법의 아들이여, 너는 지금 시방의 모든 부처님을 향해서 대승의 법을 찬탄하고 부처님 앞에서 자기의 허물을 말하라.

모든 여래는 너를 사랑하는 아버지이니라.

105. 너는 스스로 혀가 지은 착하지 못한 악업을 말하라.

이 혀는 악업의 생각에 따라 움직이게 되어, 거짓말·이상한 말·욕설·이간질·비방하고 망녕된 말을 하고, 삿된 견해의 말을 찬탄하며 이로움이 없는 말을 하였으며,

106. 이와 같은 여러 가지 악업으로 싸우고 문란케

하며 바른 법을 옳지 않은 법이라고 말씀하였사오니 이러한 여러 가지의 죄를 지금 모두 참회합니다.'

107. 여러 세존 앞에서 이렇게 말하며, 온몸을 땅에 던져 시방 부처님께 예배하고 무릎을 꿇어 합장하며 이렇게 말하라.

108. '이 혀의 허물과 재앙은 끝이 없고 가이없습니다. 모든 악업의 가시는 혀에서 나오니 바른 법을 끊는 것도 이 혀로부터 비롯됩니다. 이렇게 악한 혀는 공덕의 종자를 끊으며, 옳은 일이 아닌 데도 많은 이유를 억세게 말하며, 삿된 견해를 찬탄하는 것이 불에 나무를 넣어서 더욱 타게 하는 것 같으며, 중생을 해치는 것이 독약을 먹은 이가 피부는 상하지 않았으나 죽는 것과 같습니다. 이렇게 혀의 죄보는 악하고 삿되고 착하지 못하여 백천 겁 동안 악도에 떨어질 것이며, 거짓말을 한 인연으로 큰 지옥에 떨어지리니, 저는 지금 남방의 많은 부처님께 귀의하옵고 어두운 죄악을 나타내어 말로 참회합니다.'

109. 이렇게 생각하고 있을 때 허공에서 소리가 들려올 것이니라.

'남방에 부처님이 계시니 이름이 전단덕이시라. 저 부처님에게도 헤아릴 수 없는 분신이 계시며, 그 모든 부처님께서는 모두 대승의 가르침을 설하시어서 사람들의 죄악을 멸하게 해주느니라. 이와 같이, 지금 시방의 헤아릴 수 없는 부처님 대자비의 세존을 향하여, 어두운 죄악을 들어내고 지극한 마음으로 참회하라.'

110. 이 말이 끝나면 온몸을 땅에 대고 모든 부처님께 예배할지니라.

111. 이때 많은 부처님께서 밝은 빛을 놓으사 수행자의 몸을 비추어 그 몸과 마음으로 하여금 자연히 기쁨을 느끼게 하시고 큰 자비를 일으키어 모든 것을 생각하게 하시느니라.

112. 그때, 부처님들께서 수행자를 위하여 큰 자비로써 남과 함께 기뻐하며 은혜와 원수를 초월하는 정신인 희사의 법을 설하시며, 또한 부드럽고 인자하게 말하는 법을 가르치시고 여섯 가지의 화합하고 공경하는 법을 닦게 하시느니라.

113. 그때 수행자가 이 가르침을 듣고 마음에 크게 기뻐하며 다시 외우고 읽되 게으름과 쉬는 일이 없게

하면, 허공에서 다시 미묘한 소리로 이런 말씀이 들리느니라.

114. '너는 지금 마음을 참회하라. 몸은 살생과 도둑질·음행을 하였으며, 마음은 착하지 못한 일을 생각하여 열 가지의 악업과 다섯 가지의 무간지옥을 지어서, 마치 원숭이가 이리 저리 옮겨 뛰듯 하였으며,

115. 또한 아교와 같이 곳곳에 탐착하여 온갖 육근과 육정 속에 이르렀으니, 이 육근의 업이 가지가 되고 꽃이 되고 잎이 되어 삼계의 이십오유 모든 것이 나는 곳에 가득 찼느니라.

116. 또한 무명으로부터 늙고 죽음에 이르기까지 십이인연의 괴로운 일은 더욱 늘어나 여덟 가지의 삿된 것과 여덟 가지의 환난을 거치지 않는 것이 없느니라. 너는 지금 이러한 악과 착하지 못한 죄업을 참회하라.'

117. 그때 수행자는 이 말씀을 듣고 허공 소리 나는 곳을 향하여 묻되,

'저는 지금 어느 곳에 참회의 법을 행하오리까?' 하니,

118. 이때 허공에서는,

'석가모니불은 구원실성의 법신인 비로자나의 나타남이라 이르며,

119. 그 부처님의 계신 곳은 언제나 변하지 않는 밝은 빛이 가득찬 세계인 상적광이라 하며, 상바라밀이 성취된 곳, 아바라밀이 안정된 곳, 정바라밀의 상이 없는 곳, 낙바라밀의 몸과 마음의 상이 없는 곳, 있음과 없음의 모든 판단을 뛰어넘은 절대적인 세계이며 모든 것은 참된 모습이라는 지혜를 이룬 세계이니라.

120. 이와 같은 부처님의 세계는 변치 않는 절대적인 실재이므로, 이렇게 시방의 부처님을 관찰하라.'고 대답할 것이니라.

121. 이때 시방 부처님께서 각각 오른손을 내밀어 수행자의 머리를 어루만지며 이렇게 말씀하시느니라.

"착하고 착하다, 선남자여. 네가 지금 대승경을 읽고 외우므로 시방의 많은 부처님께서 참회의 법을 설하셨느니라.

122. 보살의 행할 바는 번뇌를 끊지 아니하였더라도 번뇌에 머무르지 않는 것이 중요하니라.

123. 마음을 관찰해 보면 마음이란 없으니 잘못된 생각에서 번뇌가 일어나는 것이며, 생각하는 마음은 망상에서 일어나는 것이니라. 허공의 바람이 의지할 곳이 없는 것과 같이, 법의 모습은 나지도 않고 멸하지도 않느니라.

124. 어떤 것이 죄이며, 어떤 것이 복인가. 나의 마음이 비어 있으면 죄도 복도 주인이 없으니, 온갖 법이 비어 있어 머무르지도 않고 허물어지지도 않느니라.

125. 이렇게 참회하면 마음을 관찰해도 마음이 없고 법도 법 가운데 머무르지 않느니라.

126. 모든 법은 그것으로부터 해탈할 수 있으며 온갖 괴로움은 반드시 멸할 수 있는 것이니라. 또한 현상 속의 참모습은 변하지 않는 조용한 열반의 세계이니라. 이 사실을 올바르게 생각하는 것을 장엄참회라 하고, 죄를 없애는 참회라 하니, 표면적인 마음의 분별을 깨뜨리고 가슴 깊이 참모습의 세계를 깨닫게 하는 것이라 하느니라.

127. 이러한 참회를 행하는 이는 몸과 마음이 맑고 깨끗하여 법 가운데 머무르지 않는 것이 흐르는 물과

같아서 순간순간의 사이에도 보현보살과 시방의 부처님을 친히 뵙느니라.

128. 이때 세존께서 대자비의 밝은 빛으로 수행자를 위하여 모습이 없는 가르침을 말씀하시니, 수행자는 가장 높고 진실한 뜻의 빔을 말하는 것을 듣더라도,

129. 놀라며 두려워하지 말라. 때가 오면 보살의 위치에 들어갈 것이니라."

130. 부처님께서 아난에게 말씀하셨다.

"이렇게 행하는 것이 참회이니, 이 참회는 시방의 모든 부처님과 큰 보살이 행하신 참회법이니라."

131. 부처님께서 아난에게 다시 이르셨다.

"부처님이 멸도한 뒤 부처님의 제자들이 만일 악하고 착하지 못한 업장이 있어 참회하려거든 대승경전을 읽고 외워라. 불성의 평등을 설하는 가르침인《방등경》은 모든 부처님의 안목이니, 부처님들은 이 경으로 인하여 다섯 가지의 안목을 갖추었느니라.

132. 부처님의 세 가지 몸은《방등》에서 나왔으니, 이는 큰 법의 도장이라 열반의 바다에 새겨져 있으며,. 이와 같은 바다 가운데서 몸・말・뜻의 세 가지가 맑

고 깨끗한 부처님의 몸이 나왔느니라. 이 세 가지 몸은 사람과 하늘의 복밭으로 공양 받을 이 가운데 가장 으뜸이니라.

133. 그 대승의 방등경전을 읽고 외우면 이 사람은 부처님의 공덕을 갖추며 모든 악을 영원히 멸하고 부처님의 지혜로부터 새롭게 태어나게 되느니라."

134. 그때 세존께서 게송으로 말씀하셨다.

135. 만일 눈의 악이 있어   눈의 업장 어두우니
       다만 대승을 외우고   높은 뜻을 생각하면
       이는 눈을 참회해서   모든 악업 소멸하네.

136. 귀는 혼란된 소리에   화합의 뜻 무너져서
       어지러움 일으키니   어리석은 원숭이라.

137. 다만 대승을 외우고   빈 법을 관하면서
       모든 악을 여의면   귀로 시방의 소리 듣네.

138. 코는 냄새에 얽매이어   모든 감정 일으키고

어지럽고 미혹한 코　　얽매이어 티끌 내네.

139. 만일 대승경을 외워　　법의 참모습 관하면
　　　악업 영원히 여의고　　뒷날 다시 나지 않네.

140. 혀는 다섯 악한 말과　　악한 업장 일으키네.

141. 만일 순하고자 하면　　자비로써 마음 닦아
　　　법의 참된 적멸 생각　　분별상을 없앨지라.

142. 번뇌는 원숭이 같아　　잠깐도 쉬지 않네.

143. 만일 조복하려면은　　대승을 외우고 닦아
　　　부처님 깨친 몸과 힘,　무외 성취 생각하라.

144. 몸은 기관 주인이라　　티끌 바람 따름 같이
　　　여섯 가지 도적들과　　자재 무애 걸리었네.
　　　만일 악을 멸하고서　　모든 번뇌 티끌 떠나
　　　항상 열반의 성에서　　안락 담박 하려면

대승경을 외우면서	자비 어머니 생각하면
헬 수 없는 굳센 방편	생각하면 참모습 얻네.

145. 여섯 가지 법의 이름　　육근 육정이라 하니
　　　바다 같은 모든 업장　　망상에서 나느니라.
　　　만일 참회하려면은　　　참모습을 생각하라.

146. 서리 이슬 같은 죄　　　지혜의 빛으로 녹이리니
　　　지극한 마음으로　　　육근 육정 참회하라.

147. 이 게송을 마치시고 부처님께서 아난에게 말씀하셨다.

"너는 지금 여섯 가지 감각기관을 참회하며 보현보살을 관하는 법을 가지고 시방의 하늘과 세상 사람을 위하여 분별하여 설하여라.

148. 부처님께서 멸도하신 뒤 부처님의 제자들이 만일《방등경》을 받아 읽고 그 뜻을 알며, 또는 고요한 곳이나 무덤 사이나 나무 밑 조용한 곳에서《방등경》을 읽고 외우며 대승의 뜻을 생각하면,

149. 생각하는 힘이 굳세므로 나의 몸과 다보불의 탑과 시방의 헤아릴 수 없는 분신의 부처님과 보현보살, 문수사리보살, 약왕보살, 약상보살을 친히 뵙게 될 것이니라.

150. 법을 공경하므로, 묘한 꽃을 가지고 허공에서 머물면서 법을 행하며 가지는 자를 찬탄하고 공경하리라.

151. 다만 대승의 《방등경》을 외우는 까닭으로 많은 부처님과 보살들이 밤낮으로 이 법을 지니는 자에게 공양하시느니라."

152. 부처님께서 아난에게 말씀하셨다.

"나의 현겁 보살들과 시방의 부처님이 대승의 진실한 뜻을 생각하는 인연으로 백만억겁 아승지 생사의 죄를 없앴으며, 이 가장 묘한 참회법에 의한 인연으로 지금 시방에서 각각 부처가 되었느니라.

153. 만일 위 없이 높고 바른 깨달음을 속히 이룩하고자 하는 이가 현세의 몸으로 시방의 부처님과 보현보살을 친히 뵙고자 하면, 깨끗이 목욕하고 옷을 입고 여러 가지 좋은 향을 피우며 고요한 곳에서 대승

경전을 읽고 외우고 대승의 뜻을 생각하라."

154. 부처님께서 아난에게 말씀하셨다.

"만일 중생들이 보현보살을 뵙고자 하는 이는 이렇게 관하라. 이렇게 관하는 것을 '바로 꿰뚫어 본다.'라 하고, 만일 달리 꿰뚫어 보는 이는 '삿되게 관한다.' 하리라.

155. 부처님께서 멸도한 뒤 부처님의 제자들이 부처님 말씀을 따라 참회를 행하는 이는 보현의 행을 행하는 것이니라.

156. 보현의 행을 하는 이는 악한 모습과 악한 업보를 보지 않으니, 그 중생이 밤낮 여섯 시에 시방 부처님께 예배하고 대승경을 외우며 높고 깊은 공의 법을 생각하면, 손가락을 한 번 튕길 사이에 백만억 아승지겁 생사의 죄를 없애 버리느니라.

157. 이를 행하는 이는 참된 부처님의 아들이니, 모든 부처님에게서 났으며 시방의 부처님과 보살들이 그들의 스승이 되느니라. 이를 보살계를 다 갖춘 이라 하니, 수계를 받지 아니하여도 자연히 성취되어 모든 사람과 하늘의 공양을 받을 것이니라.

158. 이때 수행자가 만일 보살계를 다 갖추고자 하면 합장하고, 고요한 곳에서 시방 부처님께 예배하며, 모든 죄를 참회하고 스스로 자기의 허물을 말한 뒤에 시방 부처님께 말하기를 다음과 같이 하라.

159. '여러 부처님 세존께서 항상 세상에 계시건만 저에게 업장이 있어 《방등경》을 믿으면서도 부처님을 친히 뵙지 못합니다. 지금 부처님께 귀의하옵나니, 원하옵건대 석가모니불 정변지 세존께서는 저의 스승이 되어 주시옵소서.

160. 큰 지혜를 다 갖추신 문수사리시여, 바라옵나니 지혜로써 저에게 맑고 깨끗한 보살의 법을 수기하여 주시옵소서.

161. 큰 자비가 해와 같으신 미륵보살님이시여, 저를 불쌍히 여기시어 제가 보살의 법을 받을 것을 허락하여 주시옵소서.

162. 시방의 부처님께서 나타나시어, 저를 위하여 증명하여 주시옵소서.

163. 큰 보살님들 중생들의 이름을 부르시고, 이 거룩하신 대보살은 중생을 널리 지키시며 저를 지켜주

시옵소서.

164. 오늘 《방등경》을 받아 지닙니다. 그로 말미암아 목숨을 마칠지라도, 지옥에 떨어져 헤아릴 수 없는 괴로움을 받을지라도, 부처님의 바른 법을 비방하지 않겠습니다.

165. 이 인연과 공덕의 힘으로, 지금 석가모니 부처님께서는 저를 위하여 스승이 되어 주시옵소서.

166. 문수사리께서는 저에게 법의 실행에 대해 자세히 지도하시는 아사리가 되어 주시옵소서.

167. 당래의 미륵 부처님께서는 원하옵건대 저에게 법을 가르쳐 주시옵소서.

168. 시방의 부처님들께서는 원하옵건대 저를 증명하여 알게 하여 주시옵소서.

169. 대덕의 여러 보살께서는 원하옵건대 저의 도반이 되어 주시옵소서.

170. 저는 지금 대승경전의 깊고도 묘한 뜻에 의하여,
　　　부처님께 귀의합니다.
　　　가르침에 귀의합니다.
　　　공동체에 귀의합니다.'

이렇게 세 번 말하여라.

171. 삼보께 목숨을 들어 돌아가는 것을 마치고 스스로 맹세하여 육바라밀의 법을 받으라. 육바라밀의 법을 받고 다음에 부지런히 닦아 맑게 행하여 거리낌이 없이 하라.

172. 널리 중생을 건지려는 마음을 일으키고 여덟 가지 바른 길의 법을 받아 행할 것을 맹세하고, 고요한 곳에서 여러 가지의 좋은 향을 피우며 꽃을 뿌려 모든 부처님과 보살들과 대승을 받들어 공양하고 또 이와 같이 말하여라.

173. '저는 이제 부처님의 지혜를 이루겠다는 뜻을 세웠사오니 이 공덕으로 모든 중생을 제도하겠습니다.'

174. 이 말을 하고 다시 모든 부처님과 보살들에게 머리를 숙여 절하고 《방등경》의 뜻을 생각하라.

175. 하루로부터 스무하루, 혹은 출가거나 재가거나 화상을 모시지 않고 모든 스승을 모시지 않으며 계율을 설하지 않더라도 대승경전을 받아 읽고 외우는 힘으로 보현보살이 행하는 자를 도와서 마음을 일

으키게 하느니라.

176. 이것이 시방 부처님의 바른 법의 눈이다.

이 법으로 인연하여 자연히 오분법신인 계·정·혜·해탈·해탈지견이라고 하는 높은 경지를 성취하니, 부처님 여래는 이 법에서 나왔으며 대승경전에서 기별을 받느니라.

177. 그러므로 지혜로운 이들이여, 만약 성문이 삼귀의와 오계·팔계·비구계·비구니계·사미계·식차마니계와 모든 몸가짐을 파계하며 어리석고 착하지 못하여 악하고 삿된 마음으로 모든 계와 부처님의 법을 많이 범하였더라도,

178. 만일 허물과 환난을 없애려면 다시 비구가 되어 사문의 법을 갖추어 부지런히 닦고, 방등경전을 읽어 높은 뜻과 매우 깊은 빈 법을 생각하고, 빔의 평등 지혜로 마음과 마음이 서로 응하게 하라.

179. 마땅히 알라. 이 사람은 순간순간에 온갖 죄의 때를 영원히 없애 남음이 없으니, 이는 사문의 법과 계율을 다 갖추어 모든 몸가짐을 갖춘 것이니 사람과 하늘 모두의 공양을 받을 것이니라.

180. 만일 남자 신도가 계율을 범하여 착하지 못한 죄를 지었다면,

착하지 못한 죄란 부처님의 법에 허물과 악이 있음을 말하며, 사부대중이 범한 악한 일을 퍼뜨리고, 도둑질・음란한 짓, 질투를 하면서도 뉘우치거나 부끄러워하지 아니함을 말하느니라.

181. 만일 참회하여 죄를 멸하고자 하면 부지런히 방등경전을 읽고 외우며 높은 진실의 뜻을 생각하여라.

182. 혹은 왕이거나 대신, 바라문, 거사, 장자, 재관들이 탐내고 구하며 오역죄를 짓고 《방등경》을 비방하면 열 가지의 악업을 갖추나니, 이 큰 악의 과보로 악도에 떨어지는 것이 소나기가 떨어지듯이 반드시 아비지옥에 떨어질 것이니라.

183. 만일 이 업장을 멸하고자 하면 뉘우치며 부끄러워하고 모든 죄를 참회하여 고쳐라."

184. 부처님께서 말씀하셨다.

"어떻게 하는 것을 찰리거사의 참회법이라 하는가. 참회하는 법이란 바른 마음으로 삼보를 칭찬하고

출가하는 사람을 막지 않으며, 수행하는 사람을 위하고 박해하지 않으며 끊임없는 생각으로 공의 법을 닦는 것이니라.

185. 또한 대승을 가진 자에게 공양하고 반드시 예배하며 매우 깊은 경법의 높은 뜻과 공양을 생각하며 기억하라. 이 법을 생각하는 것이 찰리거사의 첫째 참회니라.

186. 둘째의 참회란 부모에게 효도하고 스승과 어른을 공경하는 것을 일컬어 둘째 참회법을 닦는다고 하니라.

187. 셋째의 참회란 바른 법으로 나라를 다스려 국민을 삿되지 않게 하는 것을 셋째 참회를 닦는다고 하니라.

188. 넷째의 참회란 한 달에 여섯 번의 정진일인 육재일에는 절 안에 영을 내려 힘이 미치는 곳에서 살생을 못 하도록 하라. 이와 같이 닦는 것을 넷째 참회를 닦는다고 하니라.

189. 다섯째의 참회란 인과를 깊이 믿을 것이며 현상 속에 있는 단 하나의 참된 길을 믿어서 부처님이

멸하지 아니하는 것을 알도록 하라. 이것을 다섯째 참회를 닦는다고 하느니라."

190. 부처님께서 아난에게 말씀하셨다.

"오는 세상에 있어 만일 이와 같은 참회법을 닦고 익히면, 이 사람은 뉘우침과 부끄러움의 옷을 입고 부처님의 보살핌과 도움을 받아서 오래지 않아 위 없이 높고 바른 깨달음을 이룰 것이니라."

191. 이 말씀을 설하실 때, 십천의 천자는 여러 법 가운데서 맑고 깨끗한 법의 눈을 얻고, 미륵보살 등의 큰 보살들과 아난 등의 성문들은 부처님의 가르침을 듣고 기뻐 받들어 행하였다.

부 록

발 간 사

《법화경》은 《묘법연화경(妙法蓮華經)》의 줄임말로, 법화삼부경(法華三部經)의 하나이다. 《법화경》을 알기 위해서는 먼저 십승경(十乘經)에 대한 이해가 필요하다.

1. 아함경(阿含經) : 아함경에는 장아함(長阿含), 중아함(中阿含), 잡아함(雜阿含), 증일아함(增一阿含)의 네 종류가 있다. 법귀(法歸)라 하니 만법의 근원이고 총림(叢林)이다. 부처님이 성불하시어 녹야원에서 12년 동안 설하셨다고 전하는 소승경전을 아함경이라고 한다.

2. 범망경(梵網經) : 범망경은 본래 화엄경과 동부(同部)로서 120권 61품이다. '보살심지지계품(菩薩心地持戒品) 제10의 1품'으로 십중대계(十重大戒) 48경계법(四十八經戒法)을 말한다.

3. 반야경(般若經) : 반야경은 16회 600권이 있다. 사제(四諦), 오온(五蘊), 육바라밀(六波羅密), 18계(界)의 방편을 내세워 만물은 우리의 육안(肉眼)으로 보는 실물과 같

은 존재가 아니라 모두 공(空)하여 고정불변의 실체가 없다고 하였다.

4. 해심밀경(解深密經) : 해심밀경은 8아뢰야식을 불생불멸(不生不滅)의 식으로 하고 7말라야식을 아상(我相), 아집(我執)이 존재하는 식으로 하여 8식은 진여의 본체로 삼라만상의 현상을 환상으로 보아 8식 연기설을 나투니 8식은 창고이고, 7식 이하는 종자식으로 밝혔다.

5. 능가경(楞伽經) : 능가경은 지금의 스리랑카 동남쪽에 있는 7,378m나 되는 아담봉에서 설했다고 전해오는 경으로서 유식설(唯識說)이다. 선가(禪家)에 능엄삼관(楞嚴三觀), 능엄두(楞嚴頭)가 전해지며 또한 밀교의 능엄주(楞嚴呪)가 전해오고 있다.

6. 유마경(維摩經) : 유마경은 유마거사의 불이법(不二法)으로서, 이 몸은 ① 무상하고 ② 허망하며 ③ 불꽃과 같고 ④ 파초와 같고 ⑤ 꼭두각시와 같으며 ⑥ 꿈과 같고 ⑦ 그림자와 같으며 ⑧ 소리와 같고 ⑨ 뜬구름과 같으며 ⑩ 번개와 같다는 등의 열 가지 방편품이 있다.

7. 법화경(法華經) : 법화경은 크게 보아 법화삼부경이 있다. 그 가운데 묘법연화경은 7권 28품으로 구성되어 제법실상(諸法實相)을 말하고 있다. 대의는 사홍서원으로써

용녀(龍女)의 성불을 나타내는 대승의 자비사상이다.

8. 대집경(大集經) : 대집경은 부처님이 영산회상, 왕사성 죽림원에 계시면서 서광을 놓아 대중을 모은 뒤에 설하셨다고 전하는데, 여러 보살들을 상대로 염불삼매법(念佛三昧法)과 이승(二乘)의 지혜공덕 차별을 설하셨다.

9. 열반경(涅槃經) : 열반경은 부처님이 열반하시면서 설하셨다고 전하며, 불심(佛心)은 상주불멸(常住不滅)이라 설하시고 상(常)·락(樂)·아(我)·정(淨)을 말씀하셨다.

10. 화엄경(華嚴經) : 화엄경은 부처님이 성불하신 뒤 21일 동안 설법하신 내용이라 전하며, 대의는 문수보살의 대원(大願)에 두고 삼라만상이 미타(彌陀)의 일대행상인 까닭에 인과의 허물을 탓하지 않고 법을 알고 모름을 탓하였다.

이상은 방대한 대장경을 간략히 소개한 내용이다. 부처님의 십대제자들이 각각 특성을 지녔듯이 경(經) 또한 제각기 특색을 지니고 있다. 법화경의 대의는 사홍서원이고 법화행자는 사홍서원을 소지한 자이다. 그러나 근래의 법화행자들은 법화경에 집착하고 있으며 10승경에 두루 통하지 못함을 지적하고 싶다.

각자 자신의 근기에 따라 간경(看經), 참선(參禪), 염불(念佛)을 하되 다른 수행을 부정하는 것은 벌써 불법과는 180도 어긋나는 행위이다. 부처님을 모르는 자도 마음자리를 구하는 자라면 불자이고, 불자라 하더라도 마음자리를 모르는 자는 불자가 아니다. 법화행자라 하더라도 사홍서원을 행하지 않는 자는 법화행자가 아니고, 법화행자가 아니더라도 사홍서원을 행하는 자는 곧 법화행자인 것이다.

끝없는	중생을	건지오리다.〔衆生無邊誓願度〕
다함 없는	번뇌를	끊으오리다.〔煩惱無盡誓願斷〕
한량없는	법문을	배우오리다.〔法門無量誓願學〕
위 없는	불도를	이루오리다.〔佛道無上誓願成〕

법화삼부경을 가까이 하는 이는 만법귀일(萬法歸一)을 염두에 두고 법화경만을 주장하는 법화행자가 되지 않기를 간절히 바란다.

불기 2532년 부처님 오신 날

성 훈 합장

법화경 종요서(法華經 宗要書)

해동사문 원효 지음

《묘법연화경》은 시방삼세의 모든 부처님께서 세상에 나오신 큰 뜻이며, 아홉 곳에서 머무르는 중생과 네 가지 길에서 난 목숨 가진 것들〔九道四生〕이 모두 한 방편으로 들어갈 수 있는 넓은 문이다.

글이 미묘하고 뜻이 깊어 그 오묘함이 극치에 이르지 않은 것이 없고, 말씀이 넓고 이치가 커서 법으로 밝히시지 않은 것이 없다. 문장이 공교하고 넓으므로 화려한 가운데 참모습이 포함되었고, 뜻의 이치가 깊고 커서 참된 모습 가운데 방편을 나투었다.

진리가 깊고 커서 둘도 없고 분별도 없는 것이며, 문장이 공교하고 넓은 것으로 방편을 열어 참된 모습을 보여 주었다. 방편을 쓰는 것은 대문 밖에 세 가지 수레가 있다고 하신 것과, 길을 가다 보배의 성을 환상으로 나타내신 것과, 보리수 나무 아래에서 깨달음을 이룬 것이 시작이 아니며, 숲 사이에서 열반에 드심이 끝이 아님을 보이신 것이다. 참된 모습을 보이신 것은 뱃속에서 난 것, 알에서 난 것, 젖은 곳에서 난 것, 의탁 없이 난 것이 모두 내 자식이요, 이승도 장차 모두 부처를 만들 수 있고, 티끌 같은 수효로도 부처님의 목숨을 헤아리지 못하며, 겁의 불〔劫火〕로도 이 경을 설하시는 땅을 불태우지 못하게 하신 것이니, 이것을 문장의 기묘라 이른 것이다.

둘이 아님〔無二〕이라 말한 것은 오직 한 가지 큰 일이신 부처님의 지견에 들어오게 하여 위 없고 다름 없는 진리를 알게 하며 증명하게 하는 까닭이다. '가림이 없다'라고 말한 것은 삼종(三種)이 평등하고 여러 탈 것〔諸乘〕과 여러 몸이 모두 법규가 한결같이 세간과 열반인 이제(二際)를 영원히 떠나는 까닭이니 이것을 진리의 깊고 묘함이라 이른 것이다.

이와 같이 문장이 모두 묘하여 깊고 그윽한 법칙과 거친 것을 떠나는 궤도가 아닌 것이 없어 이를 묘법이라 이름하였고, 방편의 꽃이 활짝 피어 진실의 열매가 크게 빛나서 물들지 않는 아름다움이 있으므로 연꽃을 빌어 비유한 것이다.

그러나 묘법이 절묘하여 어찌 셋이 되고 어찌 하나가 되며, 인간들은 어두운데 누가 짧고 누가 길단 말인가. 이곳은 황홀하여 들어가기 쉽지 않고, 제자들은 어리석어 뛰쳐나오기가 진실로 어렵다.

이에 여래가 방편을 내었으니, 녹야원에 양이 끄는 수레를 내어놓아 위급한 몸을 구하고자 하는 뜻을 보여주셨고, 영취산에서 흰 소를 타시어 헤아릴 수 없는 긴 목숨을 나타내셨으니, 이는 바로 하나를 빌어 셋을 깨뜨리고 셋이 없어지자 하나마저 버렸으니, 긴 것으로 짧은 것을 없애고 짧은 것이 사라지자 긴 것마저 버린 것이니, 이 법은 보여줄 수 없다. 말의 모습이 적멸하여 텅 빈 것 같아 근거할 수 없고 쓸쓸하여 의탁할 수 없으니 어찌 이 법을 말할 수 있단 말인가. 억지로 이름 붙여《묘법연화》라 한 것이다.

그러므로 자리를 나누어 앉아 듣는 이로 하여금 전륜성왕과 제석범왕의 자리를 받게 하며, 한 구절만 듣는 사람도 위 없이 바른 깨달음의 수기를 아울러 얻게 하였으니 하물며 법을 설하는 복을 받아 갖는다면 어찌 생각으로 헤아릴 바가 있겠는가. 이 큰 뜻을 들어 제목을 붙이고 짐짓《묘법연화경》이라 한 것이다.

묘법연화경 해제(妙法蓮華經 解題)

온릉 개원련사 비구 계 환

참된 모습의 묘한 법〔實相妙法〕을 미묘한 연꽃에 비유하니 안으로는 마음을 가르치고 밖으로는 모든 경계에 두루 통함이라.

꽃이 봉오리를 맺을 때 씨방이 함께 생기며 더러운 데 있어도 항상 맑고 깨끗하니 이는 연꽃의 참모습이요, 중생과 부처님에게도 본래 있으며 끊임없이 나고 죽는 여섯 가지 바퀴돌이의 길에 빠져버리더라도 변하지 아니하니 이는 마음의 참모습이요, 그 모양은 비어 있으되 그 밑바탕은 매우 참되니 이것은 경계의 참된 모습이라. 마음과 경계의 삼라만상을 모두 일컬어 법(法)이라 한다.

정교하거나 아름답고 거친 것이 한 진리이며, 범부와 성인이 한 근원이라. 세간〔世諦〕의 모든 경계에 있어서 부딪치는 일마다 참되니〔眞諦〕 말로써 보이지 못하며 분별로 능히 알지 못하므로 묘(妙)라 하심이다.

미혹하여 끊임없이 나고 죽는 여섯 가지 바퀴돌이의 길에 빠지게 되는 것은 다 묘법이 모자랐기 때문이요, 모든 부처님께서 닦아 진리를 깨달아 아심도 다 묘법의 진리를 깨달으심이며, 법을 널리 펴시는 수없는 방편이 다 묘법을 위하심이라.

다만 중생이 번뇌가 무거워 근기가 한 가지로 순수하지 못하므로 먼저 세 가지 탈 것을 말씀하시어 방편으로 인도한다 하셨으니 진실이 아니며, 거칠고 오묘하지 않으나 모든 번뇌망상을 제거하고 난 뒤에는 마음을 서로 알고 믿게 되어 이에 참모습의 도리를 보이시며, 탈 것을 모아 하나의 큰 탈 것〔一乘〕에 돌아가게 하니 묘할 뿐 추함이 없다. 모든 부처님이 능히 하실 일을 여기서 마치심이라.

그러나 묘법은 추한 것을 버리고 묘를 취하는 것이 아니라 추한 데서 묘함을 나타내시며, 하나의 큰 탈 것은 세 가지 탈 것을 떠나서 하나의 큰 탈 것을 설하시는 것이 아니라, 세 가지 탈 것을 모아 하나의 큰 탈 것에 돌아가게 하시니 연꽃이 맺을 때 연꽃의 열매가 함께 생기는 것과 같아서 법과 비유, 둘을 다 드러내며 이름과 참된 모습을 함께 나타내므로 이름이 《묘법연화경(妙法蓮華經)》이라.

묘법을 깨달아 알 자는 반드시 근본 지혜로 몸을 삼고

묘행(妙行)으로 그 쓰임을 삼으라. 지혜는 씨방에 비유하고 행은 꽃에 비유하니 지혜와 행이 둘 다 온전해야 그 묘법을 다함이라.

그러므로 경문의 빛이 동쪽에서 온 산하를 비추니 지혜와 경계가 온전히 나타났고 사법(四法 : 身·口·意·行)을 성취하시니 행문(行門)이 다 갖추어진 것이다.

정종분(正宗分) 처음에 삼주(三周 : 法說周·譬喩說周·因緣說周)로 보이심은 모두 바탕〔體〕을 밝히심이요, 촉루품 뒤에 육품으로 펴 드러내심은 모두 쓰임〔用〕을 밝히심이니, 중간의 방편은 지혜와 묘행을 두루 나투어 모양과 쓰임을 겸하고 참된 모습의 전체를 드러내시며 깨달음을 열어 보이는〔開悟〕 진실한 법을 열거하시니 종지와 과덕을 성취하게 하지 않음이 없다. 그러므로 듣는 자가 있으면 다 성불할 것이며 깨달으면 곧 수기를 얻으니 일마다 모양마다 묘법 아님이 없음이라.

묘법으로 수행하여 산과 물과 대지, 밝음과 어둠, 색과 공에 확대해 가면 물물(物物)이 등명불(燈明佛)의 슬기로운 몸〔智體〕이요, 행한 즉 걸음걸이는 보현보살의 지음〔行〕이라. 곧바로 법에서 마음을 밝히고 다시 사물을 떠나서 묘를 관하지 아니한 즉 한 가지 큰 인연〔一大事因緣〕

이 한 제목에 다함이라.

연화경을 펴서 품을 나누어,

줄여서 이제 이 경의 목차를 분별하니 28품을 크게 셋으로 나누어 첫째 서분(序分)이니 1품이며, 둘째는 정종분(正宗分)이니 19품이요, 셋째는 유통분(流通分)이니 8품이라.

정종분은 둘로 나누어 첫째는 삼주법으로 계시하신 열 품인 〈방편품〉으로부터 〈수학무학인기품〉에 이르는 여덟 품은 삼주법을 설하사 삼근기를 수기하시고, 〈법사품〉으로부터 〈견보탑품〉에 이르는 두 품은 널리 수기하시며 지난 일을 이해시키고 모든 부처님을 모으시어 모든 법을 두루 깨닫게〔圓證〕 하심이라. 둘째는 현묘권지(顯妙勸持)의 아홉 품으로 〈제바달다품〉으로부터 〈안락행품〉에 이르는 세 품은 공덕의 묘함을 나타냈으며, 〈종지용출품〉으로부터 〈여래수량품〉에 이르는 두 품은 본적(本迹)의 묘함을 나타냈으며, 〈분별공덕품〉으로부터 〈상불경보살품〉에 이르는 네 품은 받아 듣고 지님〔聞持〕의 묘함을 나타냄이니, 법을 전함으로 비롯되어 깨달음을 열어 보이고〔開悟〕 이에 의지하여 널리 경전을 받아 가슴 깊이 새기어 종지를 잃지 않고 묘법을 원만히 이어지게 하심이라.

유통분인 여덟 품은 〈여래신력품〉으로부터 비롯하여〔發起〕 〈촉루품〉에 부수(付授)하고, 그 나머지 여섯 품은 온전히 법을 전함을 나타내시고 경계를 나타내시어 계합하고 상응하여 크게 쓰는〔大用〕 문이다.

처음의 서분은 정종(正宗)의 실마리〔端緒〕를 열어주는 것이니 그 발단이 둘이라. 사람과 하늘의 대중이 모임으로부터 《무량의경》을 마치시고 부처님께서 선정에 드시니 하늘이 네 가지의 꽃비를 내리는지라, 여섯 번의 진동은 무명의 번뇌를 감추고, 한 줄기 밝은 빛은 지혜의 참 모습을 나툼이니 이는 부처님께서 중생을 제도하려는 서원을 세워 바람을 일으키시는 것이다.

다음은 미륵보살이 지닌 의문을 문수보살이 풀어주시고 등명부처님의 본디 밝은 빛을 인증하면서 부처님의 상서로움을 증명함이니, 이는 대덕이 묘법을 전하면서 끊어지지 않게 돕고자 함이라.

법화삼부경

1988년 7월 27일 초판 1쇄 발행
2023년 10월 3일 초판 16쇄 발행

엮은이 · 고 성 훈
펴낸이 · 김 동 금
펴낸곳 · 우리출판사

서울특별시 서대문구 경기대로9길 62
전 화 : 02) 313-5047
팩 스 : 02) 393-9696
등 록 : 제 9-139

이메일 : wooribooks@hanmail.net
홈페이지 : www.wooribooks.com
ISBN 978-89-7561-307-4 03220

※ 잘못된 책은 교환하여 드립니다.

정가 30,000원